Biblical Phrase Dictionary

圣经

语汇词典

白云晓　编著

中央编译出版社

前 言

（一）某些西方著作中，时常不加注释地引用圣经中的一些词语，给我们的读者或翻译人员带来了一定的理解困难，本书是供各界读者查阅的工具书。

（二）本书以圣经中常见或常用的417个词语为纲目，根据圣经及有关资料注释它们的意义，必要时提供其希伯来文或希腊文的原意，并列举圣经中与这一词语有关的主要章节，以便读者从圣经的原文或原意中了解这些词语的确切含义。所引用或引述的经文，都以简化字的和合本圣经为准。如果某一词语有几种含义时，所引的经文则力求按先后顺序，与注释中所列的释义相呼应。

（三）有些语汇，例如“圣诞节”、“最后的晚餐”等等，在圣经中并没有这些原词；但这些词语既涉及到圣经内容，又在一些书文会话中经常使用。为了便于读者查考，也同样地选入了本书的词语条目，对这一类的词语都加有[ ]符号，以示区别。

（四）在撰写本书的过程中，曾参考了下列书籍：

(1)J.奥尔(Dr. James Orr)等人编著的《圣经百科全书》(The International Standard Bible Encyclopedia)中文本。

(2)J.D.道格拉斯(J.D. Douglas)等人所写的《新圣经词

典》(New Bible Dictionary)。

(3)沃尔特·鲍尔(Walter Bauer)编著的《新约希腊文中文辞典》(A Greek-Chinese Lexicon of the New Testament)。

(五)限于作者的水平,难免有一些疏漏错误,恳请读者给予指正。

编著者

2001 年 11 月

目　录

使 用 说 明

(一)本书引用圣经各卷的略语缩写如下:

汉语经卷名称	略语	英语经卷名称	略语
旧约圣经			
1.创世记	(创)	Genesis	(Gen.)
2.出埃及记	(出)	Exodus	(Ex.)
3.利未记	(利)	Leviticus	(Lev.)
4.民数记	(民)	Numbers	(Num.)
5.申命记	(申)	Deuteronomy	(Deut.)
6.约书亚记	(书)	Joshua	(Josh.)
7.士师记	(士)	Judges	(Judg.)
8.路得记	(得)	Ruth	(Ruth)
9.撒母耳记上	(撒上)	Ⅰ Samuel	(Ⅰ Sam.)
10.撒母耳记下	(撒下)	Ⅱ Samuel	(Ⅱ Sam.)
11.列王纪上	(王上)	I Kings	(Ⅰ Kgs.)
12.列王纪下	(王下)	Ⅱ Kings	(Ⅱ Kgs.)
13.历代志上	(代上)	Ⅰ Chronicles	(Ⅰ Chr.)
14.历代志下	(代下)	Ⅱ Chronicles	(Ⅱ Chr.)
15.以斯拉记	(拉)	Ezra	(Ezra)
16.尼希米记	(尼)	Nehemiah	(Neh.)
17.以斯帖记	(斯)	Esther	(Esth.)
18.约伯记	(伯)	Job	(Job)
19.诗篇	(诗)	Psalms	(Ps.)

20.箴言	(箴)	Proverbs	(Prov.)
21.传道书	(传)	Ecclesiastes	(Ecc.)
22.雅歌	(歌)	Song of Songs	(Song)
23.以赛亚书	(赛)	Isaiah	(Is.)
24.耶利米书	(耶)	Jeremiah	(Jer.)
25.耶利米哀歌	(哀)	Lamentations	(Lam.)
26.以西结书	(结)	Ezekiel	(Ezek.)
27.但以理书	(但)	Daniel	(Dan.)
28.何西阿书	(何)	Hosea	(Hos.)
29.约珥书	(珥)	Joel	(Joel)
30.阿摩司书	(摩)	Amos	(Amos)
31.俄巴底亚书	(俄)	Obadiah	(Obad.)
32.约拿书	(拿)	Jonah	(Jon.)
33.弥迦书	(弥)	Micah	(Mic.)
34.那鸿书	(鸿)	Nahum	(Nah.)
35.哈巴谷书	(哈)	Habakkuk	(Hab.)
36.西番雅书	(番)	Zephaniah	(Zeph.)
37.哈该书	(该)	Haggai	(Hag.)
38.撒迦利亚书	(亚)	Zechariah	(Zech.)
39.玛拉基书	(玛)	Malachi	(Mal.)

新约圣经

1.马太福音	(太)	Matthew	(Mt.)
2.马可福音	(可)	Mark	(Mk.)
3.路加福音	(路)	Luke	(Lk.)
4.约翰福音	(约)	John	(Jn.)
5.使徒行传	(徒)	Acts	(Acts)
6.罗马书	(罗)	Romans	(Rom.)
7.哥林多前书	(林前)	Ⅰ Corinthians	(Ⅰ Cor.)

8. 哥林多后书	（林后）	Ⅱ Corinthians	（Ⅱ Cor.）
9. 加拉太书	（加）	Galatians	（Gal.）
10. 以弗所书	（弗）	Ephesians	（Eph.）
11. 腓立比书	（腓）	Philippians	（Phil.）
12. 歌罗西书	（西）	Colossians	（Col.）
13. 帖撒罗尼迦前书	（帖前）	Ⅰ Thessalonians	（Ⅰ Thes.）
14. 帖撒罗尼迦后书	（帖后）	Ⅱ Thessalonians	（Ⅱ Thes.）
15. 提摩太前书	（提前）	Ⅰ Timothy	（Ⅰ Tim.）
16. 提摩太后书	（提后）	Ⅱ Timothy	（Ⅱ Tim.）
17. 提多书	（多）	Titus	（Tit.）
18. 腓利门书	（门）	Philemon	（Phlm.）
19. 希伯来书	（来）	Hebrews	（Heb.）
20. 雅各书	（雅）	James	（Jas.）
21. 彼得前书	（彼前）	Ⅰ Peter	（Ⅰ Pet.）
22. 彼得后书	（彼后）	Ⅱ Peter	（Ⅱ Pet.）
23. 约翰一书	（约壹）	Ⅰ John	（Ⅰ Jn.）
24. 约翰二书	（约贰）	Ⅱ John	（Ⅱ Jn.）
25. 约翰三书	（约叁）	Ⅲ John	（Ⅲ Jn.）
26. 犹大书	（犹）	Jude	（Jude）
27. 启示录	（启）	Revelation	（Rev.）

（二）圣经章节表示法举例：

(1)“约翰福音第三章第十六节”可缩写为“约 3:16”。

(2)“罗 12:1”表示“罗马书第十二章第一节”。

(3)“太 6:9－13”表示“马太福音第六章第九至十三节”。

圣经语汇条目目录

（以每条首字汉语拼音为序）

A

B

C

D

E

F

G

H

J

K

L

M

N

P

Q

R

S

T

Y

Z

A

阿拉法　　Alpha

1. 注释：

阿拉法是希腊字母表中的第一个字母“A”。意思是“起初”,或“首先的”。它常和俄梅戛连用。俄梅戛(Omega)是希腊文最后的一个字母“Ω”。意思是“终了”,或“末后的”。阿拉法与俄梅戛连用又有“自始至终”的意思。

2. 圣经记载：

1)“主神说:‘我是阿拉法,我是俄梅戛。是昔在、今在、以后永在的全能者。’”(启 1:8)

2)“我是阿拉法,我是俄梅戛;我是首先的,我是末后的;我是初,我是终。”(启 22:13)

阿们　　Amen

1. 注释：

阿们有两个意思。

1)作动词用,意思是“但愿如此”,或“诚心所愿”。常用在祷告结束时。

2)作名词用,意思是“真实的上主”①、“实在”。(林后 1:20)

2. 圣经记载：

旧约共用阿们 22 次,新约使用阿们有 51 次。

1)作动词用的经文例如:“我们在天上的父:愿人都尊你

---

① 上主:意指“独一无二的真神”。

的名为圣。愿你的国降临;愿你的旨意行在地上,如同行在天上。我们日用的饮食,今日赐给我们。免我们的债,如同我们免了人的债。不叫我们遇见试探,救我们脱离凶恶。因为国度、权柄、荣耀,全是你的,直到永远。阿们!"(太 6:9—13)

2)作名词用的经文例如:"那为阿们的、为诚信真实见证的,在神创造万物之上为元首的。"(启 3:14)这句话的意思乃是:"那位'阿们'",或"那位'真实的上主'"、"那位'在神创造万物之上的元首'"。

阿撒泻勒　　Azazel

1.注释:

阿撒泻勒的希伯来文原意是"遣去"或"迁移"。圣经中用这个词表示"移去众民罪恶"的意思。

2.圣经记载:

1)古时以色列人向神献祭时,要把两只羊带到会幕门口。为这两只羊先作两个签。一个签写上'归与耶和华',另一个签写上"归与阿撒泻勒",然后为羊抽签。把抽中"归与耶和华"那个签的羊杀死,作为献上的赎罪祭。把抽中"归与阿撒泻勒"那个签的羊,要活着献给耶和华,然后打发人把这只羊放送到旷野中去。表示被杀的羊代替了众人的罪恶,除去了人的罪过。(利 16:7—22)

2)耶稣刚出来传道时,施洗的约翰就印证耶稣是"神的羔羊,除去世人罪孽的。"(约 1:29)预言耶稣将要死在十字架上,担当世人应受的罪刑。

哀哭切齿　　Weeping and gnashing of teeth

1.注释:

意指懊悔、自责而悲伤哭泣。乃是耶稣对门徒指明那些不信的犹太人和假信徒，将来受到惩罚时的悲痛。

2. 圣经记载：

1)耶稣对众人说："你们要努力进窄门。我告诉你们：将来有许多人想要进去，却是不能。及至家主起来关了门，……那时，你们要说：'我们在你面前吃过喝过，……'他要说：'我告诉你们，我不晓得你们是哪里来的。你们这一切作恶的人，离开我去吧！'你们要看见亚伯拉罕、以撒、雅各和众先知，都在神的国里，你们却被赶到外面，在那里必要哀哭切齿了。"(路 13:24—28)

2)"人子要差遣使者，把一切叫人跌倒的和作恶的，从他国里挑出来，丢在火炉里；在那里必要哀哭切齿了。"(太 13:41—42)

[埃波月]　　**Ebor**

埃波月是犹太历的五月，约相当于阳历的 7、8 月间。拉 7:9中的五月即是埃波月。

爱席　　**Love-feast**

1. 注释：

教会初期信徒们不分贫富共同用饭，因此被称作爱席。起初信徒们共同分享爱席，同时掰饼记念耶稣的受难(徒 2:44—46)。但后来司提反殉道，教会大受逼迫，门徒分散。凡物公用，共同用饭的方式逐渐停止，而仅只聚会掰饼记念耶稣舍身流血的救赎。(林前 11:23—29)

2. 圣经记载：

犹大书的作者指责某些假信徒说："这样的人，在你们的爱席上，与你们同吃的时候，正是玷污。他们作牧人，只

知喂养自己，无所惧怕。”(犹 12)

安息　　Rest

1. 注释：

1)指停止作工，安静休息。

2)指信徒因为信靠神心灵安然喜乐。

3)指圣徒离世，灵魂得享安息。

2. 圣经记载：

1)“神造物的工已经完毕，就在第七日歇了他一切的工，安息了。”(创 2:2)

2)耶稣说：“凡劳苦担重担的人，可以到我这里来，我就使你们得安息。我心里柔和谦卑，你们当负我的轭，学我的样式，这样你们心里就必得享安息。”(太 11:28—29)

3)耶和华说：“你们得救在乎归回安息。”(赛 30:15)

4)“在主里面而死的人有福了，圣灵说：‘是的，他们结束了劳苦，得享安息。’”(启 14:13，最后一句，系原文直译。)

安息日　　Sabbath

1. 注释：

1)按希伯来文所译的安息日原义系“休息”、“歇了一切的工作”。

2)以色列人守安息日有两种：

①诫命安息日：诫命安息日即是礼拜六(礼拜日乃是一周的第一日)。

②节期的安息日：耶和华对摩西说的各种节期(逾越节，五旬节，赎罪日，住棚节……)中的某几日也为圣安息日。

3)安息日乃是以色列人与耶和华神立约的证据。

2.圣经记载:

1)起初耶和华创造天地万物,六日完成这一切工作。“到第七日,神造物的工已经完毕,就在第七日歇了他一切的工,安息了。神赐福给第七日,定为圣日,因为在这日,神歇了他一切创造的工就安息了。”(创1:1—2:3)

2)古时常以七日为一限度或周期。例如,挪亚从方舟里放出一只鸽子,试试地上的洪水退去了没有。鸽子回来后,他又等了七天,再把鸽子从方舟放出去。到了晚上,鸽子回来,嘴里叼着一个新拧下来的橄榄叶子,挪亚就知道地上的水退了(所以至今人们仍是以鸽子和橄榄枝作为和平的象征)。挪亚又等了七天,又放出鸽子去,鸽子就不再回来了。(创8:8—12)圣经中其他地方以七天为一周期的记载,尚有多处,不再枚举。

3)“安息日”的名称,最初记载于以色列人在旷野中收取吗哪的时候。古时以色列人出离埃及后,在未进迦南(即今巴勒斯坦)以前,曾在旷野绕行40年。那时以色列人每日都是依靠天降吗哪为食物。他们每天早晨按着各人的饭量收取,但到第六天他们要收取双倍的食物。摩西对以色列人说,耶和华已经吩咐了“明天是圣安息日”,所以以色列人须在六日里收取吗哪,第七天便安息了。(出16:21—30)

4)摩西在西乃山向以色列人宣布十条诫命时,第四条诫命是“当记念安息日,守为圣日”。(出20:8)

5)耶和华对摩西说:“耶和华的节期,就是你们到了日期要宣告为圣会的,乃是这些。”(利23:4)

①“正月十四日黄昏的时候,是耶和华的逾越节。这月

十五日,是向耶和华守的无酵节,你们要吃无酵饼七日。第一日当有圣会,什么劳碌的工都不可作。"(利23:5—7)

②"到第七个安息日的次日,共计五十天,又要将新素祭献给耶和华。"(利23:16)

③"七月初一,你们要守为圣安息日,要吹角作记念,当有圣会。"(利23:24)

④"七月初十是赎罪日,你们要守为圣会。"(利23:27)

⑤"七月十五日是住棚节,要在耶和华面前守这节七日,第一日当有圣会,什么劳碌的工都不可作。"(利23:34—35)"于是摩西将耶和华的节期传给以色列人。"(利23:44)

6)耶和华晓谕摩西说:"你要吩咐以色列人说,你们务要守我的安息日,因为这是你我之间世世代代的证据,使你们知道我耶和华是叫你们成为圣的,……这是我和以色列人永远的证据,因为六日之内耶和华造天地,第七日便安息舒畅。"(出31:12—17)

7)耶稣在世时曾说,耶稣基督乃是安息日的主(太12:8),并且说:"在安息日作善事是可以的。"(太12:11—12)对安息日有了新的教导。

8)耶稣受难后是在"七日的第一日(即礼拜日)"复活的,(约20:1)其后基督徒便常在"七日的第一日(即礼拜日)"聚会敬拜神。(徒20:7,林前16:2)因此礼拜日也称为"主日"。(启1:10)使徒时代的基督徒,平时常在耶路撒冷的圣殿中及各地信徒的家中聚会赞美神,掰饼,传讲基督。(徒2:46—47,徒5:42,徒10:24—28,徒12:12,罗16:5,西4:15,门:2)每逢礼拜日,无论在任何地方,每个虔诚的基督徒通常都用心灵和诚实敬拜神,(约 4:21—24)称为主日崇拜或主日敬拜。

安息日的前一日　　Day before the Sabbath

1.注释:

安息日的前一日,又称为预备日,是为诫命安息日及每节期的安息日而设。作预备守节的事项,如沐浴、自洁、除酵等。

2.圣经记载:

1)摩西对他们说:"耶和华这样说:'明天是圣安息日,是向耶和华守的圣安息日,你们要烤的就烤了,要煮的就煮了,所剩下的都留到早晨。'"(出 16:23)

2)"到了晚上,因为这是预备日,就是安息日的前一日。"(可 15:42)

3)"那日是预备日,安息日也快到了。那些从加利利和耶稣同来的妇女跟在后面,看见了坟墓和他的身体怎样安放。她们就回去,预备了香料香膏。她们在安息日,便遵着诫命安息了。"(路 23:54—56)

4)"犹太人因这日是预备日,又因那日是个大日,就求彼拉多叫人打断他们的腿,把他们拿去,免得尸首当安息日留在十字架上。"(约 19:31)

安息日的路程　　Sabbath Day's journey

1.注释:

安息日的路程,是犹太人在安息日可走的路程,而不违犯神晓谕摩西的律法。这个词只见于使徒行传。指耶稣于升天那日,门徒自橄榄山回到耶路撒冷的距离。犹太拉比及文士以为安息日可行的路以 2000 肘为限。按约书亚记记载,是以色列民在旷野时扎营与神的约柜之间的距离。而耶路撒冷与橄榄山的距离约二里许，即当时的2000肘，称为安息日的路程。

2. 圣经记载：

1)“有一座山名叫橄榄山，离耶路撒冷不远，约有安息日可走的路程。”(徒1:12)

2)“只是你们和约柜相离，要量二千肘[①]，不可与约柜相近，使你们知道所当行的路，因为这条路你们向来没有走过。”(书3:4)

安息年　　Sabbatical Year

1. 注释：

安息年是耶和华神在西乃山晓谕以色列人的。从他们进入迦南地起，每第七年称为安息年。(七个安息年后的一年，即第50年称为禧年。)

安息年包括下列五个内容：

1)六年耕种田地，第七年地要守安息。

2)每逢七年末一年，债主要施行豁免。

3)要向地上困苦穷乏的弟兄松开手(济贫)。

4)要释放奴婢。

5)祭司要向以色列人晓谕律法书。

2. 圣经记载：

1)“六年你要耕种田地、收藏土产。只是第七年要叫地歇息，不耕不种，使你民中的穷人有吃的，他们所剩下的，野兽可以吃，你的葡萄园和橄榄园，也要照样办理。”(出23:10—11)

---

① “肘”是古代以色列人的长度单位，一肘约相当于44.5厘米，2000肘将近1000米，大约合二华里。

2)耶和华在西乃山对摩西说:“你晓谕以色列人说:你们到了我所赐你们那地的时候,地就要向耶和华守安息,六年要耕种田地,也要修理葡萄园,收藏地的出产。第七年地要守圣安息,就是向耶和华守的安息,不可耕种田地,也不可修理葡萄园。遗落自长的庄稼,不可收割;没有修理的葡萄树,也不可摘取葡萄。这年,地要守圣安息。地在安息年所出的,要给你和你的仆人、婢女、雇工人,并寄居的外人当食物。这年的土产,也要给你的牲畜和你地上的走兽当食物。”(利 25:1—7)

3)“每逢第七年必不耕种,凡欠我们债的必不追讨。”(尼 10:31)

4)“每逢七年末一年,你要施行豁免。豁免的定例乃是这样:凡债主要把所借给邻舍的豁免了,不可向邻舍和弟兄追讨,因为耶和华的豁免年已经宣告了。若借给外邦人,你可以向他追讨;但借给你弟兄,无论是什么,你要松手豁免了。”(申 15:1—3)

按手　Laying on of Hands

1.注释:

1)“按手”之礼,在新旧约中都有记述,因其意义不同,有下列 6 种情况:

①用“按手”礼加以祝福。

②用“按手”礼表示印证某些人为基督作某些事工。

③用“按手”礼使受“按手”的人得受圣灵和智慧。

④用“按手”礼使病人得医治。

⑤旧约用于献祭,“按手”于祭牲头上,使献祭蒙悦纳及罪得赦。

⑥旧约时代对死囚行刑时“按手”于死囚头上。

2)行“按手”礼不可急促，不要在别人的罪上有分，要保守自己的清洁。除献祭及行刑的“按手”外，“按手”都和祷告并举。

3)圣徒传福音并不一定必须经过地位高的人按手封立，才能得到某种圣职。即如保罗传道乃是奉神的旨意，保罗与巴拿巴初次外出传道时，那些为他们按手的人，其地位名望也并不高于他们。

2.圣经记载：

1)按手祈求为人祝福：耶稣“于是抱着小孩子，给他们按手，为他们祝福。”(可 10:16，参阅太 19:13—15)

2)按手印证神的恩赐或差派：

①“你不要轻忽所得的恩赐，就是从前借着预言，在众长老按手的时候赐给你的。”(提前 4:14，参阅提后 1:6)

②摩西对耶和华说：“愿耶和华万人之灵的神，立一个人治理会众。……”耶和华对摩西说：“嫩的儿子约书亚，是心中有圣灵的，你将他领来按手在他头上。”(民 27:15—18)

③“十二使徒叫众门徒来，对他们说，我们撇下神的道去管理饭食，原是不合宜的。所以弟兄们，当从你们中间选出七个有好名声，被圣灵充满，智慧充足的人，我们就派他们管理这事。……叫他们站在使徒面前，使徒祷告了，就按手在他们头上。”(徒 6:2—6)

3)按手祈求，使人得圣灵和智慧：

①“嫩的儿子约书亚，因为摩西曾按手在他头上，就被智慧的灵充满，以色列人便听从他，照着耶和华吩咐摩西的行了。”(申 34:9)

②但以理曾说：“我正祷告的时候，先前在异象中所见的

那位加百列，奉命迅速飞来，约在献晚祭的时候，按手在我身上。他指教我说：‘但以理啊！现在我出来要使你有智慧，有聪明。’”（但 9:21—22）

③“使徒在耶路撒冷听见撒玛利亚人领受了神的道，就打发彼得、约翰往他们那里去。……于是使徒按手在他们头上，他们就受了圣灵。”（徒 8:14—17）

④“保罗按手在他们头上，圣灵便降在他们身上，他们就说方言，又说预言。一共有十二个人。”（徒 19:6—7）

4）按手祷告使人疾病痊愈：

①“耶稣就在那里不得行什么异能，不过按手在几个病人身上，治好他们。”（可 6:5）

②“亚拿尼亚就去了，进入那家，把手按在扫罗身上说：‘兄弟扫罗，在你来的路上，向你显现的主，就是耶稣，打发我来，叫你能看见，又被圣灵充满。’扫罗的眼睛上好像有鳞立刻掉下来，他就能看见，于是起来受了洗。吃过饭就健壮了。”（徒 9:17—19）

5）按手用于献祭：

①“他要按手在燔祭牲的头上，燔祭便蒙悦纳，为他赎罪。”（利 1:4）

②“人献供物为平安祭，……他要按手在供物的头上，宰于会幕门口，……是献与耶和华为馨香的火祭。”（利 3:1—5）

③赎罪祭、赎愆祭也要按手于供物头上。（参利 4:1—35）

6）按手于刑囚：

“耶和华晓谕摩西说，把咒诅圣名的人带到营外，叫听见的人，都放手在他头上，全会众就要用石头打死他。”（利

24:13—14)

7)差派不一定要经地位高的人按手:

①“作使徒的保罗,(不是由于人,也不是借着人,乃是借着耶稣基督,与叫他从死里复活的父神。)……写信给加拉太的各教会。”(加 1:1—5)

②“然而那把我从母腹里分别出来,又施恩召我的神,既然乐意将他儿子启示在我心里,叫我把他传在外邦人中,我就没有与属血气的人商量,也没有上耶路撒冷去见那些比我先作使徒的。惟独往亚拉伯去。后又回到大马色。”(加 1:15—17)

③“至于那些有名望的,不论他是何等人,都与我无干;神不以外貌取人。那些有名望的,并没有加增我什么,反倒看见了主托我传福音给那未受割礼的人,正如托彼得传福音给那受割礼的人。(那感动彼得叫他为受割礼之人作使徒的,也感动我,叫我为外邦人作使徒。)”(加 2:6—8)

④“在安提阿教会中,有几位先知和教师,……他们事奉主,禁食的时候,圣灵说:‘要为我分派巴拿巴和扫罗,去作我召他们所作的工。’于是禁食祷告,按手在他们头上,就打发他们去了。”(徒 13:1—3)

奥秘　　Mystery

1.注释:

指只给局内人知道的事。圣经中所记的奥秘,是指神在以前一直是隐藏未显露的计划,现在逐步向人显明出来了,使那有神生命的人能明白他的奥秘。

2.圣经记载:

1)保罗讲到基督道成肉身,救赎罪人的奥秘时说:“大哉!

敬虔的奥秘,无人不以为然:就是神在肉身显现,被圣灵称义,被天使看见,被传于外邦,被世人信服,被接在荣耀里。”(提前3:16)“我们讲的,乃是从前所隐藏,神奥秘的智慧,就是神在万世以前,预定使我们得荣耀的。”(林前2:7)

2)神启示保罗,使他知道福音的奥秘;就是犹太人和外邦人,借着福音同在基督里得应许。他说:“我深知基督的奥秘;这奥秘在以前的世代,没有叫人知道,象如今借着圣灵启示他的圣使徒和先知一样;这奥秘就是外邦人在基督耶稣里,借着福音,得以同为后嗣,同为一体,同蒙应许。”(弗3:4—6)

3)圣经也记述了信徒身体复活的奥秘。保罗说:“我如今把一件奥秘的事告诉你们;我们不是都要睡觉,乃是都要改变,就在一霎时,眨眼之间,号筒末次吹响的时候,因号筒要响,死人要复活成为不朽坏的,我们也要改变。”(林前15:51—52)

4)圣纪记述:但以理曾讲解过一件奥秘的事。约在公元前605年,巴比伦王尼布甲尼撒夜里作了一个梦,竟忘记了,他心里烦乱,要知道梦和梦的讲解。但以理和他的同伴祈求天上的神施怜悯,“这奥秘的事就在夜间异象中,给但以理显明。”……但以理到王面前对王说:“王所问的那奥秘事,哲士、用法术的、术士、观兆的,都不能告诉王,只有一位在天上的神,能显明奥秘的事,他已将日后必有的事,指示尼布甲尼撒王。”……但以理把王所梦见的那个大像和像的讲解,都说明了。近代圣经学者认为,这预言日后已按他的讲解成就了。大像的金头是尼布甲尼撒王;在他之后的玛代波斯,是那像的胸膛和膀臂；然后为希腊，到公元后已成就大像的腿，即罗马政权；至今只剩下那大像的半铁半泥的脚还未成就。（但 2:1—45）

B

[八福]　　**Beatitudes**

“八福”也叫“登山宝训论福”。这两个词语都不是圣经上的原话。它们指的是耶稣最初出来传道时，在旷野的山上坐下，向从各地来的听众所讲到的真正的福分。这“八福”是：

1.“虚心的人有福了，因为天国是他们的。”

2.“哀恸的人有福了，因为他们必得安慰。”

3.“温柔的人有福了，因为他们必承受地土。”

4.“饥渴慕义的人有福了，因为他们必得饱足。”

5.“怜恤人的人有福了，因为他们必蒙怜恤。”

6.“清心的人有福了，因为他们必得见神。”

7.“使人和睦的人有福了，因为他们必称为神的儿子。”

8.“为义受逼迫的人有福了，因为天国是他们的。人若因我辱骂你们、逼迫你们，捏造各样坏话毁谤你们，你们就有福了。应当欢喜快乐，因为你们在天上的赏赐是大的。”（以上经文请参见太 4:25—5:12）

巴力　　**Baal**

1. 注释：

巴力的希伯来文原意是“主”或“物主”。古代散居各地的闪族人大多称呼他们祀拜的大神为“巴力”，甚至以色列人也曾以“巴力”称呼过耶和华。但耶和华禁止他们这样的称谓。(何 2:16—17,请参看本书“伊施”条。)而圣经中提到的巴力则常指迦南人祀拜的最大的假神,是耶和华所憎恶的。以色列人进入迦南后常常离弃神去拜巴力。他们建国以后历代的以色列王和犹大王大部分都曾拜过巴力。只有少数的犹大王是引领百姓敬拜耶和华的。先知耶利米曾申斥犹大人敬拜巴力,论说他们的罪恶。

2.圣经记载:

1)约书亚和那世代的人死后,兴起的后代“不知道耶和华为以色列人所行的事,以色列人行耶和华眼中看为恶的事,去事奉诸巴力,离弃了领他们出埃及地的耶和华。……耶和华的怒气向以色列人发作,……将他们付与四围仇敌的手中,……耶和华都以灾祸攻击他们,……他们便极其困苦。耶和华兴起士师,士师就拯救他们脱离抢夺他们人的手。”(士 2:8—16)

2)“亚哈斯登基的时候年二十岁,在耶路撒冷作王十六年,不象他祖大卫行耶和华眼中看为正的事,却行以色列诸王的道,又铸造巴力的像;并且在欣嫩子谷烧香,用火焚烧他的儿女,行耶和华在以色列人面前所驱逐的外邦人那可憎的事。”(代下 28:1—3)

3)约西亚王“行耶和华眼中看为正的事,……洁净犹大和耶路撒冷,除掉邱坛、木偶、雕刻的像和铸造的像。众人在他面前拆毁巴力的坛,砍断坛上高高的日像;又把木偶和雕刻的像,并铸造的像打碎成灰,撒在祭偶像人的坟上。”(代下 34:1—7)

4)“因为他们和他们列祖,并犹大君王离弃我,将这地方看为平常,在这里向素不认识的别神烧香,又使这地方满了无辜人的血。又建筑巴力的丘坛,好在火中焚烧自己的儿子,作为燔祭献给巴力。这不是我所吩咐的。……我必使他们在仇敌面前倒于刀下。"(耶 19:4—7)

巴力毗珥　　Baalpeor

1. 注释:

巴力毗珥是摩押人敬拜的假神。以色列民中了巴兰的计谋被诱惑,离弃耶和华信奉巴力毗珥,而多行邪淫、污秽的事,因此耶和华从严惩罚他们。

2. 圣经记载:

1)"以色列人住在什亭。百姓与摩押女子行起淫乱。因为这女子叫百姓来,一同给他们的神献祭,百姓就吃他们的祭物,跪拜他们的神,以色列人与巴力毗珥联合,耶和华的怒气就向以色列人发作。"(民 25:1—3)

2)于是摩西吩咐以色列的审判官说:"凡属你们的人,有与巴力毗珥联合的,你们各人要把他们杀了。"(民 25:5)

3)摩西教训以色列民说:"耶和华因巴力毗珥的事所行的,你们亲眼看见了,凡随从巴力毗珥的人,耶和华你们的神都从你们中间除灭了。惟有你们专靠耶和华你们神的人,今日全都存活。"(申 4:3—4)

巴力比利土　　Baal-berith

1. 注释:

巴力比利土的意思是"立约的巴力"。基甸死后,以色列人在示剑拜巴力比利土为神。

2. 圣经记载:

1)“基甸死后,以色列人又去随从诸巴力行邪淫,以巴力比利土为他们的神。”(士 8:33)

2)示剑楼的人听见亚比米勒率众杀来,“就躲入巴力比利土庙的卫所,有人告诉亚比米勒说:‘示剑楼的人都聚在一处。’亚比米勒和跟随他的人都上撒们山。亚比米勒手拿斧子,砍下一根树枝,……众人就各砍一枝,跟随亚比米勒,把树枝堆在卫所的四围,放火烧了卫所,以致示剑楼的人都死了,男女约有一千。”(士 9:46—49)

巴力西卜　　Baalzebub

1. 注释:

巴力西卜是非利士人在以革伦祭拜的假神,原意是“苍蝇的王”。

2. 圣经记载:

犹大王亚哈谢患病时,曾派人去求问巴力西卜,想知道能否痊愈。因为他崇拜假神,不信耶和华,所以神遣先知以利亚告诉他说,他必死,亚哈谢果然死了。(王下 1:1—17)

罢特　　Bath

1. 注释:

罢特是旧约时代液体的容量单位。一罢特约等于 22 公升。

2. 圣经记载:

耶和华说:“你们要用公道天平,公道伊法,公道罢特。伊法与罢特,大小要一样,罢特可盛贺梅珥十分之一,伊法也可盛贺梅珥十分之一,都以贺梅珥的大小为准。”(结 45:10—11)。

掰饼　　Breaking Bread

1. 注释：

掰饼是信徒的礼仪，为的是纪念耶稣的受死和他的大爱。犹太人逾越节吃无酵饼。耶稣被卖的那一夜晚餐时，掰开饼，预表基督的舍身，杯中的葡萄汁，表明基督流的血，耶稣叫门徒如此行，为的是记念耶稣为罪人舍命。教会初期信徒共同吃饭，同时掰饼，被称为"吃主的晚餐"。（林前 11:17—29）后来信徒不再吃饭掰饼，只是聚会掰饼，这礼仪也被信徒称为"记念主"或"主的晚餐"。

2. 圣经记载：

1）耶稣受害的那晚吃逾越节的筵席时，"他们吃的时候，耶稣拿起饼来，祝福，就掰开，递给门徒，说：'你们拿着吃，这是我的身体。'又拿起杯来，祝谢了，递给他们，说：'你们都喝这个，因为这是我立约的血，为多人流出来，使罪得赦。'"（太 26:26—28）

2）"于是领受他话的人，就受了洗。那一天，门徒约添了三千人；都恒心遵守使徒的教训，彼此交接、掰饼、祈祷。"（徒 2:41—42）

3）保罗对哥林多教会说："我当日传给你们的，原是从主领受的，就是主耶稣被卖的那一夜，拿起饼来，祝谢了，就掰开，说：'这是我的身体，为你们舍的，你们应当如此行，为的是记念我。'饭后，也照样拿起杯来，说：'这杯是用我的血所立的新约。你们每逢喝的时候，要如此行，为的是记念我。'你们每逢吃这饼，喝这杯，是表明主的死，直等到他来。"（林前 11:23—26）

百夫长　　Centurion

1. 注释：

1)百夫长是一种官衔。百夫长最早的设立是摩西按他岳父的建议,从以色列人中,拣选敬畏神、有才能的人,立他为百姓的首领,帮助摩西随时审判百姓。

2)百夫长后来也成为武职,统兵一百人。到罗马时,御营里也设有百夫长。

2.圣经记载:

1)摩西的岳父说:“现在你要听我的话,我为你出个主意,愿神与你同在,你要替百姓到神面前,将案件奏告神。又要将律例和法度教训他们,指示他们当行的道、当作的事,并要从百姓中拣选有才能的人,就是敬畏神、诚实无妄、恨不义之财的人,派他们作千夫长、百夫长、五十夫长、十夫长管理百姓。”摩西听从他岳父的话,按他所说的去行。立他们为百姓的首领,作千夫长、百夫长、五十夫长、十夫长。他们随时审判百姓,有难断的案件就呈到摩西那里,但各样小事他们自己审判。(出18:17—26)

2)“耶稣进了迦百农,有一个百夫长进前来,求他说:‘主阿,我的仆人害瘫痪病,躺在家里,甚是痛苦。’耶稣说:‘我去医治他。’”(太8:5—7)

3)在该撒利亚有一个人,名叫哥尼流,是意大利营的百夫长。他们说百夫长哥尼流是个义人,敬畏神,为犹太通国所称赞。后来哥尼流请彼得去讲道,他和许多亲属密友都信了基督。(徒10:1—48)

百合花　　Lilies

1.注释:

1)百合花是花名。希伯来人又称百合花为百合、水仙、泽兰等花的总称。百合花洁白芳香。圣经中常用百合花比喻神赐福兴旺。

2)百合花也是圣经中诗篇吟咏的调名。

3)圣殿外柱顶刻有百合花。

2.圣经记载:

1)耶和华对先知何西阿说:“我必向以色列如甘露,他必如百合花开放,如利巴嫩的树木扎根。”(何 14:5)

2)耶稣说:“何必为衣裳忧虑呢?你想野地里的百合花,怎么长起来,它也不劳苦,也不纺线。然而我告诉你们,就是所罗门极荣华的时候,他所穿戴的,还不如这花一朵呢。”(太 6:28—29)

3)“大卫的诗,交与伶长。调用百合花。”(诗篇 45 篇、69 篇注释)

4)“我的佳偶在女子中,好像百合花在荆棘中。”(歌 2:2)

谤讟　　Railing(或 Slander)

1.注释:

谤讟是对神、对人的诽谤亵渎,发怨言,是罪的一种。

2.圣经记载:

1)耶稣论到心里的污秽说:“因为从里面,就是从人心里,发出恶念、苟合、偷盗、凶杀、奸淫、贪婪、邪恶、诡诈、淫荡、嫉妒、谤讟、骄傲、狂妄。”(可 7:21—22)

2)保罗说:“末世必有危险的日子来到。因为那时人要专顾自己、贪爱钱财、自夸、狂傲、谤讟、违背父母、忘恩负义、心不圣洁、无亲情、不解怨、好说谗言、不能自约、性情凶暴、不爱良善。”(提后 3:1—3)

宝座　　Throne

1.注释:

圣经中提到的“宝座”有下列含义:

1)宝座是王的座位,庄严华丽。
2)宝座指耶和华神无上的尊荣与绝对的权威。
3)宝座指弥赛亚必居大卫王座位,治理他的国,以公平公义使国度坚定稳固。
4)宝座代表神的同在。
5)神对不义的人的末日审判,将坐在白色大宝座上进行。

2.圣经记载:

1)所罗门王“用象牙制造一个宝座,用精金包裹,宝座有六层台阶,座的后背是圆的,两旁有扶手,靠近扶手有两个狮子站立。六层台阶上有十二个狮子站立,每层有两个,左边一个,右边一个,在列国中没有这样做的。”(王上 10:18—20,参代下 9:17—19)
2)先知米该雅说:“你要听耶和华的话,我看见耶和华坐在宝座上,天上的万军侍立在他左右。”(王上 22:19,代下 18:18)
3)“在他们头以上的穹苍之上,有宝座的形象,仿佛蓝宝石;在宝座形象以上,有仿佛人的形状。我见从他腰以上,有仿佛光耀的精金,周围都有火的形状;又见从他腰以下,有仿佛火的形状,周围也有光辉。下雨的日子,云中虹的形状怎样,周围光辉的形状也是怎样。这就是耶和华荣耀的形象。我一看见就俯伏在地,又听见一位说话的声音。”(结 1:26—28)
4)“我观看,见有宝座设立,上头坐着亘古常在者,他的衣服洁白如雪,头发如纯净的羊毛。宝座乃火焰,其轮乃烈火。”(但 7:9)
5)使徒约翰被圣灵感动,“见有一个宝座安置在天上,又有一位坐在宝座上。看那坐着的,好象碧玉和红宝石。

又有虹围着宝座，好象绿宝石。”(启 4:2—3)

6)耶稣在世时预言说：“当人子(耶稣)在他荣耀里，同着众天使降临的时候，要坐在他荣耀的宝座上。”(太 25:31)

7)“耶稣说：‘我实在告诉你们，你们这跟从我的人，到复兴的时候，人子坐在他荣耀的宝座上，你们也要坐在十二个宝座上，审判以色列十二个支派。’”(太 19:28)

8)使徒约翰讲到他看见未来的异象时说：“那一千年完了，……我又看见一个白色的大宝座与坐在上面的，从他面前天地都逃避，再无可见之处了。我又看见死了的人，无论大小，都站在宝座前，……照他们所行的受审判。”(启 20:7—12)

保惠师 **Advocate(或作“训慰师”、“安慰师”，Comforter，Helper)**

1.注释：

保惠师是耶和华神因耶稣的名差到世上来的圣灵。

2.圣经记载：

1)耶稣说：“保惠师，就是父因我的名所要差来的圣灵，他要将一切的事指教你们，并且要叫你们想起我对你们所说的一切话。”(约 14:26)

2)耶稣讲到他受难之后的事说：“我去是与你们有益的。我若不去，保惠师就不到你们这里来。我若去，就差他来。”(约 16:7)

3)耶稣说：“我要从父那里差保惠师来，就是从父出来真理的圣灵，他来了就要为我作见证。”(约 15:26)

4)耶稣说：“我要求父，父就另外赐给你们一位保惠师，叫他永远与你们同在。就是真理的圣灵，乃世人不能接

受的。”(约 14:16—17)

报名上册　　Census(或 Enrolment)

1.注释:

相当于现今的户口普查。耶稣降生前犹太人早已亡国,在罗马帝国统治之下,国王该撒亚古士督时代(Augustus Caesar)(公元前 27—公元 14 年),为了便于征税,公元前数年他下令叫凡属他权下的人民,都各归各城,作第一次户口调查;那时耶稣降生。此后,每隔数年一次调查。公元 6 年,又有一次报名上册。据史家约瑟夫记载,犹太人不满这样的征税而多次叛乱,在公元 66 年抗暴斗争,导致耶路撒冷城及圣殿于公元 70 年被罗马军队所毁。

2.圣经记载:

1)“当那些日子,该撒亚古士督有旨意下来,叫天下人民都报名上册。这是居里扭作叙利亚巡抚的时候,头一次行报名上册的事。众人各归各城,报名上册。约瑟也从加利利的拿撒勒城上犹太去,到了大卫的城,名叫伯利恒,因他本是大卫一族一家的人;要和他所聘之妻马利亚一同报名上册。那时马利亚的身孕已经重了。……就生了头胎的儿子,用布包起来,放在马槽里,因为客店里没有地方。”(路 2:1—7)

2)教法师迦玛列提到后来一次的报名上册。“此后,报名上册的时候,又有加利利的犹大起来,引诱些百姓跟从他……”(徒 5:37)

被鬼附的人　　(One)with Evil Spirit 或(One)has an evil spirit in him

1.注释:

邪灵(即魔鬼的灵)进入人身,使人失去自由的意志,完全被污鬼所控制。

2. 圣经记载：

1)“他们来到海那边，格拉森人的地方。耶稣一下船，就有一个被污鬼附着的人，从坟茔里出来迎着他。那人常住在坟茔里，没有人能捆住他，就是用铁链也不能。”(可 5:1—3)

2)“正当那时候，耶稣治好了许多有疾病的、受灾患的、被恶鬼附着的；又开恩叫好些瞎子能看见。”(路 7:21)

比加　　Beka

1. 注释：

比加是圣经中的币制名称，一比加等于 0.5 舍客勒。比加也是重量单位，一比加约相当于 5 克。

2. 圣经记载：

以色列民为圣所一切工作所出的银子“凡过去归那些被数之人的，从二十岁以外，有六十万零三千五百五十人，按圣所的平，每人出银半舍客勒，就是一比加”。(出 38:26)

彼列　　Belial

1. 注释：

彼列是撒但的别名。

2. 圣经记载：

“基督和彼列有什么相和呢？信主的和不信主的有什么相干呢？”(林后 6:15)

彼勒　　Bel

1. 注释

彼勒为假神名，是巴比伦人祭拜的守护神的名，亦名米罗达。也是所谓的太阳神，与腓尼基人祭拜的巴力相同。

2. 圣经记载：

1)……说："巴比伦被攻取，彼勒蒙羞，米罗达惊惶，巴比伦的神像都蒙羞，他的偶像都惊惶。"(耶 50:2)

2)"我必刑罚巴比伦的彼勒，使他吐出所吞的……"(耶 51:44)

避难所　　　Asylum

1. 注释：

1)避难所是躲避患难的地方。圣经认为耶和华神是他百姓的避难所，是患难中的依靠。大卫无故被扫罗王追赶时写下的诗，便最深刻地体现了这一点。

2)古以色列民若误杀了人，可以暂时逃到帐幕内，抓住祭坛的角以求庇护；或者逃到一座特设的逃城里等候审判。但对故意杀人而犯了律法的，无论逃到何处都不被庇护。

2. 圣经记载：

1)"当耶和华救大卫脱离一切仇敌和扫罗之手的日子，他向耶和华念这诗，说：'耶和华是我的岩石，我的山寨，我的救主，我的神，……是我的避难所。我的救主啊，你是救我脱离强暴的，我要求告当赞美的耶和华，这样，我必从仇敌手中被救出来。'"(撒下 22:1—4)

2)"神是我们的避难所，是我们的力量，是我们在患难中随时的帮助。所以地虽改变，山虽摇动到海心，其中的水虽砰訇翻腾，山虽因海涨而战抖，我们也不害怕。"(诗 46:1—3)

3)亚萨的诗："但我亲近神是与我有益，我以主耶和华为我的避难所，好叫我述说你一切的作为。"(诗 73:28)

4)诗人的信念："我要论到耶和华说：'他是我的避难所，

是我的山寨,是我的神,是我所倚靠的。他必救你脱离捕鸟人的网罗和毒害的瘟疫。'"(诗 91:2—3)

5)所罗门王的箴言:"敬畏耶和华的,大有倚靠,他们的儿女,也有避难所。"(箴 14:26)

6)"耶和华啊,你是我的力量,是我的保障,在苦难之日是我的避难所。"(耶 16:19)

7)"神决不能说谎,好叫我们这逃往避难所,持定摆在我们前头指望的人可以大得勉励。我们有这指望,如同灵魂的锚,又坚固、又牢靠,且通入幔内。"(来 6:18—19)

别西卜　　Beelzebub

1.注释:

别西卜是恶魔的名字,意思是苍蝇王,是非利士人的假神,又名巴力西卜,也是鬼王。犹太人把它称为撒但的别名。

2.圣经记载:

1)文士亵渎圣灵说:"'他是被别西卜附着。'又说:'他是靠着鬼王赶鬼'。耶稣叫他们来,用比喻对他们说:'撒但怎能赶出撒但呢?'"(可 3:22—23)

2)法利赛人曾说:"这个人(耶稣)赶鬼,无非是靠着鬼王别西卜啊。"耶稣知道他们的意念,就对他们说:"凡一国自相分争,就成为荒场;一城一家自相分争,必站立不住;若撒但赶逐撒但,就是自相分争,他的国怎能站得住呢?我若靠着别西卜赶鬼,你们的子弟赶鬼,又靠着谁呢?这样,他们就要断定你们的是非。我若靠着神的灵赶鬼,这就是神的国临到你们了。"(太 12:24—28)

玻璃海　　　Sea of Glass

1.注释:

圣经启示录记载天上景象时,提到宝座前好像一个玻璃海,玻璃海如同水晶,其中有火搀杂。得胜的圣徒站在玻璃海上,拿神的琴唱摩西和羔羊的歌。

2.圣经记载:

1)约翰说:"宝座前好象一个玻璃海,如同水晶。"(启 4:6)

2)约翰说:"我看见仿佛有玻璃海,其中有火搀杂;又看见那些胜了兽和兽的像并它名字数目的人,都站在玻璃海上拿着神的琴。唱神仆人摩西的歌和羔羊的歌,说:'主神全能者阿,你的作为大哉!奇哉!万世之王阿,你的道途义哉!诚哉!'"(启 15:2—3)

钹　　　Cymbals

1.注释:

钹是古时以色列人的打击乐器,声音响亮。

2.圣经记载:

1)古时以色列的诗人作诗赞美耶和华说:"用大响的钹赞美他,用高声的钹赞美他。"(诗 150:5)

2)保罗说:"我若能说万人的方言并天使的话语,却没有爱,我就成了鸣的锣、响的钹一般。"(林前 13:1)

布勒月　　　Bul

布勒月即是犹太历八月(王上 6:38),也叫马西班月。时在公历 10 月至 11 月间。

C

晨星　　Morning Star

1. 注释：

晨星是黎明前最明亮的星，圣经中有两方面的含义：

1)用晨星表明耶稣基督即将再次降临，是基督徒的盼望。

2)用晨星歌唱表述耶和华创造天地秩序井然、和谐，且多姿多彩。

2. 圣经记载：

1)耶稣基督是明亮的晨星："我耶稣差遣我的使者为众教会将这些事向你们证明。我是大卫的根，又是他的后裔。我是明亮的晨星。"(启 22:16)

2)彼得向信徒讲到耶稣再次降临时，他提醒信徒说："我们并有先知更确的预言，如同灯照在暗处。你们在这预言上留意，直等到天发亮，晨星在你们心里出现的时候，才是好的。"(彼后 1:16—19)

3)耶稣应许那些得胜又遵守主命令到底的信徒说："我又要把晨星(耶稣)赐给他。"(启 2:26—28)

4)耶和华神对约伯说："你是谁，竟说无知的话，对我的智慧表示怀疑？我创造世界的时候你在哪里？……你知道谁规定了它体积的大小？谁在它上面系好准绳？大地的根基安置在何处？世界的基石是谁安放的？那时晨星一同歌唱，天上的神子们也都欢呼。"(伯 38:1—7，部分经文新译)

陈设饼　　Showbread

1. 注释：

1)“陈设饼”是旧约时代供奉在耶和华面前的饼，(出 25:30)饼的数目为十二个，用以代表以色列十二支派，饼每周更换，换下来的饼给祭司吃。

2)饼的制法、摆列及管理都要按神的吩咐，因这饼预表基督是生命粮。

2. 圣经记载：

1)耶和华晓谕摩西说：“你要取细面，烤成十二个饼，每饼用面伊法十分之二。要把饼摆列两行，每行六个，在耶和华面前精金的桌子上；又要把净乳香放在每行饼上，作为记念。就是作为火祭献给耶和华。每安息日要常摆在耶和华面前。这为以色列人作永远的约。这饼是要给亚伦和他子孙的，他们要在圣处吃，为永远的定例，因为在献给耶和华的火祭中是至圣的。”(利 24:5—9)

2)“他们族弟兄哥辖子孙中，有管理陈设饼的。每安息日预备摆列。”(代上 9:32)

3)耶稣驳斥法利赛人的话，说明门徒掐麦穗来吃和大卫吃了陈设饼一样的没有罪。“耶稣对他们说：‘经上记着大卫和跟从他的人饥饿之时所作的事，你们没有念过吗？他怎么进了神的殿，吃了陈设饼，这饼不是他和跟从他的人可以吃得，惟独祭司才可以吃。……我喜爱怜恤，不喜爱祭祀。你们若明白这话的意思，就不把无罪的当作有罪的了。’”(太 12:1—7)

成圣　　Sanctification, Sanctify

1. 注释：

1)成圣即成为圣洁。圣经中数百次提到“成圣”,有时译为“圣”、“圣洁”、“成为圣”、“成为圣洁”,都是指“分别出来”、“为神分别”、“从罪恶中分别”及“分别过圣洁生活”的意思。

2)圣经认为:成圣是神对信徒的旨意,是由圣父、圣子、圣灵三一神而作成的,要把信徒“从罪恶中分别出来归与神”。信徒得以成圣是借着神的话,借着耶稣的宝血、圣灵的感动和神的造就,也借着信徒自己对神的顺服和对圣洁的追求而实现的,使信徒成为完全、圣洁的果子。

3)圣经认为:信徒在认罪、悔改、重生、得救时,从地位上就是神的儿女,也已经成圣了。但在日常生活中,因与世界接触,仍不免会染上污秽,应当及时悔改,求主洁净,直到耶稣基督再次降临之时便得以全然成圣。

2.圣经记载:

1)耶和华对摩西说:“我是耶和华你们的神,使你们与万民有分别的。……你们要归我为圣,因为我耶和华是圣的,并叫你们与万民有分别,使你们作我的民。”(利20:24—26)耶和华还多次对以色列民说:“我是叫你们成圣的耶和华。”(利22:32)

2)耶稣来到世上是为要照神的旨意行,“我们凭这旨意,靠耶稣基督只一次献上他的身体,就得以成圣”。“因为他一次献祭,使叫那得以成圣的人永远完全。”(来10:9—10、14)

3)“神的旨意就是要你们成为圣洁,远避淫行。”“神召我们,本不是要我们沾染污秽,乃是要我们成为圣洁。”(帖前4:3、7)

4)“所以耶稣要用自己的血叫百姓成圣,也就在城门外受苦(钉十字架)。”(来 13:12)“如今你们奉主耶稣基督的名,并借着我们神的灵,已经洗净,成圣,称义了。”(林前 6:11)

5)耶稣求父神说:“求你用真理使他们成圣,你的道就是真理。”“我为他们的缘故,自己分别为圣,叫他们也因真理成圣。”(约 17:17、19)基督“要用水借着道把教会洗净,成为圣洁。”(弗 5:26)

6)保罗对信徒说:“叫你们因信真道,又被圣灵感动,成为圣洁,能以得救。”(帖后 2:13)保罗又说:“愿赐平安的神亲自使你们全然成圣。又愿你们的灵与魂与身子得蒙保守,在我主耶稣基督降临的时候,完全无可指摘。那召你们的本是信实的,他必成就这事。”(帖前 5:23—24)

7)保罗劝勉信徒当自己追求圣洁。他说:“亲爱的弟兄啊,我们既有这等应许,就当洁净自己,除去身体、灵魂一切污秽,敬畏神,得以成圣。”(林后 7:1)“我因你们肉体的软弱,就照人的常话对你们说:‘你们从前怎样将肢体献给不洁、不法作奴仆,以致于不法;现今也要照样将肢体献给义作奴仆,以致于成圣。……现今你们既从罪里得了释放,作了神的奴仆,就有成圣的果子,那结局就是永生。”(罗 6:19—22)

重生　　Regeneration

1.注释:

1)重生也可译作“从神那里领受新生命”。(英译作 be born from above。)圣经认为,人的生命是从始祖亚当传下来的,是有罪的,是必死的,若要承受永远不死的生命,必须从神那里领受神的新生命,就是必须重生。

这新生命是从神生的，从圣灵生的，不是出于血气，不是出于人意，只有重生后的人有了神的生命，才有永生。

2)圣经认为真正的基督徒，必有重生的经历，而不是仅仅明白了重生的知识和道理；没有重生经历的人，即或受了洗礼加入基督教，也不是真正的基督徒，是得不到永生的。重生是神的选召，是圣灵的感动和人的相信顺服，不是理论而是实际。只有重生的人有了神的生命，才是神的儿女，与神之间不是组织的联系，而是生命的贯通。

2.圣经记载：

1)重生的重大意义：

①耶稣对犹太人的官尼哥底母说："我实实在在地告诉你，人若不重生，就不能见神的国。"尼哥底母说："人已经老了，如何能重生呢？岂能再进母腹生出来吗？"耶稣说："我实实在在地告诉你，人若不是从水和圣灵生的，就不能进神的国。从肉身生的，就是肉身；从灵生的，就是灵。"凭着肉身的生命是与神无分无关的，要进神的国必须有从灵生的灵生命。耶稣紧接着用风来说明，"风随着意思吹，你听见风的响声，却不晓得从哪里来，往哪里去。凡从圣灵生的，也是如此。"一个得到重生的真信徒也必这样有生命的改变，有神新生命的表现，如信心、爱心、喜乐、平安、盼望等，如同一个新造的人。(约 3:3—8)

②保罗说：那些宗教形式、礼仪都无关紧要，"要紧的就是作新造的人。"(加 6:15)那自称为基督徒并未得重生的人，只会有人肉身生命的表现，却无新生命的

流露，人看外貌，神是查看人心的。（撒上16:7）耶稣对这样的人说："凡称呼我'主啊，主啊'的人，不能都进天国；惟独遵行我天父旨意的人，才能进去。当那日，必有许多人对我说：'主啊，主啊，我们不是奉你的名传道，奉你的名赶鬼，奉你的名行许多异能吗？'我就明明地告诉他们说：'我从来不认识你们，你们这些作恶的人，离开我去吧！'"（太7:15—23）

2）为什么必须重生：

①自从始祖犯罪后，"罪是从一人入了世界，死又是从罪来的；于是死就临到众人，因为众人都犯了罪。"（罗5:12）人的生命即是犯罪的，是在"母亲怀胎的时候就有了罪。"（诗51:5）人的罪性是一切罪行的根源，是不能用外力改良的，必须否定这犯罪的生命，就是向神认罪，相信耶稣的宝血能洗净罪性、罪行。"我们若说自己无罪，便是自欺，真理不在我们心里了；我们若认自己的罪，神是信实的，是公义的，必要赦免我们的罪，洗净我们一切的不义。"（约壹1:8—9）

②要得着不犯罪的新生命，必须是从神不犯罪的生命而生。"凡从神生的，就不犯罪，因神的道存在他心里，他也不能犯罪，因为他是由神生的。"（约壹3:9）只有从神生的才能脱离魔鬼的辖制，保守自己不犯罪。

3）怎样才能重生：

圣经认为凡是真心相信，肯接受神的新生命的，就必得着重生。（约20:31）

①耶稣告诉尼哥底母得重生的方法说："摩西在旷野怎样举蛇，人子也必照样被举起来，叫一切信他的，都

得永生。"(约 3:14)耶稣以摩西举蛇为例,说明自己要被钉十字架,叫一切肯仰望他、相信他的宝血能洗净自己罪恶的,就能得重生。耶稣又说:"神爱世人,甚至将他的独生子赐给他们,叫一切信他的,不至灭亡,反得永生。"(约 3:16)

②"凡信耶稣是基督的,都是从神而生,凡爱生他之神的,也必爱从神生的。"(约壹 5:1)"凡接待他(耶稣)的,就是信他名的人,他就赐他们权柄,作神的儿女。"(约 1:12)凡肯相信耶稣是救主,肯接受耶稣作他自己的拯救者,神就赐他权柄作神的儿女,圣灵就将神的生命生在他的里面,他就得重生了。因为"人有了神的儿子就有生命,没有神的儿子就没有生命。"(约壹 5:12)

③借着神的道(神的话)得重生,这样"你们既因顺从真理,洁净了自己的心,……你们蒙了重生,不是由于能坏的种子,乃是由于不能坏的种子,是借着神活泼常存的道。"这不能坏的种子是神的话,永不改变的,相信接受神的话,就得重生了。(彼前 1:22—23)

初熟的果子　　First　Fruit

1.注释:

第一批成熟的果子或庄稼,是最好的,不但时间早,果实也大。旧约圣经中记载初熟的果子是用来献给神的礼物。(出 23:19)为神所喜爱。新约中,是指基督和第一批信徒而言;有了初熟的,也就有随后成熟的。

2.圣经记载:

1)先知耶利米说到神看以色列民如初熟的果子,他说:"那时以色列归耶和华为圣,作为土产初熟的果子;凡

吞吃它的，必算为有罪，灾祸必临到他们。这是耶和华说的。”（耶 2:3）

2)“又定每年将我们地上初熟的土产和各样树上初熟的果子，都奉到耶和华的殿里。”（尼 10:35）

3)保罗说到基督既已复活，信徒将来也必复活。“但各人是按着自己的次序复活。初熟的果子是基督，以后在他来的时候，是那些属基督的。”（林前 15:20,23）

4)“他按自己的旨意，用真道生了我们，叫我们在他所造的万物中，好象初熟的果子。”（雅 1:18）

[初熟节]　First Fruit Festival（收割节 Harvest Festival）

圣经中并没有“初熟节”这一词语。但犹太人在五旬节正当小麦初熟喜庆丰收，要把“初熟之物献给耶和华”（利23:10,17）。所以习惯上把这一节日也叫初熟节或收割节。

除酵节　Festival of Unleavened Bread

1.注释：

除酵节也叫无酵节、逾越节，是犹太人三大节期之一。

2.圣经记载：

1)“正月十四日黄昏的时候，是耶和华的逾越节。这月十五日，是向耶和华守的无酵节，你们要吃无酵饼七日。”（利 23:5—6）

2)耶和华吩咐以色列人说：“一年三次，你要向我守节。你要守除酵节，照我所吩咐你的，在亚笔月内所定的日期，吃无酵饼七天。谁也不可空手朝见我，因为你是这月出了埃及。”（出 23:14—15）

穿着毛衣　(One) with a Garment of Hair（或 Clothed in Sackcloth）

1.注释：

这是指穿着还没有脱去毛的羊皮或骆驼皮衣，简陋朴实，不是王宫贵族的打扮。犹太人认为这是先知的装束。

2.圣经记载：

1)先知以利亚的特征是身穿毛衣。约在公元前854年，以色列王亚哈谢的使者告诉王说，他遇到一个人说王必定要死，王问使者那人是怎样的人，使者"回答说：'他身穿毛衣，腰束皮带。'王说：'这必是提斯比人以利亚。'"(王下1:1—8)这件外衣，以利亚后来"用以打水，水就左右分开。"他和以利沙都从约但河走干地而过。(王下2:8)在以利亚升天去时，先知以利沙把以利亚身上掉下来的外衣拿去，用它打水之后，水也左右分开。(王下2:13—14)

2)新约施洗的约翰，是一位著名的先知，"这约翰身穿骆驼毛的衣服，腰束皮带，吃的是蝗虫野蜜"。(太3:4)

3)启示录预言将来在圣城耶路撒冷神要使"那两个见证人，穿着毛衣，传道一千二百六十天"。(启11:3)

吹角节　　　Feast of Trumpets

1.注释：

吹角节是耶和华神命令以色列人遵守的节日之一。以七月初一，定为圣安息日，吹角作记念，停止一切工作，并献火祭给耶和华。

2.圣经记载：

耶和华说："七月初一日，你们当有圣会，什么劳碌的工都不可作，是你们当守为吹角的日子。你们要将公牛犊一只，公绵羊一只，没有残疾一岁的公羊羔七只，作为馨香的燔祭献给耶和华。"(民29:1—2)

D

搭模斯　　Tammuz

搭模斯是巴比伦人所拜的假神，其崇拜仪式极为淫乱。先知以西结曾说，在异象中看见有妇女竟坐在圣殿门口为搭模斯哭泣，说明当时以色列人的纯正信仰已被玷污。（结 8:14）

［搭模斯月］　　Tammuz

搭模斯月是犹太历四月，时在公历 6 月至 7 月间。

达利克　　Daric

1. 注释：

达利克是波斯的一种金币，每枚达利克金币约重 8.4 克。历代志中以达利克计算大卫王在位时各族长捐入圣殿的款项，说明那时达利克已流行在以色列境内。

2. 圣经记载：

1)“他们为神殿的使用，献上金子五千他连得零一万达利克。银子一万他连得，铜一万八千他连得，铁十万他连得。”（代上 29:7）

2)“他们量力捐入工程库的金子，六万一千达利克……”（拉 2:69）

大衮　　Dagon

1. 注释：

大衮是非利士人拜的假神，非利士人居住的地方常建有大衮庙，供人去祀祭大衮。非利士人夺得耶和华的约柜时，曾将约柜放到亚实突的大衮庙中，大衮的偶像却仆倒于地，头及双手都折断于门槛上。

2. 圣经记载：

"非利士人将神的约柜从以便以谢抬到亚实突。非利士人将神的约柜抬进大衮庙，放在大衮的旁边。次日清早，亚实突人起来，见大衮仆倒在耶和华的约柜前，脸伏于地。……并且大衮的头和两手都在门槛上折断，只剩下大衮的残体。因此大衮的祭司和一切进亚实突大衮庙的人都不踏大衮庙的门槛，直到今日。"(撒上 5:1—5)

大祭司　　High Priest

1. 注释：

大祭司是进至圣所为以色列民在耶和华面前赎罪的祭司。以色列人出埃及后，耶和华神设立亚伦为大祭司。大祭司要受膏又穿圣衣才能承接圣职，(出 29:29)神吩咐只有亚伦的子孙才能供祭司的职分。大祭司除日常祭司的工作以外，最重要的是在一年一次的赎罪日，带着祭牲的血进入至圣所为全民赎罪，预表耶稣基督。以色列亡国后，大祭司成为以色列人的宗教领袖。

2. 圣经记载：

1)耶和华对摩西说："你使亚伦和他儿子成圣，给我供祭司的职分。""亚伦的圣衣要留给他的子孙，可以穿着受膏，又穿着承接圣职。"(出 29:1、29)

2)耶和华晓谕摩西说："要给亚伦穿上圣衣，又膏他，使他成圣，可以给我供祭司的职分；又要使他儿子来，给他们穿上内袍。怎样膏他们的父亲，也要照样膏他们，使他们给我供祭司的职分。他们世世代代凡受膏的，就永远当祭司的职任。"摩西这样行，都是照耶和华所吩咐他的。(出 40:13—16)

3)"那受膏接续他父亲承接圣职的祭司要穿上细麻布的

圣衣，行赎罪之礼。……并要为众祭司和会众的百姓赎罪。这要作你们永远的定例，就是因以色列人一切的罪，要一年一次为他们赎罪。”（利 16:32—34）

4）耶稣被卖的那夜，“他们把耶稣带到大祭司那里，又有众祭司长和长老并文士都来和大祭司一同聚集。彼得远远地跟着耶稣，一直进入大祭司的院里，和差役一同坐在火光里烤火。祭司长和全公会寻找见证控告耶稣，要治死他，却寻不着。”（可 14:53—55）

5）“同蒙天召的圣洁弟兄啊，你们应当思想我们所认为使者、为大祭司的耶稣，他为那设立他的尽忠，如同摩西在神的全家尽忠一样。”（来 3:1—2）

6）“我们既然有一位已经升入高天尊荣的大祭司，就是神的儿子耶稣，便当持定所承认的道。因我们的大祭司并非不能体恤我们的软弱，他也曾凡事受过试探，与我们一样，只是他没有犯罪。”“凡从人间挑选的大祭司，是奉派替人办理属神的事，为要献上礼物和赎罪祭。……这大祭司的尊荣没有人自取，惟要蒙神所召，象亚伦一样。如此，基督也不是自取荣耀作大祭司，乃是在乎向他说‘你是我的儿子，我今日生你’的那一位。就如经上又有一处说：‘你是照着麦基洗德的等次永远为祭司。’”（来 4:14—15;5:1—6）

7）“至于第二层帐幕，惟有大祭司一年一次独自进去，没有不带着血为自己和百姓的过错献上。圣灵用此指明，头一层帐幕仍存的时候，进入至圣所的路还未显明。那头一层帐幕作现今的一个表样，所献的礼物和祭物，就着良心说，都不能叫礼拜的人得以完全。……但现在基督已经来到，作了将来美事的大祭司，经过那更大、更全备的帐幕，不是人手所造，也不是属乎这世界的。并且不用山羊和牛犊的血，乃用自己的血，只一次进入圣所，成了永远赎罪的事。”(来 9:7—12)

大利大古米　　Talithacumi

1. 注释：

大利大古米系亚兰语，即“起来”。是耶稣使管会堂的睚鲁的女儿复活时使用的话。

2. 圣经记载：

当耶稣使那个死去的女孩子复活的时候，就拉着孩子的手，对她说：“大利大古米！”翻出来就是说：“闺女，我吩咐你起来！”那闺女立时就起来走，他们就大大惊奇。闺女已经 12 岁了。(可 5:41—42)

大麻风　　Leprosy

1. 注释：

这是一种难治的传染性很强的皮肤病，皮肤发生斑点，患病的地方可出现麻木，有的出现眉毛及头发脱落。圣经认为大麻风是不洁的病，患者必须远离人群而居。

2. 圣经记载：

1)耶和华晓谕摩西、亚伦说：“人的肉皮上若长了疖子，或长了癣，或长了火斑，在他肉皮上成了大麻风的灾病，就要将他带到祭司亚伦，或亚伦作祭司的一个子孙面前。祭司要察看肉皮上的灾病，若灾病处的毛已经变白，灾病的现象深于肉上的皮，这便是大麻风的灾病。祭司要察看他，定他为不洁净。”(利 13:1—3)

2)有一回耶稣在一个城里，有人满身长了大麻风，看见他，就俯伏在地，求他说：“主若肯，必能叫我洁净了。”耶稣伸手摸他说：“我肯，你洁净了吧！”大麻风立刻就

离了他的身。(路 5:12—13)

档牌　　Buckler

1.注释:

档牌是能遮护全身的大盾牌。

2.圣经记载:

"所罗门王用锤出来的金子,打成档牌二百面,每面用金子六百舍客勒。"(王上 10:16)

祷告　　Pray, Prayer

1.注释:

1)祷告就是祈祷,是人向神的讲话、倾述或求告。信徒的祷告,不是宗教仪式,不必念虚假的仪文,而是借着神儿子耶稣基督的救赎得与神有真实的交谈。信徒是呼求耶稣的名,奉耶稣的名祷告,也相信神会按神的旨意答应。

2)摩西时代以色列民曾到会幕去祈祷。所罗门王建成圣殿后,他向天举手祷告说:"惟求耶和华我的神垂顾仆人的祷告祈求,……愿你昼夜看顾这殿。……你仆人和你民以色列向此处祈祷的时候,求你在天上你的居所垂听,垂听而赦免。"(王上 8:28—30)耶和华是无所不在的神,因此可以随时随地向神敬拜、祈求和祷告。(创 24:26—27,创 25:22,创 28:20—22 等章节)

3)新约时期,神差圣灵保惠师时刻与信徒同在(约 14:16)。信徒随时可以祷告,不拘形式、地点。圣经中记载,祷告可跪下,也可站着、坐着、走路,病卧在床躺着也可祷告。信徒多习惯闭上眼睛祷告,以使心门与外界隔开,也效法耶稣早上、晚上祷告,吃饭前先祝谢,祷告后再吃饭。

2.圣经记载：

1)耶稣在回答撒玛利亚妇人的问题时说："神是灵，所以拜他的，必须用心灵和诚实拜他。"(约 4:24)

2)耶稣设比喻说那自以为是义人的法利赛人，自言自语的祷告，是不会蒙垂听的。(路 18:9—14)

3)耶稣说："你们祷告要这样说：'我们在天上的父，愿人都尊你的名为圣。愿你的国降临。愿你的旨意行在地上，如同行在天上。我们日用的饮食，今日赐给我们。免我们的债，如同我们免了人的债。不叫我们遇见试探，救我们脱离凶恶。因为国度、权柄、荣耀，全是你的，直到永远，阿们。'"(太 6:9—13)

4)保罗的书信里特别指出：祷告不仅仅是祈求，也包括向神感谢、赞美，"应当一无挂虑，只要凡事借着祷告、祈求，和感谢，将你们所要的告诉神。"(腓 4:6)"要常常喜乐，不住地祷告，凡事谢恩，因为这是神在基督耶稣里向你们所定的旨意。"(帖前 5:16—18)

5)信徒祷告不但为自己，更重要的是为别人代求。保罗说："我劝你第一要为万人恳求、祷告、代求、祝谢。"(提前 2:1—2)

6)耶稣复活升天后，在神的右边替信徒祈求。"凡靠着他(耶稣)进到神面前的人，他都能拯救到底，因为他是长远活着，替他们祈求。"(来 7:25)

道成了肉身　　　the Word became flesh

1.注释：

圣经认为道成了肉身，就是神的儿子降世，成为肉身的人，这"道"是指耶稣基督说的"道就是神"。(约 1:1)神爱世人，差他的独生子耶稣来到世上，(约 3:16)是借圣灵感孕于童女马利亚所生,(路 1:35)使神子成为人子的样式,在世上把神表明给人。耶稣有完全的神性,圣洁、全能;他也有完全的人性,只是他没有犯罪。使人借着耶稣得认识神、相信神;他死是按神的旨意,替罪人死在十字架上,第三天,神却叫他复活了。耶稣道成了肉身,成全了神的救赎大工,使信他的人不至灭亡,反得永生。这是基督徒信仰的基本要道。

2. 圣经记载:

1)"道成了肉身,住在我们中间,充充满满的有恩典有真理。我们也见过他的荣光,正是父独生子的荣光。"(约 1:14)

2)施洗约翰为耶稣作见证说:"从来没有人看见神,只有在父怀里的独生子,将他表明出来。"(约 1:18)

3)"基督耶稣降世,为要拯救罪人。这话是可信的,是十分可佩服的。"(提前 1:15)

4)"儿女既同有血肉之体,他也照样亲自成了血肉之体;特要借着死,败坏那掌死权的,就是魔鬼。"(来 2:14)

得赎　　Redemption

1. 注释:

"得赎"即是"得到救赎"。圣经中讲到人信靠耶稣,灵魂、身体就得到救赎,称为得救。圣经多处提到得赎,多指将来身体的复活改变而言。

2. 圣经记载:

1)耶稣的门徒问到将来世界的末了时说:"夫子!什么时候有这事呢?这事将到的时候,有什么预兆呢?"耶稣讲述了那些预兆之后说:"那时,他们要看见人子有能力,有大荣耀,驾云降临。一有这些事,你们就当挺身

昂首;因为你们得赎的日子近了。"(路 21:27—28)

2)保罗给罗马人的书信说:"我们知道一切受造之物,一同叹息劳苦,直到如今。……等候得着儿子的名分,乃是我们的身体得赎。"(罗 8:22—23)

3)保罗给以弗所信徒的信中说:"不要叫神的圣灵担忧。你们原是受了他的印记,等候得赎的日子来到。"(弗 4:30)

得救　　Being Saved

1.注释:

按字义讲是从各种逆境中得蒙拯救,例如:从患难中、疾病中、危险中、自然灾害中被救出来。圣经中"得救"的希伯来及希腊原文都有"拯救"、"免死"、"痊愈"等含义。新约圣经则多用得救来表示如下意义:

1)罪人得到耶稣基督替死赎罪的救恩,有了永生的指望,免于死后罪的审判,灵魂得救不至灭亡。

2)信徒因信耶稣不再作罪的奴仆,以致在行为上得救——圣洁,不沾染污秽。

2.圣经记载:

1)得救是出于神的恩典和人的信心。

①"你们得救是本乎恩,也因着信。这并不是出于自己,乃是神所赐的;也不是出于行为。免得有人自夸。"(弗 2:8—9)

②使徒彼得说:"我们得救乃是因主耶稣的恩。"(徒 15:11)

2)只有靠耶稣的名才能得救:

①耶稣说:"我就是门,凡从我进来的,必然得救。"(约 10:9)

②"除他(耶稣)以外,别无拯救。因为在天下人间,没

有赐下别的名，我们可以靠着得救。”（徒 4:12）

③“你若口里认耶稣为主，心里信神叫他从死里复活，就必得救。”“凡求告主名的，就必得救。”（罗 10:9—10,13）

④“神差他的儿子（耶稣）降世，不是要定世人的罪，乃是要叫世人因他得救。”（约 3:17）

3)救主耶稣愿意万人得救。

①“他愿意万人得救，明白真道。”（提前 2:4）

②神应许基督再临尚未成就，“其实不是耽延，乃是宽容你们，不愿有一人沉沦，乃愿人人都悔改。”（彼后 3:9）

③监狱的看守问保罗说：“我当怎样行才可以得救？”保罗说：“当信主耶稣，你和你一家都必得救。”（徒 16:29—31）

灯台　　Lamp Stand

1.注释：

1)灯台是古代家庭中照明的器具。先知室中及王宫都陈设灯台。

2)灯台也喻言生命与兴盛的象征，灯台挪去预表将受审判。

2.圣经记载：

1)“人点灯，不放在斗底下，是放在灯台上，就照亮一家的人。”（太 5:15）

2)“所以应当回想，你是从哪里坠落的，并要悔改，行起初所行的事。你若不悔改，我就临到你那里，把你的灯台从原处挪去。”（启 2:5）

地狱　　Hell（或 Hades）

1.注释：

地狱是罪人死后,永远受刑的地方。圣经上说:“按着定命,人人都有一死,死后且有审判。”(来 9:27)经过定罪的审判后,罪人被扔在火湖里。(启 20:12—15)参看“火湖”条。

2.圣经记载:

1)耶稣说:“你瘸腿进入永生,强如有两只脚被丢在地狱里。……在那里,虫是不死的,火是不灭的。”(可 9:46—49)

2)耶稣对那些假冒为善的法利赛人说:“你们这些蛇类,毒蛇之种啊!怎能逃脱地狱的刑罚呢?”(太 23:33)

奠祭　　Drink Offering(wine-offering)

1.注释:

奠祭是以奠酒为祭,不是独立而献的,乃是和其他祭物同时献上的。犹太人的许多节日里,都常常同时献上奠祭。(利 23:13,18、37;民 28:14—31,29:6—39)

2.圣经记载:

1)“同献的奠祭,要酒一欣四分之一。”(利 23:13)

2)“无论是燔祭是平安祭,你要为每只绵羊羔,一同预备奠祭的酒,一欣四分之一。”(民 15:5)

丁税　　Temple-tax

1.注释:

以色列人凡在 20 岁以外的男子,每人每年要纳税银子半舍客勒(约合 5 克银子),为自己的生命把赎价奉给耶和华,为圣殿的使用。(出 30:12—16)因此有些译本把“丁税”译为“圣殿税”。

2.圣经记载:

1)“耶和华晓谕摩西说:‘他们为赎生命将礼物奉给耶和华,富足的不可多出,贫穷的也不可少出,各人要出半

舍客勒。'"(出 30:15)

2)耶稣是神的儿子,本当免收丁税。"到了迦百农,有收丁税的人来见彼得说:'你们的先生不纳丁税么?'彼得说:'纳'。他进了屋子,耶稣先向他说:'西门,你的意思如何?世上的君王,向谁征收关税、丁税?是向自己的儿子呢,是向外人呢?'彼得说:'是向外人。'耶稣说:'既然如此,儿子就可以免税了;但恐怕触犯他们,你且往海边去钓鱼,把先钓上来的鱼拿起来,开了它的口,必得一块钱,可以拿去给他们,作你我的税银。'"(太 17:24—27)

丢斯　　Jupiter

1. 注释:

丢斯为罗马人、希腊人所祭拜的假神。

2. 圣经记载:

当保罗在路司得城传道的时候,有人竟把保罗当成神明。那时"在城外丢斯庙的祭司,牵着牛,拿着花圈,来到门前,要同众人向使徒献祭"。(徒 14:8—18)

丢斯双子　　Caotor and Pollux

1. 注释:

丢斯双子是古希腊神话中假神丢斯的双胞胎儿子,一个名叫卡斯托,一个叫伯勒斯,水手们把他们信奉为护航神,用来作为船名。

2. 圣经记载:

"过了三个月,我们上了亚力山大的船往前行。这船以'丢斯双子'为记,是在那海岛过了冬的。"(徒 28:11)

盾牌　　Shield

1. 注释:

盾牌是小型的护身武器,也可穿在左臂上。

2.圣经记载:

"耶和华是我四围的盾牌,是我的荣耀,又是叫我抬起头来的。"(诗 3:3)

E

俄梅珥　　Omer

1.注释:

俄梅珥是旧约时固体容量的单位。一俄梅珥约为一伊法的十分之一,或一贺梅珥的百分之一;一俄梅珥约等于2.4公升。

2.圣经记载:

1)"俄梅珥乃伊法十分之一"。(出 16:36)

2)"摩西说:'耶和华所吩咐的是这样。要将一满俄梅珥吗哪留到世世代代。使后人可以看见我当日将你们领出埃及地,在旷野所给你们吃的食物。'"(出 16:32)

俄梅戛　　Omega

1.注释:

俄梅戛是希腊字母的最后一个字母,喻作"终结"的意思。请参看本书"阿拉法"条。

2.圣经记载:

1)主神说:"我是阿拉法,我是俄梅戛,是昔在、今在、以后永在的全能者。"(启 1:8)

2)"我是阿拉法,我是俄梅戛,我是首先的,我是末后的;我是初,我是终。"(启 22:13)

恩召　　Calling

1.注释：

圣经中恩召又称宣召、圣召，是神召信徒归他，使信徒蒙召成为圣洁，与耶稣同得儿子的名分。

2.圣经记载：

1)"神救了我们，以圣召召我们，不是按我们的行为，乃是按他的旨意和恩典。这恩典是万古之先在基督耶稣里赐给我们的。但如今借着我们救主基督耶稣的显现，才表明出来。他已经把死废去，借着福音，将不能坏的生命彰显出来。"(提后1:9—10)

2)保罗说，求神"照明你们心中的眼睛，使你们知道他的恩召有何等指望。他在圣徒中得的基业，有何等丰盛的荣耀。"(弗1:18)

3)"神是信实的，你们原是被他所召，好与他儿子，我们的主耶稣基督，一同得份。"(林前1:9)

4)"那赐诸般恩典的神曾在基督里召你们，得享他永远的荣耀，等你们暂受苦难之后，必亲自成全你们，坚固你们，赐力量给你们。"(彼前5:10)

5)"所以弟兄们，应当更加殷勤，使你们所蒙的恩召和拣选坚定不移。你们若行这几样，就永不失脚。这样，必叫你们丰丰富富地，得以进入我们主救主耶稣基督永远的国。"(彼后1:10—11)

恩典　　Grace

1.注释：

圣经中多处说神是有恩典的；神在新约时代，更借着耶稣基督将恩典赐给世人。(约1:17)

2.圣经记载：

1)耶和华在摩西面前宣告说："耶和华，耶和华，是有怜悯、有恩典的神，不轻易发怒，并有丰盛的慈爱和诚实。为千万人存留慈爱，赦免罪孽、过犯和罪恶。"（出 34:6—7）

2)保罗给以弗所的书信说："这恩典是他（神）在爱子里所赐给我们的。我们借这爱子的血得蒙救赎，过犯得以赦免，乃是照他丰富的恩典。这恩典是神用诸般智慧聪明，充充足足赏给我们的。"（弗 1:6—8）

恩赐　　Gift

1.注释：

1)中文圣经里的"恩赐"一词，是根据几个不同的希腊原词译出来的。这些原词的意思是"礼物"、"恩赐"、"赐品"、"（白白施给的）礼品"。

2)从圣经的上、下文看来，"恩赐"乃是意指：

①蒙耶稣救赎的恩赐。（罗 5:15—16）

②脱离极大死亡的恩赐。（林后 1:10—1）

③得享永生的恩赐。（罗 6:23）

④在生活上能克制自己的恩赐。（林前 7:7，参看林前 7:5）

⑤信徒属灵的恩赐。（罗 1:11）

⑥在物质上或灵命上所得的百般恩赐。（彼前 4:10）

⑦作教会事工的恩赐。（提前 4:14—15；提后 1:6—7）即信徒们把自己奉献给神之后（罗 12:1）在教会事工中，分别从神所得的各种不同的恩赐。（罗 12:6—8；林前 12:4—11，12:28—31）

3)根据林前 12:28—31 的经文，后世基督徒认为：使徒、先知、教师、行异能、祷告医病、帮助人、说方言等等都是神赐给的"属灵的恩赐"。虽然信徒领受的恩赐不同,但都是为了一个目的——建立教会。(参看林前12:4—11,14:1—19)

4)"属灵的恩赐"是神赐给圣徒的。(林前12:1)因此"恩赐"并不是未作圣徒以前的"天才"、"聪明"等才能。(参看林前12:1)"属灵的恩赐"乃是当圣徒把自己连同自己的一切才能献给神的时候,(罗12:1)神借着圣灵在圣徒心灵里运行而显明在各人身上的属灵的智慧能力。(参看林前12:4—7)

2.圣经记载:

1)"我们各人蒙恩,都是照基督所量给各人的恩赐。"(弗4:7)

2)"你的银子和你一同灭亡吧!因你想神的恩赐是可以用钱买的。"(徒8:20)

3)"神的恩赐和选召是没有后悔的。"(罗11:29)

4)"你不要轻忽所得的恩赐。"(提前4:14)

5)"你们要切切地求那更大的恩赐。"(林前12:31)

6)"各人要照所得的恩赐彼此服事,作神百般恩赐的好管家。"(彼前4:10)

7)"恩赐原有分别,圣灵却是一位。职事也有分别,主却是一位;功用也有分别,神却是一位,在众人里面运行一切的事。圣灵显在各人身上,是叫人得益处。"(林前12:4—7)

8)"你们要追求爱,也要切慕属灵的恩赐。其中更要羡慕的,是作先知讲道。……说方言的,是造就自己;作先知讲道的,乃是造就教会。"(林前14:1—4)

F

法版　　Tables of Testimony

1.注释:

法版是神用指头写上十条诫命的石版。也称石版、约版。摩西下了西乃山后,向百姓宣告了神的约,就把法版放进约柜里,都是照耶和华所吩咐他的。

2.圣经记载:

1)神召摩西上西乃山顶,并亲自降临在山顶宣告说:“我是耶和华你的神。”(出 20:2)并吩咐摩西如何建造会幕,宣告十条诫命。“耶和华在西乃山和摩西说完了话,就把两块法版交给他,是神用指头写的石版。”(出 31:18)“摩西转身下山,手里拿着两块法版;这版是两面写的,这面那面都有字。是神的工作,字是神写的,刻在版上。”(出 32:15—16)摩西下山后看见百姓造的金牛犊,就“发烈怒,把两块版扔在山下摔碎了。”(出 32:19)因亚伦与百姓都陷在大罪里,摩西为百姓求神赦免他们的罪,求神继续与以色列民同行。“耶和华对摩西说:‘你这所求的我也要行,因为你在我眼前蒙了恩。’”(出 33:17)耶和华神垂听了他的祷告,“耶和华吩咐摩西说:‘你要凿出两块石版,和先前你摔碎的那版一样;其上的字我要写在这版上。’”“摩西就凿出两块石版,和先前的一样。清晨起来,照耶和华所吩咐的上西乃山去,手里拿着两块石版。耶和华在云中降临,和摩西一同站在那里,宣告耶和华的名。”“耶和华说:

‘我要立约,要在百姓面前行奇妙的事。’”“耶和华将这约的话,就是十条诫,写在两块版上。摩西手里拿着两块法版下西乃山的时候,不知道自己的面皮,因耶和华和他说话就发了光。”(出 34:1,4—5,10,28—29)

2)摩西说:“我上了山,要领受两块石版,就是耶和华与你们立约的版。……过了四十昼夜,耶和华把那两块石版,就是约版,交给我。”(申 9:9—11)

3)会幕建起后,约柜安置在圣所内,“又把法版放在柜里,把杠穿在柜的两旁,把施恩座安在柜上。”(出 40:20)

法利赛人　　Pharisees

1.注释:

1)法利赛人是犹太教中两大教派之一。是犹太教中最严紧的教派。

2)法利赛人信奉耶和华,劝导大家遵守律法,他们墨守成规,拘泥传统,认为古人对律法的解释与神的律法有同等的权威。法利赛人大都注意外面的行为,克己自制,有宗教热诚,所以他们自己认为能够行义。但是耶稣斥责他们好像粉饰的坟墓,外面好看,里面却装满了死人的骨头和一切污秽,乃是假冒为善的人。同时指出法利赛人的灾祸。(太 23:27—28)。

3)法利赛人相信人的灵魂不灭,和身体的复活。

4)有些法利赛人,像尼哥底母(约 3:1)也成了耶稣的门徒(约 19:39—42)。但大多数的法利赛人是杀害耶稣的同谋者。

2.圣经记载:

1)保罗在亚基帕王前自辩说:“他们若肯作见证,就晓得我从起初是按着我们教中最严紧的教门,作了法利赛

人。”(徒 26:5)

2)耶稣斥责法利赛人,要门徒谨守遵行法利赛人的吩咐,但不要效法他们的行为。耶稣说:“你们这假冒为善的文士和法利赛人有祸了,因为你们正当人前,把天国的门关了,自己不进去,正要进去的人,你们也不容他们进去。……因为你们走遍洋海陆地,勾引一个人入教,既入了教,却使他作地狱之子,比你们还加倍。”(太 23:1—36)

3)“撒都该人说,没有复活,也没有天使和鬼魂;法利赛人却说,两样都有。”(徒 23:8)

4)耶稣在世时,法利赛人曾同希律一党的人商议,怎样可以除灭耶稣。(可 3:6)

法老　　Pharaoh

1. 注释:

古代埃及的君王称为“法老”。

2. 圣经记载:

1)“耶和华晓谕摩西说:‘你进去对埃及王法老说,要容以色列人出他的地。’”(出 6:10—11)

2)“所罗门与埃及王法老结亲,娶了法老的女儿为妻,接她进入大卫城。”(王上 3:1)

3)“看哪,你所倚靠的埃及,是那压伤的苇杖,人若靠这杖,就必刺透他的手。埃及王法老向一切倚靠他的人也是这样。”(王下 18:21)

燔祭　　Burnt Offering

1. 注释:

1)燔祭是旧约中的五祭[①]之一，乃是以色列百姓为了感恩，重新奉献自己，并且重申与神的亲密关系而向神敬拜。同时求神宽恕自己的罪恶，而发自内心，自愿至诚地向神献祭赎罪。

2)燔祭的祭物乃是没有残疾的公牛，没有残疾的公羊。斑鸠或雏鸽(为贫民而设)。是把祭物完全献上的。

3)燔祭的特点是把祭物完全焚烧在祭坛上。

4)燔祭的象征是：

①用所献祭物牲畜的死，止息神的忿怒。

②全然奉献。

5)燔祭的预表意义是：

①预表基督替罪人而死带来了救赎。

②基督完全的舍己。

2.圣经记载：

1)燔祭的条例：

①燔祭献牛、羊、鸟的条例。(利 1 全章)

②祭司献燔祭的责任。(利 6:8—13)

③亚伦和他儿子就职典祀献燔祭的条例。(利 8:18—21)

2)"燔祭的脏腑与腿要用水洗。祭司就要把一切全烧在坛上，当作燔祭，是献与耶和华为馨香的火祭。"(利 1:9)

3)燔祭的执行：

①"挪亚为耶和华建筑了一座坛，拿各类洁净的牲畜、

---

① 注：五祭指的是"燔祭"、"素祭"、"平安祭"、"赎罪祭"、"赎愆祭"。(利 1—5 章)

飞鸟献在坛上为燔祭。"(创 8:20)

②献祭的人"要按手在燔祭牲的头上,燔祭便蒙悦纳,为他赎罪"。(利 1:4)

③作祭司的人要每天在祭坛上烧柴。(利 6:12)

④"燔祭要放在坛的柴上,从晚上到天亮,坛上的火要常常烧着。"(利 6:9)

⑤"祭坛上的火要日夜不断的燃烧,不可熄灭。"(利 6:13 新译)。

4)燔祭预表:"神使那位圣洁无罪的耶稣基督,代替你我成为有罪的,使我们籍着他被神称我们为义,与神和好。"(林后 5:21 新译)

方伯　　Proconsul （或 Deputy of the Country）

1.注释:

方伯是罗马帝国派到属地的地方官。相当于总督。

2.圣经记载:

1)"一个有法术、假充先知的犹太人,名叫巴耶稣。这人常和方伯士求保罗同在。士求保罗是个通达人,他请了巴拿巴和扫罗来,要听神的道。"(徒 13:7)

2)"若是底米丢和他同行的人,有控告人的事,自有放告的日子(或作"自有公堂"),也有方伯可以彼此对告。"(徒 19:38)

方舟　　Noah's Ark

1.注释:

方舟是挪亚制造的。古时耶和华见人在地上罪恶很大,要除灭所造的人、走兽、昆虫、飞鸟。只有义人挪亚在耶和华眼前蒙恩。耶和华吩咐挪亚制造方舟。方舟造好后,耶和华与挪亚立约,并吩咐挪亚一家八口及留种的血肉活物，带着够用的食物进入方舟。然后降大雨覆灭世界。水将方舟漂起。水势渐落后方舟停在亚拉腊山上，后来水渐消去。按神的吩咐，挪亚全家和存活的鸟兽昆虫，都出了方舟。

2.圣经记载：

1)耶和华见人在地上罪恶很大，终日所思想的尽都是恶；耶和华就后悔造人在地上，心中忧伤。"耶和华说：'我要将所造的人和走兽，并昆虫，以及空中的飞鸟，都从地上除灭，因为我造他们后悔了。'惟有挪亚在耶和华眼前蒙恩。"(创 6:5—8)

2)耶和华吩咐挪亚说："你要用歌斐木造一只方舟，分一间一间地造，里外抹上松香。方舟的造法乃是这样，要长三百肘，宽五十肘，高三十肘。方舟上边要留透光处，高一肘。方舟的门要开在旁边。方舟要分上、中、下三层。"(创 6:14—16)

3)"正当那日，挪亚和他三个儿子闪、含、雅弗，并挪亚妻子和三个儿妇，都进入方舟。他们和百兽，各从其类；一切牲畜，各从其类；爬在地上的昆虫、各从其类；一切禽鸟，各从其类，都进入方舟。凡有血肉、有气息的活物，都一对一对地到挪亚那里，进入方舟。凡有血肉进入方舟的，都是有公有母，正如神所吩咐挪亚的。耶和华就把他关在方舟里头。洪水泛滥在地上四十天，水往上涨，把方舟从地上漂起。"(创 7:13—17)

4)"七月十七日，方舟停在亚拉腊山上。"(创 8:4)

5)后来地上的水都干了，神让他们出方舟。"于是挪亚和他的妻子、儿子、儿妇都出来了，一切走兽、昆虫、飞鸟和地上所有的动物，各从其类，也都出了方舟。"(创 8:

13—19)

房角的头块石头　　　Corner Stone

1.注释:

1)房角的头块石头,是指奠基用的主石,放在墙角上,支持并联络全墙。

2)圣经中所说"匠人所弃的石头,已成了房角的头块石头",(诗118:22;徒4:11)乃是用来比喻匠人(世界列邦)所看不起的石头,已成为神的国度的重要基石。这块基石隐喻为弥赛亚(耶稣基督)。当时以色列人(匠人)拒不接纳已在他们中间的弥赛亚(耶稣基督),把他钉死在十字架上,但耶稣已复活了,成了神家(教会)的房角头块石头。

2.圣经记载:

1)主耶和华如此说:"看哪,我在锡安放一块石头作为根基,是试验过的石头,是稳固根基,宝贵的房角石,信靠的人必不着急。"(赛28:16)

2)"耶稣说经上写着'匠人所弃的石头,已作了房角的头块石头。'这是主所作的。"(太21:42)

3)"主乃活石。固然是被人所弃的,却是被神所拣选,所宝贵的。……因为经上说:'看哪,我把所拣选所宝贵的房角石,安放在锡安。信靠他的人,必不至于羞愧。'所以他在你们信的人就为宝贵。"(彼前2:4—7)

4)"因为我们两下借着他被一个圣灵所感,得以进到父面前。这样,你们不再作外人和客旅,是与圣徒同国,是神家里的人了;并且被建造在使徒和先知的根基上,有基督耶稣自己为房角石。"(弗2:18—20)

分封的王　　Tetrarch

1. 注释:

分封的王,在新约时代是泛指罗马皇帝把统治下的任何一个小地区,赐给某贵族,使他成为该地的统治者。这一小地区的统治者即是被罗马皇帝分封于某地的王。

2. 圣经记载:

"该撒提庇留在位第十五年,本丢彼拉多作犹太巡抚,希律作加利利分封的王,他兄弟腓力作以土利亚和特拉可尼地方分封的王,吕撒聂作亚比利尼分封的王。"(路 3:1)

奋锐党　　Zealot(或 Patriot, Canaanite)

1. 注释:

奋锐党是犹太人的一个党派,主张效忠律法,奋力保存犹太的律例法规,奋锐党反对希律家系及罗马政权。使徒中有一位西门,他的名字前面特别加上了"奋锐党"的字样,叫作"奋锐党的西门",这是为了区别于其他名叫西门的门徒。

2. 圣经记载:

"十二使徒的名,头一个叫西门,又称彼得。还有……奋锐党的西门,还有卖耶稣的加略人犹大。"(太 10:2—4)

奉献　　Dedicate,　Dedication

1. 注释:

"奉献"有三种情况:

1)指基督徒感悟到自己得有永生的指望,乃是由于耶稣流血舍命的救赎,是耶稣用重价买来的,(林前 6:19—20)所以理当把自己和自己一切所有的奉献给神。(罗 12:1;林后 8:5)

2)指基督徒把自己的某些财物奉献给神,用于圣工或圣徒的需要。(徒 11:29—30;林前 16:1—2)

3)指旧约时代以色列人向耶和华神献祭坛、献供物、(民 7:10)献器皿、献金银、(撒下 8:10)献圣殿、(王上 8:63)献十分之一、(利 27:30—32)献头生的儿子、(出 22:29)献头生的牲畜(出 34:19)等等的奉献。

2.圣经记载:

1)"照神的旨意,先把自己献给主。"(林后 8:5)

2)"弟兄们,我以神的慈悲劝你们,将身体献上,当作活祭,是圣洁的,是神所喜悦的,你们如此事奉,乃是理所当然的。"(罗 12:1)

3)"我们若活着,是为主而活,若死了,是为主而死。所以我们或活或死总是主的人。"(罗 14:8)

4)"他(耶稣)替众人死,是叫那些活着的人不再为自己活,乃为替他们死而复活的主活。"(林后 5:15)

5)"门徒定意,照各人的力量捐钱,送去供给住在犹太的弟兄。"(徒 11:29)

6)"论到为圣徒捐钱,我从前怎样吩咐加拉太的众教会,你们也当怎样行。每逢七日的第一日,各人要照自己的进项抽出来留着。"(林前 16:1—3)

7)"他们……在极穷之间,还格外显出他们乐捐的厚恩。"(林后 8:2—4)

8)其他关于旧约时代以色列人有关奉献的经文,参阅民 7:10;王上 8:63;利 27:30—32;出 22:29,34:19 等等。

奉主耶稣的名　　In the Name of the Lord Jesus

1.注释:

基督徒祷告完最后的一句话总是说:“奉主耶稣的名,阿们。”耶稣曾对他的门徒说:“你们若奉我的名求什么,我必成就。”(约 14:14)这并不是说信徒祷告,无论求什么,只要说一句:“奉主耶稣的名,阿们!”神就必成就。“奉耶稣的名”有很深的意义,并不是像图章一样盖上即可生效,而是要信徒进入基督耶稣里,与他联合,在灵里和耶稣合而为一。(林前 6:17 新译)有人论述说一个名人所以有名,是因这名字所代表的那人的性情、作为、品德、权能等一切属于那人的素质与职位。因此,“主耶稣的名”包含了耶稣的救赎、荣耀、智慧、权炳、能力、公义、信实、慈爱、圣洁、良善等,所以“奉主耶稣的名”一语,是在耶稣的救赎和他的神性里;既是在他里面的,就有他的权柄,得他的应许,必蒙他成就。

2.圣经记载:

1)耶稣说:“你们奉我的名无论求什么,我必成就,叫父因儿子得荣耀。”(约 14:13)

2)耶稣对门徒说:“因为无论在那里,有两三个人奉我的名聚会,那里就有我在他们中间。”(太 18:20)

3)保罗说:“无论作什么,或说话,或行事,都要奉主耶稣的名,借着他感谢父神。”(西 3:17)“凡事要奉我们主耶稣基督的名,常常感谢父神。”(弗 5:20)

福音　　Gospel

1.注释:

1)福音的希腊文原意是“佳音”、“好信息”。

2)圣经中提到的福音有特殊的含义,例如:

①马可在记述耶稣一生的言行事迹时,一开头便说:“神的儿子,耶稣基督福音的起头。”(可 1:1)

②路加在记述耶稣降生时说，有天使向牧羊的人们说："我报给你们大喜的福音[①]，是关乎万民的。因今天在大卫的城里，为你们生了救主，就是主基督。"(路2:8—11)

③圣经中论到福音的时候还曾说过：

A."基督的福音"(林后10:14)

B."神的福音"(罗1:1)

C."神儿子(耶稣)的福音"(罗1:2—4)

D."我主耶稣的福音"(帖后1:8)

E."天国的福音"(太24:14)

F."叫你们得救的福音"(弗1:13)

G."平安的福音"(弗6:15)

H."永远的福音"(启14:6)

I.其他论述

3)根据以上经文，可知"福音"的含义乃是：耶稣基督降世救人的事迹、讲论、受难、复活、升天和再来，显明了他是独一的救主，以及由此而带给世人永生的"祝福佳音"。所以圣经中提到传讲基督的事工、道理、教导和救恩时，常常说成是：

①"传福音"(路4:18;徒16:10,罗15:20)

②"宣讲福音"(路8:1)

⑧"传扬福音"(徒8:25)

---

① 注：此处圣经和合本的译文原是："报给你们一个大喜的信息。""报……信息"的希腊文原意即是"传福音"。而且和合本圣经在其他章节中大多把这一原文译作"传福音"。为了便于读者理解，今把"信息"也译作"福音"。

2. 圣经记载:

1)"这福音本是神的大能,要救一切相信的(人)。"(罗 1:16)

2)"同心合意地兴旺福音。"(腓 1:5)

3)"我所遭遇的事,更是叫福音兴旺。"(腓 1:12)

4)"只要你们行事为人与基督的福音相称。"(腓 1:27)

5)"神既然验中了我们,把福音托付我们,我们就照样讲,不是要讨人喜欢,乃是要讨那察验我们心的神喜欢。"(帖前 2:4)

负轭　　Bear the Yoke(或 Take the Yoke)

1. 注释:

轭是驾车行走时搁在牛马颈上的曲木。负轭会感到轭的重量,并要担着它前行。人人有自己当担的担子,就是负轭。

2. 圣经记载:

1)"人在幼年负轭,这原是好的。"(哀 3:27)幼年挑过担子,受过磨炼的人,就会老练。(罗 5:3—5)

2)耶稣说:"凡劳苦担重担的人,可以到我这里来,我就使你们得安息。"耶稣教导门徒负轭的秘诀是"我心里柔和谦卑,你们当负我的轭,学我的样式;这样,你们心里就必得享安息。因为我的轭是容易的,我的担子是轻省的"。(太 11:28—30)

复活　　the Resurrection(或 Resurrect, Rise from the Dead)

1. 注释:

复活有两种意义:

1)指耶稣基督从死里复活。

①圣经记述耶稣被钉十字架受难后,第三天便按他先

前的预言而复活了(太 16:21,27:62—66,28:5—7)。起初连耶稣的门徒多马也曾一度怀疑不信(约 20:24—25),但耶稣亲自向多马等人多次显现,乃使信徒们坚信不疑(约 20:26—31,21:4—25;徒 1:3—8;林前 15:3—8)。

②耶稣受难后 50 天,彼得等门徒在五旬节讲道时,曾一再见证耶稣的复活(徒 2:22—24,30—32)。“那一天门徒约添了三千人”。(徒 2:41)

③其后,门徒们多次作见证讲述到耶稣的复活(徒 4:10,5:29—32)。

④圣经记述耶稣是在七日的第一日(即星期日)复活的(太 28:1—6),因此信徒们常把这一天称作“主日”(启 1:10)。信徒们也常在这一天聚会敬拜神(徒 20:7;林前 16:2)。后来这一聚会被称为“主日聚会”、“主日崇拜”或“大礼拜”。而这一天也被称为礼拜日。圣经记载:约翰孤身一人在拔摩海岛时,当主日也仍然向神敬拜。(启 1:9—10)

⑤后世有些基督徒为了记念耶稣的复活,把每年阴历春分之后第一次月圆后的第一个礼拜日定为复活节。

2)指死了的基督徒将来的复活,圣经记述当末日耶稣再次降临审判世界时,已死的基督徒都将复活。(太 19:28;林前 6:2;帖前 4:16;启 20:4—5)

2. 圣经记载:

1)“天使对妇女说:‘不要害怕,我知道你们是寻找那钉十字架的耶稣。他不在这里,照他所说的,已经复活了。’”(太 28:5—6)

2)“基督照圣经所说，为我们的罪死了。而且埋葬了。又照圣经所说，第三天复活了。”(林前 15:3—4)

3)“因为主必亲自从天降临，……那在基督里死了的人必先复活。”(帖前 4:16)

4)“行善的复活得生，作恶的复活定罪。”(约 5:29)

G

该撒　　Caesar

1. 注释：

该撒是罗马皇帝的称号，代表整个罗马政权。

2. 圣经记载：

“彼拉多想要释放耶稣，无奈犹太人喊着说：‘你若释放这个人，就不是该撒的忠臣(原文作朋友)；凡以自己为王的，就是背叛该撒了。’”(约 19:12)

甘心祭　　Freewill Offering

1. 注释：

甘心祭也被译作“自愿献的祭物”。是由于神所赐的福，因感恩而甘心献的火祭、平安祭。

2. 圣经记载：

1)“你要照耶和华你神赐你的福，手里拿着甘心祭，献在耶和华你的神面前守七七节。”(申 16:10)

2)“若愿意从牛群、羊群中，取牛羊作火祭，献给耶和华。无论是燔祭是平安祭，为要还特许的愿，或是作甘心祭，或是逢你们节期献的，都要奉给耶和华为馨香之祭。”(民 15:3)

感谢祭　　Thank Offering

1. 注释：

感谢祭是出于甘心为感谢而献的平安祭。

2. 圣经记载：

1)“若为感谢献上，就要用调油的无酵饼和抹油的无酵薄饼，并用油调匀细面作的饼，与感谢祭一同献上。”(利 7:12)

2)“愿他们以感谢为祭献给他(耶和华)，欢呼述说他的作为。”(诗 107:22)

3)“我要以感谢为祭献给你，又要求告耶和华的名。”(诗 16:17)

膏油　　Anointing

1. 注释：

圣经中所指的膏油，又叫圣膏油，它是按耶和华晓谕摩西的法则制作的，用来抹会幕及会幕的器具。膏立某人承受某职务时也要用膏油。膏油由祭司看守。人不可随便把它倒在别人身上，以免这人从民中剪除。因为要以它为圣。

2. 圣经记载：

1)耶和华晓谕摩西说：“你要取上品的香料，就是流质的没药五百舍客勒，香肉桂一半，就是二百五十舍客勒，菖蒲二百五十舍客勒，桂皮五百舍客勒，都按着圣所的平，又取橄榄油一欣，按作香之法，调和成圣膏油。”(出 30:22—25)

2)“要用这膏油抹会幕和法柜，桌子与桌子的一切器具，灯台和灯台的器具并香坛，燔祭坛和坛的一切器具，洗濯盆和盆座。要使这些物成为圣，好成为至圣，凡挨着的都成为圣。”(出 30:26—29)

3)“祭司亚伦的儿子以利亚撒所要看守的，是点灯的油与

香料,并当献的素祭和膏油。”(民 4:16)

4)“耶和华晓谕摩西说:‘你要对以色列人说,这油我要世世代代以为圣膏油。不可倒在别人的身上,也不可按这调和之法,作与此相似的,这膏油是圣的,你们也要以为圣。凡调和与此相似的,或将这膏[1]膏[2]在别人身上的,这人要从民中剪除。’”(出 30:31—33)

膏[3]　　Anoint

1. 注释:

1)“膏”是一种分别出来归圣的仪式,受“膏”的仪式是将“膏油”倒在某人头上,表征神的拣选和设立,并将圣灵赐给他。

2)在旧约中只有先知、祭司、君王三种职分需要受“膏”。

3)新约时神更进而以圣灵和能力膏了耶稣和使徒。

4)犹太人也用香膏膏尸体。

2. 圣经记载:

1)撒母耳拿瓶膏油,倒在扫罗头上,与他亲嘴,说:“这不是耶和华膏你作他产业的君么?”(撒上 10:1)

2)“主耶和华的灵在我身上,因为耶和华用膏膏我,叫我传好信息给谦卑的人(或作传福音给贫穷的人),差遣我医好伤心的人,报告被掳的得释放,被囚的出监牢。”(赛 61:1)

3)“要把这些给你的哥哥亚伦,和他的儿子穿戴,又要膏他们,将他们分别为圣,好给我供祭司的职分。”(出 28:41)

---

① 膏(gāo):名词,即膏油。

② ③膏(gào):动词,将膏油倒在某人的头上或身上。

4)“以色列的长老,都来到希伯仑见大卫王;大卫在希伯仑耶和华面前与他们立约。他们就膏大卫作以色列的王,是照耶和华借撒母耳所说的话。”(代上 11:3)

5)使徒彼得向外邦人传福音时说:“神怎样以圣灵和能力膏拿撒勒人耶稣,这都是你们知道的;他周流四方,行善事,医好凡被魔鬼压制的人,因为神与他同在。”(徒 10:38)

6)使徒保罗对哥林多的教会说:“那在基督里坚固我们和你们,并且膏我们的,就是神。”(林后 1:21)

7)耶稣被放入坟墓后,“过了安息日,抹大拉的马利亚和雅各的母亲马利亚,并撒罗米,买了香膏,要去膏耶稣的身体。”(可 16:1)

割礼　　Circumcision

1.注释:

1)以色列的男孩子出生第八天都要接受割礼,即是由父母为婴儿切割生殖器的包皮。割礼乃是耶和华神与亚伯拉罕最初立约时所定的,用以作为以色列人放弃异族习俗,成为神的子民的记号。神要亚伯拉罕及其子孙世世代代遵行割礼,表明他们坚守与神立的约。不遵守割礼的,便不能作神的子民。(创 17:9—14)

2)如果外族人想要和以色列人一样敬奉耶和华,这些外族人的男子也必须先受割礼。(出 12:48)以色列人向外族买的奴隶也须受割礼。(创 17:12)

3)割礼只是一种形式,它的真实喻意乃是说基督徒应当从心灵里信靠救主,接受“脱去肉体情欲的割礼”,成为神真正的儿女。(罗 2:28—29;西 2:11—12;腓 3:3)

4)历史记述,耶稣在世时统辖耶路撒冷的希律家族原是以扫的后裔以东人。只因接受了形式的割礼,也取得了信奉神的虚名。实际上希律几代人作王的时候,曾杀尽了伯利恒境内两岁以里的男孩,(太2:16)杀害了施洗的约翰,(太14:6—10)屡次迫害圣徒。(徒12:1—4)所以保罗说:"受割礼不受割礼全无功效,唯独使人生发仁爱的信心才有功效。"(加5:6)

2.圣经记载:

1)神又对亚伯拉罕说:"你和你的后裔必世世代代遵守我的约。你们所有的男子都要受割礼,这就是我与你,并你的后裔所立的约,是你们所当遵守的。你们都要受割礼(受割礼原文作割阳皮),这是我与你们立约的证据。你们世世代代的男子,无论是家里生的,是在你后裔之外用银子从外人买的,生下来第八日,都要受割礼。你家里生的和你用银子买的,都必须受割礼。这样,我的约就在你们肉体上留下记号①,作永远的约。但不受割礼的男子,必从民中剪除。因他背了我的约。"(创17:9—14)

2)"若有外人寄居在你们中间,愿向耶和华守逾越节,他所有的男子务要受割礼,然后才容他前来遵守。"(出12:48)

3)保罗说:"外面肉身的割礼,也不是真割礼,惟有里面作的,才是真犹太人,真割礼也是心里的,在乎灵不在乎仪文。"(罗2:28—29)

4)保罗说:"但我断不以别的夸口,只夸我们主耶稣基督

① 和合本译作"我的约就立在你们的肉体上"。"留下记号"乃是根据原文直译。

的十字架;因这十字架,就我而论,世界已经钉在十字架上;就世界而论,我已经钉在十字架上。受割礼不受割礼,都无关紧要,要紧的就是作新造的人。”(加 6:14—15)

歌斐木　　Gepher Wood

1. 注释:

歌斐木是耶和华神吩咐挪亚造方舟用的材料。可能是柏木。

2. 圣经记载:

耶和华神对挪亚说:“你要用歌斐木造一只方舟,分一间一间的造,里外抹上松香。”(创 6:14)

各耳板　　Corban

1. 注释:

“各耳板”是希伯来话,指人向神奉献的财物。

2. 圣经记载:

耶稣谴责法利赛人和文士说:“你们倒说:‘人若对父母说,我所当奉给你的,已经作了各耳板(各耳板就是供献的意思)。’以后你们就不容他再奉养父母,这就是你们承接遗传,废了神的道。你们还作许多这样的事。”(可 7:11—13)

公会　　Sànhedrin

1. 注释:

圣经中的公会即犹太公会。耶稣在世的时候,公会设于耶路撒冷,是犹太人最高的法庭,可以审理一切宗教及民事的诉讼。(约 11:47)但没有判死刑的权限(该权限属于罗马总督)。犹太公会有会员 71 人,包括大祭司、祭司长、长老、文士、法利赛人与撒都该人的领袖等。耶稣降

生后70年废除了该会。耶稣及门徒彼得、约翰、司提反、保罗等均曾受审于该会。(太10:17)

2.圣经记载:

1)"他们把耶稣带到大祭司那里,又有众祭司长并文士都来和大祭司一同聚集。祭司长和全公会寻找见证控告耶稣,要治死他,却寻不着。"(可14:53—55)

2)"官府、长老和文士在耶路撒冷聚会。又有大祭司亚那和该亚法、约翰、亚力山大、并大祭司的亲族都在那里。叫使徒(约翰、彼得)站在当中,就问他们说:'你们用什么能力,奉谁的名,作这事呢?'"(徒4:5—7)

3)"第二天,千夫长为要知道犹太人控告保罗的实情,便解开他,吩咐祭司长和全公会的人都聚集,将保罗带下来,叫他站在他们面前。"(徒22:30)

国度　　Kingdom

1.注释:

"国度"一词的希腊文原意是"王位"、"王权"、"王国",特指"神的统治"。圣经中提到的"天国"和"国度",其原文大多都是这一词语。原文圣经中另有一希腊文原意是"国家"、"种族",这一原词有的也被译成了"国度"。

2.圣经记载:

1)旧约圣经首次提到国度,是耶和华神对亚伯拉罕立约所说的。他说:"你要作多国的父。我必使你的后裔极其繁多,国度从你而立,君王从你而出。"(创17:5—6)神应许亚伯拉罕要从他属肉身的后裔中兴起一个国,就是以色列国。

2)新约圣经提到信徒是亚伯拉罕属灵的后裔,是属神的国度。使徒彼得对门徒说:"惟有你们是被拣选的族

类，是有君尊的祭司，是圣洁的国度，是属神的子民。”（彼前 2:9）

H

哈利路亚　　Hallelujah

1. 注释：

“哈利路亚”是希伯来话，意思是“要赞美耶和华神”。世界各国的基督徒，不论说何种语言，都通用这一赞美颂词。

2. 圣经记载：

1)“此后，我听见好像群众在天上大声说：哈利路亚（就是“要赞美耶和华”的意思），救恩、荣耀、权能、都属乎我们的神！”（启 19:1）

2)“我的心哪，要称颂耶和华！你们要赞美耶和华。”（原文作“哈利路亚”。）（诗 104:35）

和散那　　Hosanna

1. 注释：

和散那是希伯来语，原有“求救”的意思。耶稣骑驴驹入耶路撒冷，以色列人欢呼和散那乃是称颂的话。

2. 圣经记载：

耶稣骑驴驹入耶路撒冷时，前行后随的众人，喊着说：“和散那归于大卫的子孙！（和散那原有求救的意思，在此乃是称颂的话。）奉主名来的，是应当称颂的，高高在上和散那！”（太 21:9）

贺梅珥　　Homer

1. 注释：

贺梅珥是旧约时代固体的容量单位。一贺梅珥约等于220公升。

2. 圣经记载：

耶和华说："伊法与罢特大小要一样。罢特可盛贺梅珥十分之一，伊法也可盛贺梅珥十分之一，都以贺梅珥的大小为准。"(结 45:11)

洪水　　Flood

1. 注释：

1)圣经中的洪水是指挪亚时代耶和华灭世的洪水。那时耶和华见人在地上罪恶很大，终日所思想的尽都是恶，耶和华神要使洪水泛滥在地上，毁灭天下，凡地上有血肉，有气息的活物，无一不死。惟有在挪亚方舟里挪亚一家八口和存留为种的百兽、昆虫、禽鸟得以存活。

2)洪水灭世也预示末日的光景。耶稣说，挪亚的时代如何，世界的末期也如何。

3)洪水是洗礼的预表。

2. 圣经记载：

1)神对挪亚说："凡有血气的人，他的尽头已经来到我面前，因为地上满了他们的强暴，我要把他们和地一并毁灭。"(创 6:12—13)耶和华又对挪亚说："你和你的全家都要进入方舟，因为在这世代中，我见你在我面前是义人。""挪亚同他的妻子和儿子、儿妇，都进入方舟躲避洪水。洁净的畜类和不洁净的畜类，飞鸟并地上一切的昆虫，都是一对一对地，有公有母，到挪亚那里进入方舟，正如神所吩咐挪亚的。过了那七天，洪水泛滥在地上。”(创 7:1—10)。

2)耶稣说:“挪亚的日子怎样,人子降临也要怎样。当洪水以前的日子,人照常吃喝嫁娶,直到挪亚进方舟的那日,不知不觉洪水来了,把他们全都冲去。人子降临也要这样。”(太 24:37—39)

3)“当时进入方舟,借着水得救的不多,只有八个人。这水所表明的洗礼,现在借着耶稣基督复活也拯救你们。这洗礼本不在乎除掉肉体的污秽,只求在神面前有无亏的良心。”(彼前 3:20—21)

后嗣　　Heir

1.注释:

后嗣即后裔、后代的意思。圣经中肉身所生的后代,多称为后裔。而与继承产业有关的后裔,则多写为后嗣,偏重于新约圣徒。圣徒是神应许的后裔、后嗣。

2.圣经记载:

1)耶和华在异象中有话对亚伯拉罕说:“你本身所生的,才成为你的后嗣。”(创 15:1—4)这后嗣是指他将来要按应许生的儿子以撒说的。

2)“所以人得为后嗣是本乎信,因此就属乎恩,叫应许定然归给一切后裔,不但归给那属乎律法的,也归给那效法亚伯拉罕之信的。”(罗 4:16)

3)“你们既为儿子,神就差他儿子的灵进入你们的心,呼叫:‘阿爸,父!’可见,从此以后,你不是奴仆,乃是儿子了。既是儿子,就靠着神为后嗣。”(加 4:6—7)“这奥秘就是外邦人在基督耶稣里,借着福音,得以同为后嗣,同为一体,同蒙应许。”(弗 3:6)

护心镜　　　Breastplate

1. 注释：

古时的战衣，胸前有一铜镜，以保护身体、心胸重要的部分。保罗在书信中两次提到护心镜，是指信徒在灵战中应有的品德。

2. 圣经记载：

1)"要穿戴神所赐的全副军装，就能抵挡魔鬼的诡计。用公义当作护心镜遮胸。"(弗 6:11,14)

2)"我们既然属乎白昼，就应当谨守，把信和爱当作护心镜遮胸。"(帖前 5:8)

化外人(化外之人，土人)　　　Barbarian

1. 注释：

1)"化外人"的希腊文原意还有"野蛮人"、"异族人"、"不文明的人"等含义。意指"希腊民族以外的人"，本是希腊人轻视其他种族的用语。逐渐被广泛用来表示"未开化的人"。

2)保罗曾使用这一词语，说明在基督教会里，只要是确有基督住在各人心灵里的基督徒，就不分任何种族、国籍，不应互相轻视。(西 3:11)

2. 圣经记载：

1)保罗觉得自己有责任把福音传到那些边远的地方和民族文化不同的地方。他说："无论是希利尼人、化外人、聪明人、愚拙人，我都欠他们的债。"(罗 1:14)

2)"在此并不分希利尼人、犹太人、受割礼的、未受割礼的、化外人、西古提人、为奴的、自主的，惟有基督是包括一切，又住在各人之内。"(西 3:11)

还愿祭　　　Vow（或 Gifts that one has promised Lord）

1. 注释：

"还愿祭"也被译作"许愿的祭物"。还愿祭是为特许的愿；或为许愿得偿而献的燔祭、平安祭。

2. 圣经记载：

1)"若愿意从牛群羊群中取牛羊作火祭，献给耶和华，无论是燔祭是平安祭，为要还特许的愿，或是作甘心祭，或是逢你们节期献的，都要奉给耶和华为馨香之祭。"(民 15:3)

2)"只是你分别为圣的物和你的还愿祭，要奉到耶和华所选择的地方去。"(申 12:26)

虺蛇　　　Asp

1. 注释：

虺蛇是一种毒蛇，喜听笛声，与蝮蛇类同。

2. 圣经记载：

1)以虺蛇的毒气比作世人残害人的恶毒。"他们的酒是大蛇的毒气，是虺蛇残害的恶毒。"(申 32:33)

2)"他们用舌头弄诡诈；嘴唇里有虺蛇的毒气。"(罗3:13)

会幕　　　Tent of the Congregation

1. 注释：

1)以色列人初出埃及，摩西素常将帐棚支搭在营外，称这帐棚为会幕。百姓到帐棚会幕那里求问神，神通过摩西把他的旨意告诉人。

2)摩西在西乃山上四十昼夜，耶和华晓谕摩西告诉以色列人，要甘心乐意地按耶和华所指示的造圣所(即会幕)，使耶和华可住在他们中间。

3)会幕的表意如下：

①表明神与百姓同在。

②是神与众民相会的地方。

③是神向人宣告他旨意的地方。

4)会幕布置的结构,使用的材料,陈设的器具,点灯的油都是按耶和华神的晓谕建造的。

①会幕的第一层为圣所,设有金灯台,灯台上有七盏灯日夜点着,使圣所有光。还设有陈设饼的桌子和金香坛。

②内屋为至圣所,设有约柜。在约柜上面有施恩座和基路伯,并神的荣光照耀。

③会幕的外院长一百肘,宽五十肘,高五肘;设有柱子,柱子间用捻的细麻作帷子,并设有门,院里摆设铜祭坛和洗濯盆。

5)完成会幕之后,耶和华晓谕摩西,树立会幕,膏立亚伦和他的儿子作祭司。神的荣光充满会幕,耶和华以云柱火柱引导以色列民行路。

2.圣经记载:

1)"摩西素常将帐棚支搭在营外,离营却远,他称这帐棚为会幕。凡求问耶和华的,就到营外的会幕那里去。当摩西出营到会幕去的时候,百姓就都起来,各人站在自己帐棚的门口,望着摩西,直等他进了会幕。摩西进会幕的时候,云柱降下来,立在会幕的门前,耶和华便与摩西说话。众百姓看见云柱立在会幕门前。就都起来,各人在自己帐棚的门口下拜。耶和华与摩西面对面说话,好象人与朋友说话一般。摩西转到营里去,惟有他的帮手,一个少年人嫩的儿子约书亚,不离开会幕。"(出 33:7—11)

2)“耶和华晓谕摩西说：‘当为我造圣所，使我可以住在他们中间，制造帐幕和其中的一切器具，都要照我所指示你的样式。’”(出 25:1—9)

3)会幕的功用：

①“又当为我造圣所，使我可以住在他们中间。”(出25:8)

②“我要在那里与你相会，又要从法柜施恩座上二基路伯中间，和你说我所要吩咐你传给以色列人的一切事。”(出 25:22)

4)其他有关会幕的经文分别记载于出:25—31 章，出 39:32—40:38。

会堂　　Synagogue

1.注释：

1)会堂是犹太人被掳到巴比伦后才有的，是他们在异国聚集崇拜神、讲道以及教导儿女的地方。后来回国后，重建圣殿，会堂的制度继续下来。耶稣时代，巴勒斯坦每个城镇都有犹太人自己的会堂。会堂有宣教教师在那里讲道。管会堂的人多邀请路过的教师，参加安息日聚会。耶稣就用这机会向会众宣讲天国的福音。后来保罗也把各地的会堂作为传扬福音的起点。

2)会堂也是诵读摩西经书的地方。

3)后来会堂成为逼迫耶稣和信徒的地方(约 9:22;太 23:34;可 13:9;路 21:12)

2.圣经记载：

1)“耶稣走遍加利利，在各会堂里教训人，传天国的福音，医治百姓各样的病症。”(太 4:23)

2)“到了迦百农，耶稣就在安息日进了会堂教训人。”(可

1:21)

3)“因为从古以来,摩西的书在各城有人传讲,每逢安息日,在会堂里诵读。”(徒 15:21)

4)耶稣在安息日治好了一个生来是瞎眼的人,他父母不敢说是谁开了他的眼睛,而让他儿子自己说。他父母是怕犹太人,因为犹太人已经商议定了,若有认耶稣是基督的,要把他赶出会堂。(约 9:1—22)

5)扫罗“求文书给大马色的各会堂,若是找着信奉这道的人,无论男女,都准他捆绑带到耶路撒冷”。(徒 9:2)

6)保罗与巴拿巴二人“在以哥念同进犹太人的会堂,在那里讲的,叫犹太人和希利尼人信的很多”。(徒 14:1)

魂　　Soul

1.注释:

按圣经记载,人有灵与魂与身子,而动物没有灵,动物没有敬拜神的本能,它只有魂与体。魂的希腊原文有性命、心性、心志、心境、心绪、心意等含义。人与动物不同,就是人死后体虽归于尘土,魂也消失功能,但灵仍存在。

2.圣经记载:

“愿赐平安的神亲自使你们全然成圣。又愿你们的灵与魂与身子得蒙保守,在我主耶稣基督降临的时候,完全无可指摘。”(帖前 5:23)

魂游象外　　Fall into a Trance(或 in a Trance)

1.注释:

圣经认为,魂游象外不是幻觉,也不是梦境,而是耶稣的使徒彼得和保罗述说他们在祷告中与神相交的心灵状态;他们听到主与他们说话,也看到异象。

2.圣经记载:

1)彼得说:“我在约帕城里祷告的时候,魂游象外,看见异象。有一物降下,好象一块大布,系着四角,从天缒下,直来到我跟前.我定睛观看,见内中有地上四足的牲畜和野兽、昆虫并天上的飞鸟。我且听见有声音向我说:‘彼得,起来,宰了吃。’”(徒 11:5—7)这是圣灵借异象指示彼得,要同来访的人到哥尼流家里去传讲神的道。

2)保罗叙述他的经历说:“后来我回到耶路撒冷,在殿里祷告的时候,魂游象外,看见主向我说:‘你赶紧地离开耶路撒冷,不可迟延,因你为我作的见证,这里的人,必不领受。’”……“主向我说:‘你去吧;我要差你远远地往外邦人那里去。’”(徒 22:17—18,21)

活祭　　Living Sacrifice

1.注释:

活祭的意思是信徒出于内心地把自己的一生献给神,遵行神的话,是基督徒生活的一个基本原则。旧约是以牛羊为祭物献给神,是把祭牲杀死献在坛上,而新约信徒有基督的替死,不必再杀牛羊为祭牲献祭。

2.圣经记载:

1)“所以弟兄们!我以神的慈悲劝你们,将身体献上,当作活祭,是圣洁的,是神所喜悦的;你们如此事奉,乃是理所当然的。”(罗 12:1)

2)“不要容罪在你们必死的身上作王,使你们顺从身子的私欲;也不要将你们的肢体献给罪作不义的器具;倒要象从死里复活的人,将自己献给神;并将肢体作义的器具献给神。”(罗 6:12—13)

活石　　Living Stone

1.注释:

活石指的是耶稣基督。圣经中常喜欢用石头来表征基督，以说明他的身份和工作。

2.圣经记载：

彼得在他的书信中指出，信徒从这活石得生命，成为建造主殿有生命的石头。“主乃活石，固然是被人所弃的，却是被神所拣选、所宝贵的，你们来到主面前，也就象活石，被建造成为灵宫。”(彼前 2:4—5)

活水　　Living Water

1.注释：

是从泉源中涌出充满活力的水。圣经中的活水是指神的恩赐；指信的人要受圣灵说的。

2.圣经记载：

1)神把他自己比作活水的泉源，对以色列民说：“因为我的百姓作了两件恶事，就是离弃我这活水的泉源，为自己凿出池子，是破裂不能存水的池子。”(耶 2:13)

2)耶稣借用“活水”来解释从圣灵重生后的新生命，历久常新，永止干渴。耶稣回答撒玛利亚妇人说：“你若知道神的恩赐，和对你说‘给我水喝’的是谁，你必早求他，他也必早给了你活水。”“人若喝我所赐的水就永远不渴；我所赐的水，要在他里头成为泉源，直涌到永生。”(约 4:10,14)

3)“耶稣站着高声说：‘人若渴了，可以到我这里来喝。信我的人，就如经上所说，从他腹中要流出活水的江河来。’耶稣这话是指着信他之人要受圣灵说的。”(约 7:37—39)

火湖　　Lake of Fire

1.注释：

火湖也叫硫磺的火湖，是圣经中提到末日的审判(白色大宝座的审判)时，恶人(即生命册上没有名字的人)受刑的地方，这火湖就是第二次的死。在那里受痛苦直到永永远远。

2.圣经记载：

1)“那兽被擒拿，那在兽面前曾行奇事、迷惑受兽印记和拜兽像之人的假先知，也与兽同被擒拿。他们两个就活活地被扔在烧着硫磺的火湖里。”(启 19:20)

2)“那迷惑他们的魔鬼被扔在硫磺的火湖里，就是兽和假先知所在的地方，他们必昼夜受痛苦，直到永永远远。”(启 20:10)

3)“我又看见死了的人，无论大小，都站在宝座前。案卷展开了，并且另有一卷展开，就是生命册。死了的人都凭着这些案卷所记载的，照他们所行的受审判。于是海交出其中的死人；死亡和阴间也交出其中的死人，他们都照各人所行的受审判。死亡和阴间也被扔在火湖里；这火湖就是第二次的死。若有人名字没记在生命册上，他就被扔在火湖里。”(启 20:12—15)

4)“惟有胆怯的、不信的、可憎的、杀人的、淫乱的、行邪术的、拜偶像的和一切说谎话的，他们的份就在烧着硫磺的火湖里，这是第二次的死。”(启 21:8)

火柱　　Pillar of Fire

以色列人离开埃及之后，在旷野中，耶和华神白天在云柱中引领他们，夜晚则在火柱中光照他们，使他们日夜都可以行走(出 13:21—22)。后来先知尼希米论到神的慈爱时说，虽然以色列人曾背逆神，惹神动怒，但耶和华仍用云柱火柱引导、照亮他们当走的路程。(尼 9:12—19)

J

基督　Christ

1. 注释：

基督是由希腊文音译而来的，其希伯来原文是弥赛亚，即是救主的意思，犹太人相信他们民族的救星是要来的弥赛亚。但却不相信耶稣就是所盼望的弥赛亚。耶稣的门徒彼得斩钉截铁地指出，耶稣就是神所差来的救主基督。

2. 圣经记载：

1)耶稣说："你们说我是谁？"西门彼得回答说："你是基督，是永生神的儿子。"(太 16:15—16)

2)安得烈先找到自己的哥哥西门，对他说："我们遇见弥赛亚了(弥赛亚翻出来就是基督)。"(约 1:41)

3)撒玛利亚妇人对耶稣说："我知道弥赛亚(就是那称为基督的)要来，他来了，必将一切的事都告诉我们。"耶稣说："这和你说话的就是他。"(约 4:25—26)

基督徒　Christian

1. 注释：

基督徒是基督的门徒。门徒第一次称为基督徒是从安提阿起首。圣经中基督徒通常称之为"门徒"、"信徒"、"圣徒"。

2. 圣经记载：

1)巴拿巴曾往大数去找扫罗。"找着了，就带他到安提阿去。他们足有一年的工夫和教会一同聚集，教训了许多人；门徒称为基督徒，是从安提阿起首。"(徒 11:26)

2)保罗在亚基帕王面前自辩后，“亚基帕对保罗说：‘你想稍微一劝，便叫我作基督徒啊？’（或作‘你这样劝我，几乎叫我作基督徒了。’）”（徒 26:28）

3)“若为作基督徒受苦，却不要羞耻，倒要因这名归荣耀给神。”（彼前 4:16）

基玛林　　Chemarim

1. 注释：

基玛林是供奉假神的祭司。

2. 圣经记载：

耶和华的话临到西番雅说：“我必伸手攻击犹大和耶路撒冷的一切居民，也要从这地方剪除所剩下的巴力，并基玛林的名和祭司。”（番 1:4）

基抹　　Chemosh

1. 注释：

基抹是摩押人祭拜的假神。如摩押王战败后，便以为是基抹发怒所致，因此乃献长子为祭。（王下 3:26—27）

2. 圣经记载：

1)“所罗门年老的时候，他的妃嫔诱惑他的心，去随从别神，不效法他父亲大卫诚诚实实地顺服耶和华他的神。……所罗门为摩押可憎的神基抹和亚扪人可憎的神摩洛，在耶路撒冷对面的山上建筑邱坛。”（王上 11:4—7）

2)约西亚王将“从前以色列王所罗门在耶路撒冷前，邪僻山右边，为西顿人可憎的神亚斯他录，摩押人可憎的神基抹，亚扪人可憎的神米勒公所筑的邱坛”都砍下打碎了。（王下 23:13—14）

3)先知耶利米预言摩押时说：“万军之耶和华以色列的神

如此说：……你因倚靠自己所作和自己的财宝，必被攻取，基抹和属他的祭司、首领也要一同被掳去。”（耶48:1—7）

基斯流月　　Kislev

1.注释：

基斯流月是犹太历的九月，在公历的11月至12月间。

2.圣经记载：

“大利乌王第四年九月，就是基斯流月，初四日，耶和华的话临到撒迦利亚。”（亚7:1）

基路伯　　Cherubim

1.注释：

基路伯是神的护卫天使。

2.圣经记载：

1）神将亚当夏娃赶出伊甸园后。“又在伊甸园的东边，安设基路伯，和四面转动发火焰的剑，要把守生命树的道路。”（创3:24）

2）耶和华对摩西说：“要用精金作施恩座，……要用金子锤出两个基路伯来，安在施恩座的两头，这头作一个基路伯，那头作一个基路伯，二基路伯要接连一块，在施恩座的两头。二基路伯要高张翅膀，遮掩施恩座，基路伯要脸对脸，朝着施恩座。”（出25:17—20）

3）“希西家向耶和华祷告说：‘坐在二基路伯上万军之耶和华以色列的神啊，你，唯有你是天下万国的神，你曾创造天地。……’”（赛37:15—16）

祭祀　　Sacrifice

1.注释：

祭祀是向神献祭之礼。圣经中祭祀耶和华的条例，不可随人意而更改，因为是预表基督的影儿，叫人每年想起罪来。（来 10:1—4）基督耶稣降世受死之后，他一次献上自己的身体，使信耶稣的人得以成圣，永远完全。（来 10:14）信徒不必再行祭祀的条例了，罪过既已赦免，就不用再为罪献祭了。（来 10:18）只要遵行神的话，效法基督就是献灵祭、活祭。

2. 圣经记载：

1）以色列民在埃及不能祭祀耶和华，神差摩西去见法老王说："求你容我们往旷野去，走三天的路程，祭祀耶和华我们的神。"（出 5:3）法老不容以色列人去，神用十灾攻击法老。

2）以色列人出埃及进迦南地以后，在示罗立会幕，是约柜所在地。百姓每年都到那里祭祀耶和华神。"每年从本城上到示罗，敬拜祭祀万军之耶和华。"（撒上 1:3）

3）信徒效法基督，胜于祭祀。"主说：'……我喜爱良善（或作怜恤），不喜爱祭祀；喜爱认识神，胜于燔祭。'"（何 6:6）此经文在四福音书中，耶稣引用过多次。（太 9:13，12:7）

4）耶稣说："第一要紧的，就是说：'以色列啊！你要听；主我们神，是独一的主。"""并且尽心、尽智、尽力爱他，又爱人如己，就比一切燔祭和各样祭祀好得多。"（可 12:29，33）

5）"基督到世上来的时候，就说：'神啊，祭物和礼物是你不愿意的，你曾给我预备了身体；燔祭和赎罪祭是你不喜欢的。'"耶稣说："神啊！我来了为要照你的旨意行。我的事在经卷上已经记载了。"（来 10:5—8）

祭司　　Priest

1. 注释：

1)旧约时代，祭司是以色列人按照神的拣选，特为事奉神而设立的，必须由利未支派中亚伦的后裔来担任这些职务。祭司通常作一些帮助以色列人向神献祭的工作，形同人与神之间的中间人，虽然以色列以外的异族人(例如米甸人)也有祭司(出 2:16)，但圣经中提到的祭司，一般都泛指以色列人的祭司。

2)祭司的等级：

①大祭司(High priest)，大祭司的地位很高。在列王时代大祭司的权势仅次于国王。耶稣在世时，犹太已沦为罗马帝国的属地，但大祭司仍是犹太人的宗教领袖，又能代表犹太人与罗马官吏交涉有关的政治事务。耶稣被捉拿之后，首先即被带到大祭司那里审问，从此可以看出大祭司的威势。(约 18:12—14)

②祭司长(Chief priest)。祭司长是辅佐大祭司的少数高级人员。

③祭司(priest)。这些一般的祭司人数很多，从各方面担任事奉耶和华的事工。

[④祭司以下的一般利未人(Levites)。他们在祭司的指导下，协助看门、奏乐、歌唱或搬运清扫等闲杂事务，详见本书“利未人”条。]

3)旧约圣经中说，以色列人是归耶和华神作祭司的国度，为圣洁的国民。(出 19:6)

4)新约圣经中提到的祭司有下列几种含义：

①指犹太教的祭司。(可 1:40—44；约 1:19；路 10:

31)

②指犹太人以外的外邦人祭拜偶像的祭司。(徒14:13)

③指明耶稣基督乃是永远的大祭司。(来5:5—6)

④指出基督徒乃是神的祭司,故此应当事奉神。(彼前2:9,启1:6,罗12:1)

2.圣经记载:

1)"基督也不是自取荣耀作大祭司,乃是在乎向他说:'你是我的儿子,我今日生你'的那一位,就如经上又有一处说:'你是照着麦基洗德的等次永远为祭司。'"(来5:5—6)

2)彼得曾向信徒们说:"唯有你们是被拣选的族类,是有君尊的祭司,是圣洁的国度,是属神的子民,要叫你们宣扬那召你们出黑暗入奇妙光明者的美德。"(彼前2:9)

3)约翰写信给亚西亚的七个教会说:耶稣基督"使我们成为国民,作他父神的祭司。但愿荣耀权能归给他,直到永远。阿们。"(启1:6)

4)其他有关经文从略。

祭司长　　Chief Priest

1.注释:

详见上述"祭司"条的注释。

2.圣经记载:

1)在大卫作王时,开始见到有祭司长的设立(撒下8:17)。但到以色列和犹大亡国前后,众祭司长却大大犯罪,效法外邦人可憎的事(代下36:14)。犹大人从被掳之地归回重建耶路撒冷时,他们和众人多有痛哭

认罪离弃恶行的。(拉 10:1—5)

2)耶稣传道时,祭司长曾当面向耶稣问难。(参看太 21:23)又暗地谋算杀害耶稣。(参看太 26:3—4)

3)祭司长并且曾派人去,企图捉拿耶稣。(参看约 7:32)

4)犹大出卖耶稣时,乃是找到祭司长去密谋的。(参看太 26:14—16)

5)当巡抚彼拉多想要释放耶稣时,祭司长便挑唆以色列人要求除灭耶稣。(参看太 27:20)

6)耶稣升天后门徒传道时,祭司长显然又授权或直接参与了逼迫基督徒的活动。(参看徒 4:23,9:13—14,25:15)

祭坛　　Altar

1. 注释:

1)祭坛是旧约时代向神献祭时为了置放祭物而堆建的台子。挪亚、亚伯拉罕等人筑坛献祭时,还没有提到祭坛的形式(创 8:20,创 12:7—8)。

2)以色列人出埃及后,耶和华向摩西详细晓谕了建造祭坛的法则。(出 27:1—8)

2. 圣经记载:

1)诗篇 84 篇倾述了诗人渴慕与神亲近、得享天福的心情说:“万军之耶和华,我的王我的神啊!在你祭坛那里,麻雀为自己找着房屋。燕子为自己找着抱雏之窝。”(诗 84:3)

2)耶稣曾引用经上的话说:“我喜爱怜恤,不喜爱祭祀。”(太 9:13)他又说:“你在祭坛上献礼物的时候,若想起弟兄向你怀怨,就把礼物留在坛前,先去同弟兄和好,然后来献礼物。”(太 5:23—24)

寄居的（客旅）　　　Stranger

1. 注释：

1)寄居的(客旅)是指住在以色列之地的非以色列人。以色列人住到非以色列人的地方,也称为寄居的。

2)信徒是神圣洁国度的子民,信徒在这世界上只不过是"寄居的"、是客旅,他们真正的家乡是在天上。

2. 圣经记载：

1)耶和华说:"和你们同居的外人,你们要看他如本地人一样,并且要爱他如己,因为你们在埃及地也作过寄居的。"(利 19:34)

2)"若有外人寄居在你们中间,愿意向耶和华守逾越节,他要照逾越节的律例、典章行,不管是寄居的,是本地人,同归一例。"(民 9:14)

3)"亲爱的弟兄啊！你们是客旅,是寄居的;我劝你们要禁戒肉体的私欲;这私欲是与灵魂争战的。你们在外邦人中,应当品行端正,叫那些毁谤你们是作恶的,因看见你们的好行为,便在鉴察的日子(鉴察或作眷顾),归荣耀给神。"(彼前 2:11—12)

季拉　　　Gerah

1. 注释：

季拉是旧约时的重量单位,也适用于币制。一季拉重0.5克,也为一舍客勒的二十分之一。

2. 圣经记载：

"凡你所估定的价银,都要按着圣所的平。二十季拉为一舍客勒。"(利 27:25)

家宰　　　One who was in charge of the palace（或 Steward）

1. 注释：

家宰是管理宫庭事务的官员,或贵族的管家。有的家宰权势很大。几乎相当于首相。家宰俄巴底,在亚哈王残杀先知时,能收藏先知一百人,供应饮食,足见他的地位很高。一般说来家宰是国王或贵族亲信的人。

2.圣经记载:

1)"亚哈将他的家宰俄巴底召来。俄巴底甚是敬畏耶和华。耶洗别杀耶和华众先知的时候,俄巴底将一百个先知藏了,每五十人藏在一个洞里,拿饼和水供养他们。"(王上 18:3—4)

2)"希律的家宰苦撒的妻子约亚拿,并苏撒拿,和好些别的妇女,都是用自己的财物供给耶稣和门徒。"(路 8:3)

加百列　　　Gabriel

1.注释:

加百列是天使的名字,曾经奉差遣使但以理明白异象。且奉差遣预言约翰和耶稣的降生。

2.圣经记载:

1)"我(但以理)正祷告的时候,先前在异象中所见的那位加百列,奉命迅速飞来。约在献晚祭的时候,按手在我身上。他指教我说:'但以理啊,现在我出来要使你有智慧,有聪明。……为你本国之民和你圣城,已经定了七十个七。要止住罪过,除净罪恶,赎尽罪孽,引进永义,封住异象和预言,并膏至圣者。"(但 9:21—24)

2)天使对撒迦利亚说:"不要害怕,因为你的祈祷已经被听见了,你的妻子以利沙伯要给你生一个儿子,你要给他起名叫约翰。……我是站在神面前的加百列,奉差而来,对你说话。"(路 1:13—19)

3)"到了第六个月,天使加百列奉神的差遣,往加利利的一座城去，这城名叫拿撒勒；到一个童女那里，是已经许配大卫家的一个人，名叫约瑟，童女的名字叫马利亚。……天使对她说：‘马利亚！不要怕，你在神面前已经蒙恩了。你要怀孕生子，可以给他起名叫耶稣。’”（路 1:26—31）

迦特　　Gittith

1. 注释：

某些诗篇的题注中曾说“用迦特乐器”。对迦特的说法不一。或指某种曲调，或指某种与非利士人的迦特城有关联的乐器。

2. 圣经记载：

诗篇第八篇，八十一篇，八十四篇等三篇题注中均曾说：“用迦特乐器”。

假基督　　False Christs

1. 注释：

假基督是在末世时代，将有一些人，假冒基督的名，自称为基督，他靠魔鬼的权势也能显神迹奇事，迷惑人。圣经上说门徒应谨慎防备。

2. 圣经记载：

“那时若有人对你们说：‘看哪！基督在这里’，或说：‘基督在那里’，你们不要信。因为假基督、假先知将要起来，显神迹奇事，倘若能行，就把选民迷惑了。你们要谨慎。看哪，凡事我都预先告诉你们了。”（可 13:21—23）

假冒为善（的人）　　Hypocrite

1. 注释：

这些人表里不一，内里恶毒，外貌假装为善。耶稣常指责那些假冒为善的法利赛人是披着羊皮的豺狼。

2. 圣经记载：

1)耶稣对门徒说："你施舍的时候，不可在你前面吹号，象那假冒为善的人，在会堂里和街道上所行的，故意要得人的荣耀。"(太 6:2)

2)法利赛人打发希律党的人去见耶稣说："'请告诉我们，你的意见如何？纳税给该撒可以不可以？'耶稣看出他们的恶意，就说：'假冒为善的人哪！为什么试探我？'"(太 22:17—18)

3)耶稣对法利赛人和文士说："以赛亚指着你们假冒为善之人所说的预言，是不错的，如经上说：'这百姓用嘴唇尊敬我，心却远离我。他们将人的吩咐，当作道理教导人，所以拜我也是枉然。'"(可 7:6—7)

4)耶稣用比喻劝导门徒，叫门徒不要自以为是，只挑别人的毛病。他说："为什么看见你弟兄眼中有刺，却不想自己眼中有梁木呢？你不见自己眼中有梁木，怎能对你弟兄说，容我去掉你眼中的刺呢？你这假冒为善的人，先去掉自己眼中的梁木，然后才能看得清楚，去掉你弟兄眼中的刺。"(路 6:41—42)

5)耶稣说："你们这假冒为善的文士和法利赛人有祸了！因为你们洗净杯盘的外面，里面却盛满了勒索和放荡。"(太 23:25)

假师傅　　False Teacher

1. 注释：

假师傅是末世时宣传异端陷害门徒的人。

2. 圣经记载：

"从前百姓中有假先知起来，将来在你们中间也必有假师傅，私自引进陷害人的异端，连买他们的主他们也不承

认，自取速速的灭亡。"（彼后 2:1）

假先知　　False Prophet

1. 注释：

圣经上说末世的时候将有假先知出现，他们伪装成先知，显异能、神迹、奇事迷惑人。圣经警戒信徒要加以防备。

2. 圣经记载：

1）耶稣的门徒问他说："你降临和世界的末了有什么预兆呢？"耶稣说："那时……有好些假先知起来，迷惑多人。……因为假基督、假先知将要起来，显大神迹、大奇事。倘若能行，连选民也就迷惑了。"（太 24:3—24）

2）"你们要防备假先知，他们到你们这里来，外面披着羊皮，里面却是残暴的狼。"（太 7:15）

监督　　Bishop

1. 注释：

1）监督是教会中的一种职务，监督与长老是通称，监督要为自己和全群谨慎，牧养神的教会。

2）作监督的必须符合圣经所记载的条件。

2. 圣经记载：

1）保罗对以弗所的长老说："因为神的旨意我并没有一样避讳不传给你们的。圣灵立你们作全群的监督，你们就当为自己谨慎，也为全群谨慎，牧养神的教会，就是他用自己血所买来的（或作救赎的）。"（徒 20:27—28）

2）"人若想要得监督的职分，就是羡慕善工。这话是可信的。作监督的，必须无可指责。只作一个妇人的丈夫，有节制，自守、端正、乐意接待远人，善于教导。不因酒滋事，不打人，只要温和，不争竞，不贪财，好好管理自己的家，使儿女凡事端庄顺服（或作"端端庄庄地使儿女顺服”)。人若不知道管理自己的家,焉能照管神的教会呢?初入教的不可作监督,恐怕他自高自大,就落在魔鬼所受的刑罚里。监督也必须在教外有好名声,恐怕被人毁谤,落在魔鬼的网罗里。”(提前3:1—7)

监狱里的灵　　Spirits in Prison

1.注释:

“监狱里的灵”在圣经中仅见过一次。历来有不同的解释。

1)多数信徒认为,“监狱里的灵”是指挪亚时代不信神的人死后进入监牢般的阴间的灵魂。耶稣死而复活的灵体曾去向那些灵魂传道。(“传道”原文另有含义为“宣告”)。“为此,就是死人也曾有福音传给他们。”(彼前4:6)但这一解释中又有两种见解。

①基督在灵性状态中曾向死去的灵魂“传道”,即传了福音,使那些从前不信从的人的灵魂有接纳福音的可能。

②基督在灵性状态中只是去向死去的灵魂“宣告”,向那些不信从的人的灵魂宣告他们的灭亡。

2)基督的灵曾借着挪亚向他那个时代的人传道,而那些不信的人,如今已沦落于阴间的囚牢中。

2.圣经记载:

“基督也曾一次为罪受死,就是义的代替不义的,为要引我们到神面前。按着肉体说,他被治死;按着灵性说,他复活了。他借这灵曾去传道给那些在监狱里的灵听,就是那从前在挪亚预备方舟,神容忍等候的时候,不信从的人。”(彼前3:18—20)

拣选　　Elect, Election

1. 注释：

1)希伯来文原本的旧约圣经里，曾多次使用“拣选”一词说明神拣选了以色列人成为神的“选民”。(赛 45:4, 65:9)因此就“选民”中的个人来讲，亚伯拉罕、以撒、雅各、摩西以及众先知等古圣先贤都是神所拣选的。

2)在希腊文原本的新约圣经里。“拣选”一词兼有“择优而选”的含义。在新约时代，重生蒙恩得救的基督徒即是“神的选民”。(西 3:12)正如神拣选了以色列人一样，基督徒乃是“被拣选的族类”。(彼前 2:9)因此，就个人而言，彼得、约翰、保罗等使徒都是神所拣选的。甚至每一个基督徒，也都是被神拣选的。(罗 16:13，约 15:16，帖前 1:4)

2. 圣经记载：

1)耶和华说：“我要赐福给属于犹大支派的以色列人。他们的子孙要承受我的山。那些事奉我的选民要住在那里。”(赛 65:9 新译文)

2)“你们既是神的选民，圣洁蒙爱的人，就要存怜悯、恩慈、谦虚、温柔、忍耐的心。”(西 3:12)

3)“你们是被拣选的族类，……是属神的子民，要叫你们宣扬那召你们出黑暗入奇妙光明者的美德。”(彼前 2:9)

4)“被神所爱的弟兄啊，我知道你们是蒙拣选的。”(帖前 1:4)

僭妄的话　　Blasphemy

1. 注释：

僭妄的话是指超越自己地位的言语，与亵渎相似。犹太人不相信耶稣是神的儿子,他们用旧约的律法判断耶稣是说僭妄的话而定他的罪。

2.圣经记载:

1)"耶稣又进了迦百农。人听见他在房子里,……耶稣就对他们讲道。有人带着一个瘫子来见耶稣,是用四个人抬来的。因为人多,不得近前,就把耶稣所在的房子,拆了房顶,既拆通了,就把瘫子连所躺卧的褥子都缒下来。耶稣见他们的信心,就对瘫子说:'小子!你的罪赦了。'有几个文士坐在那里,心里议论说:'这个人为什么这样说呢?他说僭妄的话了,除了神以外,谁能赦罪呢?'"(可 2:1—7)

2)耶稣被卖后,解到大祭司那里。"大祭司问他说:'你是那当称颂者的儿子基督不是?'耶稣说:'我是。你们必看见人子坐在那权能者的右边,驾着天上的云降临。'大祭司就撕开衣服,说:'我们何必再用见证人呢?你们已经听见他这僭妄的话了。你们的意见如何?'他们都定他该死的罪。"(可 14:61—64)

交鬼　　Consult (with) Spirits of the Dead

1.注释:

交鬼与邪术、占卜同类,是邪灵的作为。信鬼的人用邪术与鬼魂打交道,这种事是耶和华神所憎恶的,是当治死的罪。

2.圣经记载:

1)"耶和华对摩西说:……人偏向交鬼的和行巫术的,随他们行邪淫,我要向那人变脸,把他从民中剪除。"(利 20:1,6)

2)耶和华神把迦南人赶出去,是因他们行这些邪恶的事。

神对以色列民说:“用迷术的,交鬼的,行巫术的,……都为耶和华所憎恶。”(申 18:11—12)

交通　　Fellowship

1. 注释:

圣经中所说的“交通”是在圣灵里的相互交往。真信徒靠基督的宝血,得与神相交。借着住在里面的圣灵,信徒彼此之间真切的相交,分享所蒙的恩,统称交通。

2. 圣经记载:

1)“所以在基督里若有什么劝勉,爱心有什么安慰,圣灵有什么交通,心中有什么慈悲怜悯,……你们当以基督耶稣的心为心。”(腓 2:1—5)

2)“愿主耶稣基督的恩惠、神的慈爱、圣灵的感动(交通),常与你们众人同在!”(林后 13:14)

角　　Horn

1. 注释:

希伯来人认为“角”是能力的象征,圣经中也以“角”指荣耀、拯救。古时用羊角盛油。或用作号吹,叫吹角。在预言或异象中,角预表君王。

2. 圣经记载:

1)哈拿感谢神赐她一个儿子,“哈拿祷告说:‘我的心因耶和华快乐,我的角因耶和华高举,我的口向仇敌张开,我因耶和华的救恩欢欣。’”(撒上 2:1)

2)“祭司……取了盛膏油的角来,用膏膏所罗门。人就吹角,众民都说:‘愿所罗门王万岁!’”(王上 1:39)

3)“撒迦利亚被圣灵充满了,就预言说:‘主以色列的神,是应当称颂的;因他眷顾他的百姓,为他们施行救赎;在他仆人大卫家中,为我们兴起了拯救的角。”(路 1:

67—69)

4)但以理论到所见之异象说:“这兽与前三兽大不相同,头有十角。我正观看这些角,见其中又长起一个小角;先前的角中,有三角在这角前,连根被它拔出来。”“至于那十角,就是从这国中必兴起的十王,后来又兴起一王,与先前的不同,他必制伏三王。”(但 7:7—8,24)天使解释约翰所见的异象说:“你所看见的那十角,就是十王;他们还没有得国。”(启 17:12)

酵　　Yeast

1.注释:

酵能使有机物发起来,面酵是从发了酵的面团中取出来的。新约圣经中,酵多用来代表不好的或不义的言行。

2.圣经记载:

1)耶和华晓谕摩西亚伦领以色列人出埃及时,禁止带面酵,神说:“你们要吃无酵饼七日。头一日要把酵从你们各家中除去。”(出 12:15)

2)禁止用有酵的饼献祭,“不可将我祭牲的血和有酵的饼,一同献上。”(出 23:18)但供祭司吃的祭饼可以用酵。“要用有酵的饼和为感谢献的平安祭,与供物一同献上。从各样的供物中,他要把一个饼献给耶和华为举祭,是要归给洒平安祭牲血的祭司。”(利 7:13—14)

3)耶稣对门徒说:“你们要防备法利赛人的酵,就是假冒为善。”(路 12:1)

4)“耶稣对他们说:‘你们要谨慎,防备法利赛人和撒都该人的酵。’”“门徒这才晓得他说的,不是叫他们防备饼的酵,乃是防备法利赛人和撒都该人的教训。”(太 16:6,12)

5)保罗说:"你们这自夸是不好的。岂不知一点面酵能使全团发起来么?你们既是无酵的面,应当把旧酵除净,好使你们成为新团;因为我们逾越节的羔羊基督,已经被杀献祭了。所以我们守这节,不可用旧酵,也不可用恶毒(或作阴毒)、邪恶的酵,只用诚实真正的无酵饼。"(林前 5:6—8)

教会　　Church

1. 注释:

1)"教会"的希腊文原意兼有"被召出来"、"聚集"、"会众"的含义。

2)圣经中从未把礼拜堂、福音堂等聚会的处所当作"教会"。聚会的地方只不过是房屋,而"教会"乃是被神选召被基督舍命救赎的基督徒会众。

3)"基督是教会的头,他又是教会全体的救主。"(弗 5:23)除了基督之外,圣经中从未记述过其他什么人是教会的头。耶稣的母亲马利亚,耶稣的兄弟雅各,耶稣的使徒彼得都只是他的门徒,而不是"教会的头"。惟有耶稣自己"是教会全体之首"。(西 1:18)

4)圣经把教会比作基督的身体,认为只有真正的基督徒才能获得基督的生命"连于元首基督"(弗 4:15),成为他身上的肢体。(弗 5:30)因此一个人若未重生得救,虽然接受了形式上的洗礼或圣餐,却未连于元首基督,便仍是"与基督无关"的"局外人"。(弗 2:12)这些"与基督无关"的挂名基督徒可能和基督徒一同作礼拜聚会,甚至在会中讲道,但是圣经认为这只是"罪人在义人的会中"。(诗 1:5)他们口头上呼叫着"主啊,主啊,"实际上乃是耶稣"从来不认识"的人。(太 7:21—

23)

5)圣经还把教会比作基督的新妇和妻子,要求教会应当对耶稣基督忠贞不二。(弗 5:25—32;启 21:9)

2.圣经记载:

1)"教会是他的身体。"(弗 1:23)圣徒要"各尽其职,建立基督的身体"。(弗 4:12)

2)"你们作丈夫的要爱你们的妻子,正如基督爱教会,为教会舍命①。要用水借着道把教会洗净,成为圣洁,可以献给自己,作个荣耀的教会。"(弗 5:25—27)

3)"圣灵向众教会所说的话,凡有耳的,就应当听。"(启 3:22)

教师　　Teacher

1.注释:

教师是教会中八种有特别恩赐或职事的信徒,教师列在第三。教师是把基督信仰的道理教导信徒的人,教师也可以兼负使徒、先知的事工,由一人共兼二、三职。

2.圣经记载:

"你们就是基督的身子,并且各自作肢体。神在教会所设立的,第一是使徒,第二是先知,第三是教师。其次是行异能的。再次是得恩赐医病的、帮助人的、治理事的、说方言的。……你们要切切地求那更大的恩赐,我现今把最妙的道指示你们。"(林前 12:27—31)

结果子　　Bear Fruit

1.注释:

圣经中用结果子的事实来说明属灵的意义,侧重于言行

---

① 和合译本中的"舍己",原文有"舍命"的意思。

和果效。可分为两大类:一为好树结的好果子,圣经中许多处都以葡萄喻为好果子,好果子使人得益,使神得荣耀。一为坏树结的坏果子,如荆棘,喻为假先知和情欲的事,与人无益。圣经中又提到不结果子,是指该结好果子而未结,要被修理或砍去。

2.圣经记载:

1)大卫的诗说:"惟喜爱耶和华的律法,昼夜思想,这人便为有福。他要像一棵树,栽在溪水旁,按时候结果子,叶子也不枯干。凡他所作的,尽都顺利。"(诗 1:2—3)

2)所罗门的箴言:"不听我的劝戒,藐视我一切的责备,所以必吃自结的果子,充满自设的计谋。"(箴 1:30—31)

3)施洗的约翰对法利赛人说:"你们要结出果子来,与悔改的心相称。""凡不结好果子的树,就砍下来丢在火里。"(太 3:8—10)

4)耶稣说:"因为没有好树结坏果子,也没有坏树结好果子,凡树木看果子,就可以认出它来。人不是从荆棘上摘无花果,也不是从蒺藜里摘葡萄。善人从他心里所存的善,就发出善来;恶人从他心里所存的恶,就发出恶来;因为心里所充满的,口里就说出来。"(路 6:43—45)

5)耶稣说:"我是葡萄树,你们是枝子;常在我里面的,我也常在他里面,这人就多结果子。"(约 15:5)

6)"靠着耶稣基督结满了仁义的果子,叫荣耀称赞归与神。"(腓 1:11)

7)"圣灵所结的果子,就是仁爱、喜乐、和平、忍耐、恩慈、良善、信实、温柔、节制;这样的事,没有律法禁止。"(加 5:22—23)

节期　　　Feasts(或 Festivals)

1. 注释：

节期是指以色列人按耶和华的晓谕宣告为圣会的节期，为的是记念造物主的恩惠与慈爱。以色列人的节期有：

1)以七为周期的节日。

①每七日一次的安息日。

[②每月月首的月朔。]

③每年7月的月朔(即吹角节)。

④每七年一次的安息年。

⑤禧年。

2)以年为周期的节期。

①逾越节(无酵节)。

[②初熟节。]

③五旬节(七七节、收割节、[初熟节])。

④赎罪日。

⑤住棚节(收藏节)。

3)被掳后设立的节期：

①普珥节。

②修殿节。

2. 圣经记载：

1)"耶和华对摩西说，你晓谕以色列人说，耶和华的节期，你们要宣告为圣会的节期。"(利 23:1—2)

2)"六日要作工，第七日是圣安息日，当有圣会，你们什么工作都不可作，这是在你们一切的住处，向耶和华守的安息日。"(利 23:3)

3)"在你们快乐的日子和节期，并月朔献燔祭和平安祭，也要吹号，这都要在你们的神面前作为记念。我是耶

和华你们的神。"(民 10:10)

4)"七月初一日,你们当有圣会,甚么劳碌的工都不可作,是你们当守为吹角的日子。"(民 29:1)

5)"第七年地要守圣安息,就是向耶和华守的安息,不可耕种田地,也不可修理葡萄园。"(利 25:4)

6)"你要算计七个安息年,就是七七年,这便为你成了七个安息年,共是四十九年,……第五十年你们要当作圣年,在遍地给一切的居民宣告自由,这年必为你们的禧年,各人要归自己的产业,各归本家。"(利 25:8—10)

7)"正月十四日黄昏的时候,是耶和华的逾越节。这月十五日是向耶和华守的无酵节,你们要吃无酵饼七日。第一日当有圣会,什么劳碌的工都不可作,要将火祭献给耶和华七日,第七日是圣会,什么劳碌的工都不可作。"(利 23:5—8)

8)"你晓谕以色列人说,你们到了我赐给你们的地,收割庄稼的时候,要将初熟的庄稼一捆带给祭司。"(利 23:10)

9)"在收割初熟麦子的时候,要守七七节。又在年底,要守收藏节。"(出 34:22)

10)"七月初十是赎罪日,你们要守为圣会,并要刻苦己心,也要将火祭献给耶和华。"(利 23:27)

11)"你要晓谕以色列人说,这七月十五日是住棚节,要在耶和华面前守这节七日。"(利 23:34)

12)"亚比该的女儿王后以斯帖和犹大人末底改,以全权写第二封信,坚嘱犹大人守这普珥日。"(斯 9:29)

13)"在耶路撒冷有修殿节,是冬天的时候。"(约 10:22)

诫命　　　Commandment

1.注释:

1)诫命是耶和华神向以色列民颁赐信仰及有关伦理、道德的基本原则,是与他立约的民必须遵守的。

2)谨守遵行耶和华诫命的要蒙福,不谨守遵行耶和华诫命的必受咒诅。

3)十条诫命是耶和华神授予律法的基石,是总的原则。

4)新约时代耶稣基督又阐明诫命的总纲就是"爱"。

5)保罗也阐明孝敬父母是第一条带应许的诫命。

2.圣经记载:

1)"我今日将他的律例、诫命晓谕你,你要遵守,使你和你的子孙可以得福,并使你的日子在耶和华你神所赐的地上得以长久。"(申 4:40)

2)"你若留意听从耶和华你神的话,谨守遵行他的一切诫命,就是我今日所吩咐你的,他必使你超乎天下万民之上。你若听从耶和华你神的话,这以下的福必追随你,临到你身上。"(申 28:1—2)

3)"你若不听从耶和华你神的话,不谨守遵行他的一切诫命律例,就是我今日所吩咐你的,这以下的咒诅都必追随你,临到你身上。"(申 28:15)

4)耶稣说:"你要尽心、尽性、尽意,爱主你的神。这是诫命中的第一,且是最大的,其次也相仿,就是要爱人如己。这两条诫命,是律法和先知一切道理的总纲。"(太 22:37—40)

5)"要孝敬父母,使你得福,在世长寿,这是第一条带应许的诫命。"(弗 6:2)

金灯台　　　the Golden Candlestick

1.注释:

1)金灯台是会幕和圣殿中重要的用具,它的形状及制作方法,都是按耶和华在山上指示摩西的式样制作的。要用精金重一他连得(约60公斤)。

2)金灯台摆设于圣所的南边。所罗门的殿中更改为十座金灯台,左右各五座。

3)金灯台使全圣所光明,乃是教会的预表。(启1:20)灯要常常点着,负责圣事的人员,从晚上到早晨,要在耶和华面前经理这灯。(出27:20—21)

2.圣经记载:

1)用精金作金灯台时,“灯台的座和干与杯、球、花,都要接连一块锤出来。”(出25:31—39)

2)“又把灯台安在会幕内,在帐幕南边,与桌子相对。”(出40:24)

3)“黄昏点灯的时候,他(亚伦)要在耶和华面前烧这香,作为世世代代常烧的香。”(出30:8)

4)“所罗门又造耶和华殿里的金坛。……内殿前的精金灯台,右边五个,左边五个,并其上的金花、灯盏、腊剪……”(王上7:48—49)

5)新约启示录中说:“论到你所看见在我右手中的七星和七个金灯台的奥秘,那七星就是七个教会的使者,七灯台就是七个教会。(启1:20)

金牛犊　　　Golden Calf

1.注释:

1)以色列人出埃及后,神召摩西到西乃山上,因摩西久未下山,亚伦便铸了一只金牛犊,并且告诉百姓:这金牛犊是领他们出埃及的神。叫百姓敬拜金牛犊，犯了大罪。

2)摩西为以色列百姓恳求赦罪，焚烧金牛犊，要以色列人自洁归耶和华为圣。因他们同亚伦铸了金牛犊，耶和华曾击杀以色列百姓约3000。

3)耶罗波安也铸了两个金牛犊，叫以色列人敬拜，又使百姓陷在罪中。

2.圣经记载：

1)"百姓见摩西迟延不下山，就大家聚集到亚伦那里，对他说：'起来！为我们作神像，可以在我们前面引路，因为领我们出埃及地的那个摩西，我们不知道他遭了什么事。'亚伦对他们说：'你们去摘下你们妻子儿女耳上的金环。拿来给我。'百姓就都摘下他们耳上的金环，拿来给亚伦。亚伦从他们手里接过来，铸了一只牛犊，用雕刻的器具作成。他们就说：'以色列啊，这是领你出埃及地的神。'亚伦看见，就在牛犊面前筑坛，且宣告说：'明日要向耶和华守节。'次日清早，百姓起来献燔祭和平安祭，就坐下吃喝，起来玩耍。"(出 32:1—6)

2)"摩西挨近营前，就看见牛犊，又看见人跳舞，便发烈怒，把两块法版扔在山下摔碎了，又将他们所铸的牛犊用火焚烧，磨得粉碎，撒在水面上，叫以色列人喝。摩西对亚伦说：'这百姓向你作了什么？你竟使他们陷在大罪里。'"(出 32:19—21)，"那一天百姓中被杀的约有三千。"(出 32:28)

3)"耶罗波安王就筹划定妥，铸造了两个金牛犊，对众民说：'以色列人哪，你们上耶路撒冷去实在是难，这就是领你们出埃及地的神。'他就把牛犊一只安在伯特利，

一只安在但。这事叫百姓陷在罪里,因为他们往但去拜那牛犊。"(王上 12:28—30)

金诗　　Michtam

1.注释:

金诗是一种诗歌的名称,出现在诗篇标题中。"金诗"一词意义不明,多见于大卫祈祷脱离危险的诗题中。

2.圣经记载:

"大卫的金诗"。参见诗篇第十六、五十六、五十七、五十八、五十九、六十篇的诗题。

金香坛　　Golden Altar of Incense(或 Gold Altar For Burning Incense)

1.注释:

金香坛是圣所里的物品,是专供以色列人向耶和华神敬拜、祷告、烧香用的,不能献其他祭物。它的制作和在上烧的香以及安放的位置,都要严格按耶和华晓谕摩西的来作(参出 30:1—5,出 30:34—35)。金香坛放在会幕第一层圣所里的正前方,隔着幔子正对至圣所的施恩座。(出 30:6—10)

2.圣经记载:

大卫被圣灵感动,曾把圣殿的样式和金灯台、金香坛等圣物的样式,指示给所罗门,使他日后建造。(代上 28:11—19)

禁食　　Fasting,Fast

1.注释:

1)禁食是不吃饭食克苦己心,以便专心祷告。禁食的人也蒙耶和华神的赐福。

2)耶稣指示门徒,禁食的时候不要让人看出来。

3)圣经中没有明文规定禁食的时间，旧约时代只有赎罪日为禁食日。法利赛人规定甚严，每七日有二次禁食。

2.圣经记载：

1)“万军之耶和华如此说，四月、五月禁食的日子，七月、十月禁食的日子，必变为犹大家欢喜快乐的日子，和欢乐的节期，所以你们要喜爱诚实与和平。”(亚 8:19)

2)“看哪，你们禁食的日子，仍求利益，勒逼人为你们作苦工，你们禁食，却互相争竞，以凶恶的拳头打人。你们今日禁食，不得使你们的声音听闻于上。”(赛 58:3—4;参耶 14:12)

3)“你们禁食的时候，不可象那假冒为善的人，脸上带着愁容，因为他们把脸弄得难看，故意叫人看出他们是禁食。……你们禁食的时候，要梳头洗脸，不叫人看出你禁食来，只叫你暗中的父看见，你父在暗中察看，必然报答你。”(太 6:16—18)

荆棘　　Thorn

1.注释：

荆棘泛指丛生多刺的灌木，在巴勒斯坦一带甚多。在圣经中，荆棘蒺藜指罪和咒诅。当夏娃犯罪后，地因他们受到咒诅。神说：“地必给你长出荆棘和蒺藜来。”(创 3:18)

2.圣经记载：

1)耶和华吩咐以色列人进迦南后要赶出那里的居民，他说：“倘若你们不赶出那地的居民，所容留的居民，就必作你们眼中的刺，肋下的荆棘，也必在你们所住的地上扰害你们。”(民 33:55)

2)耶稣讲解撒种的比喻说：“撒在荆棘里的，就是人听了

道，后来有世上的思虑、钱财的迷惑，把道挤住了，不能结实。”(太 13:22)

3)耶稣被卖后，罗马兵丁戏弄他，“用荆棘编作冠冕，戴在他头上。”(太 27:29)当时，荆棘冠冕表示苦难、羞辱。

儆醒　　Wake, Watch

1. 注释：

儆醒即警醒、不疏忽打盹，不犯过错。圣经认为，信徒应当时刻防备魔鬼的诡计。

2. 圣经记载：

1)所罗门的诗中说：“若不是耶和华建造房屋，建造的人就枉然劳力；若不是耶和华看守城池，看守的人就枉然儆醒。”(诗 127:1)

2)耶稣在客西马尼园三次祷告期间，曾“来到门徒那里见他们睡着了，就对彼得说：‘怎么样，你们不能同我儆醒片时么？总要儆醒祷告，免得入了迷惑；你们心灵固然愿意，肉体却软弱了。’”(太 26:40—41)

3)“务要谨守、儆醒，因为你们的仇敌魔鬼，如同吼叫的狮子，遍地游行，寻找可吞吃的人。”(彼前 5:8)

敬虔　　Godliness

1. 注释：

圣经中敬虔是人向神的恭敬、敬重，并内心的虔诚、相信。

2. 圣经记载：

1)“操练身体，益处还少；惟独敬虔，凡事都有益处；因有今生和来生的应许。”(提前 4:8)

2)保罗论到当时传异教的人说：“若有人传异教，不服从我们主耶稣基督纯正的话，与那合乎敬虔的道理，他是自高自大，一无所知，专好问难，争辩言词，从此就生出嫉妒、分争、毁谤、妄疑,并那坏了心术、失丧真理之人的争竞。他们以敬虔为得利的门路。然而敬虔加上知足的心便是大利了,因为我们没有带什么到世上来,也不能带什么去,只要有衣有食,就当知足。”(提前6:3—8)

3)彼得劝弟兄们说:“这一切既然都要如此销化,你们为人该当怎样圣洁,怎样敬虔”。(彼后3:11)

敬畏　　Fear,Revere

1.注释:

敬畏是尊敬且畏惧,是认识神的人对神敬重而顺服的表现,不是单单的惧怕。圣经从创世记到启示录,提到敬畏神一词近二百次之多,也提到凡敬畏耶和华遵行他道的人,都蒙他所喜悦、赐福。

2.圣经记载:

1)神试验亚伯拉罕,他肯顺服地把独生儿子献在坛上时,“天使说:‘现在我知道你是敬畏神的了,因为你没有将你的儿子,就是你独生的儿子,留下不给我。’”(创22:12)

2)摩西临终前说:“以色列啊! 现在耶和华你神向你所要的是什么呢? 只要你敬畏耶和华你的神,遵行他的道,爱他,尽心尽性事奉他,遵守他的诫命、律例,就是我今日所吩咐你的,为要叫你得福。”(申10:12—13)

3)“耶和华的眼目,看顾敬畏他的人和仰望他慈爱的人。”(诗33:18)

4)“敬畏耶和华,是智慧的开端;认识至圣者,便是聪明。”(箴9:10)“凡敬畏耶和华,遵行他道的人,便为有福。”(诗128:1)

5)彼得劝信徒说:“你们既称那不偏待人、按各人行为审判人的主为父,就当存敬畏的心,度你们在世寄居的日子;知道你们得赎,脱去你们祖宗所流传虚妄的行为,不是凭着能坏的金银等物;乃是凭着基督的宝血。”(彼前 1:17—19)

酒政　　Cupbearer

酒政是古埃及、波斯、巴比伦等国的宫庭大臣。酒政的职务是给国王进酒,由于侍候国王的饮食于宫庭,须慎防毒杀国王等事,所以酒政是心腹之臣,才能胜任。尼希米即是亚达薛西王的酒政。(尼 1:11)

旧约　　Old Testament

1.注释:

圣经中分新约和旧约两部,耶稣降生以前的经卷称为旧约。耶稣降生以后的经卷称为新约。旧约全书共三十九卷。律法书五卷(自创世记至申命记),历史书十二卷(自约书亚记至以斯帖记),诗歌五卷(自约伯记至雅歌),大先知书五卷(自以赛亚书至但以理书),最后十二卷为小先知书(自何西阿书至玛拉基书)。

2.圣经记载:

“但他们的心地刚硬,直到今日诵读旧约的时候,这帕子还没有揭去,这帕子在基督里已经废去了。”(林后 3:14)

举祭　　Heave Offering

1.注释:

1)举祭是一些特别的祭物。在献平安祭、燔祭时,其中有些祭物要向上举一举,所举的祭物便叫作举祭。

2)以色列民进入耶和华应许所赐之地,吃那地的粮食,就要把举祭献给耶和华。祭物是用初熟麦子磨面作的饼。

3)举祭的祭物要归给祭司。

2.圣经记载:

1)“将你们的燔祭、平安祭、十分取一之物,和手中的举祭,并还愿祭、甘心祭,以及牛群羊群中头生的,都奉到那里。”(申 12:6)

2)“耶和华对摩西说:你晓谕以色列人说,你们到了我所领你们进去的那地,吃那地的粮食,就要把举祭献给耶和华。你们要用初熟的麦子磨面,作饼当举祭奉献,你们举上,好像举禾场的举祭一样。你们世世代代要用初熟的麦子磨面,当举祭献给耶和华。”(民 15:17—21)

3)耶和华晓谕亚伦说:“我已将归我的举祭就是以色列人一切分别为圣的物,交给你经管,因你受过膏,把这些都赐给你和你的子孙,当作永得的份。”(民 18:8)耶和华又说:

①“以色列人所献的举祭并摇祭都是你的。我已赐给你和你的儿女,当作永得的份,凡在你家中的洁净人都可以吃。”(民 18:11)

②“祭司的女儿若嫁外人,就不可吃举祭的圣物。”(利 22:12)

4)耶和华吩咐摩西说:“你晓谕利未人说,你们从以色列人中所取的十分之一,就是我给你们为业的,要再从那十分之一中取十分之一,作为举祭献给耶和华。这举祭,要算为你们场上的谷,又如满酒醡的酒。这样,你们从以色列人中所得的十分之一,也要作举祭献给耶和华,从这十分之一中,将所献给耶和华的举祭,归给

祭司亚伦。”(民 18:25—28)

君王　Prince,King

1.注释:

君王本是有王权和统治权的王,即如犹大王、以色列王等,但圣经中经常指出耶和华神是君王,以色列民所盼望的君王弥赛亚(即耶稣基督)是君王。

2.圣经记载:

1)“看哪,必有一王凭公义行政,必有首领借公平掌权。”(赛 32:1)

2)“我是耶和华你们的圣者,是创造以色列的,是你们的君王。”(赛 43:15)

3)“犹大地的伯利恒啊,你在犹大诸城中,并不是最小的,因为将来有一位君王,要从你那里出来,牧养我以色列民。”(太 2:6)

4)“你们挂在木头上杀害的耶稣,我们祖宗的神已经叫他复活。神且用右手将他高举,叫他作君王,作救主,将悔改的心和赦罪的恩,赐给以色列人。”(徒 5:30—31)

5)“那诚实作见证的,从死里首先复活,为世上君王元首的耶稣基督,有恩惠平安归与你们。他爱我们,用自己的血使我们脱离罪恶。”(启 1:5)

军长　Captain

1.注释:

1)军长在圣经中常指军中的司令官、指挥官、军官。具体管辖的范围未详。

2)圣经中千夫长、百夫长也有时称作军长。

3)有时军长也有“首领”之意。

4)有些军长也管理百姓。

2. 圣经记载：

1)“官长对百姓宣告完了，就当派军长率领他们。”（申20:9）

2)“带领千军的各军长，就是千夫长、百夫长，都近前来见摩西。”（民31:48）

3)“以色列民的首领，就是各支派的军长，都站在百姓的会中，拿刀的步兵共有四十万。”（士20:2）

4)犹大王希西家“设立军长管理百姓，将他们招集在城门的宽阔处，用话勉励他们”。（代下32:6）

K

客旅　　Pilgrim

参见本书“寄居的”条。

旷野　　Wilderness

1. 注释：

旷野指未经开垦的荒地。圣经中多特指西奈半岛，即以色列人出了埃及到迦南地所经过的地方。有时也泛指一般旷野。

2. 圣经记载：

1)摩西对埃及法老王说：“我们要往旷野去走三天的路程，照着耶和华我们神所要吩咐我们的祭祀他。”（出8:27）

2)摩西对以色列百姓说：“因为耶和华你的神在你手里所办的一切事上已赐福与你，你走这大旷野他都知道了，这四十年耶和华你的神常与你同在，故此你一无所

缺。"(申2:7)

3)"当时,耶稣被圣灵引到旷野,受魔鬼的试探。"(太4:1)

L

拉波尼　　Rabboni

1.注释:

拉波尼是希伯来语译音,是夫子或教师的意思。

2.圣经记载:

1)"耶稣说:'要我为你作什么?'瞎子说:'拉波尼,我要能看见。'"(可 10:51)

2)耶稣复活以后马利亚在坟墓外面哭。耶稣向她显现说:"马利亚"。"马利亚就转过来,用希伯来话对他说:'拉波尼'"。(拉波尼就是夫子的意思)(约 20:16)

拉比　　Rabbi

1.注释:

拉比是师尊、夫子或教师的意思。

2.圣经记载:

1)耶稣说:"但你们不要受拉比的称呼,因为只有一位是你们的夫子,你们都是弟兄。"(太 23:8)

2)"那卖耶稣的给了他们一个暗号说:'我与谁亲嘴,谁就是他,你们可以拿住他。'犹大随即到耶稣跟前说:'请拉比安。'就与他亲嘴。"(太 26:48—49)

拉加　　Raca

1.注释:

这是希伯来语译音,原意是"蠢材"、"废物"。乃是犹太人所用骂人的话，而当时用此话骂人就犹如杀人一样。

2. 圣经记载：

耶稣说："只是我告诉你们，凡向弟兄动怒的，难免受审判；凡骂弟兄是拉加的，难免公会的审断；凡骂弟兄是魔利的，难免地狱的火。"（太 5:22）

［浪子回头的比喻］　The Story of the Lost Son

1. 注释：

这一比喻说明神对失而又得的儿子的慈爱，说明神昼夜期待罪人悔改归向他。

2. 圣经记载：

耶稣设比喻说：一个人有两个儿子。小儿子向父亲取了应得的一份家业后，便往远方去，在那里任意放荡，浪费资财。结果耗尽了一切所有的，又遇到那地方有灾荒，便不得不给当地的一个人放猪，他恨不得拿猪所吃的豆荚充饥，也没有人给他。他醒悟过来，想到父家的富有而自己却要在这里饿死，他决心起来回到父亲那里，向父亲认罪。父亲远远地看见他，就动了慈心，跑去抱着他的颈项连连与他亲嘴，又叫仆人拿出上好的袍子和戒指给他，并为他宰了牛犊，吃喝快乐。"（路 15:11—24）

乐园　Paradise

1. 注释：

乐园指基督徒死了以后灵魂所到的地方。

2. 圣经记载：

1）与耶稣同钉十字架的一个强盗相信耶稣是救主，"就说：'耶稣啊，你得国降临的时候，求你纪念我！'耶稣对他说：'我实在告诉你，今日你要同我在乐园里了！'"（路 23:42—43）

2)保罗说:“他被提到乐园里,听见隐秘的言语,是人不可说的。”(林后 12:4)

理番　　Rephan

1.注释:

假神的名。叙利亚人把土星当作神,称呼理番。

2.圣经记载:

司提反引用先知书所写的话,责备以色列民曾拜假神得罪耶和华,所以被掳到巴比伦去,该处经文说:“你们抬着摩洛的帐幕和理番神的星,就是你们所造为要敬拜的像。因此我要把你们迁到巴比伦外去。”(徒 7:42—43)

理学　　Philosophy

1.注释:

理学又称哲学或道学,指古时某种哲学或玄学的思想,妄图借推测的方法来解释人生一切的经验,使其符合某种理论假说。

2.圣经记载:

“你们要谨慎,恐怕有人用他的理学和虚空的妄言,不照着基督,乃照人间的遗传和世上的小学,就把你们掳去。”(西 2:8)

礼拜　　Worship,Service

1.注释:

礼拜指对神的崇拜,多译为敬拜。有称一周为一个礼拜的,即一个星期,世界各地基督徒,多以星期日为礼拜日。

2.圣经记载;

1)有话从“耶和华临到耶利米说:‘耶和华如此说:你站在耶和华殿的院内,对犹大众城邑的人,就是到耶和华殿来礼拜的,说我所吩咐你的一切话,一字不可删减。’”

(耶 26:1—2)

2)撒玛利亚妇人对耶稣说:"我们的祖宗在这山上礼拜,你们倒说,应当礼拜的地方是在耶路撒冷。"耶稣说:"你们拜父,也不在这山上,也不在耶路撒冷。……神是个灵,所以拜他的,必须用心灵和诚实拜他。"(约 4:20—24)

3)旧约礼拜的条例,都是一个表样,"所献的礼物和祭物,就着良心说,都不能叫礼拜的人得以完全。""但现在基督已经来到。"他赐圣灵与信徒同在,敬拜神不再是条例,而是内心。(来 9:1,9—12)

利未人　　　Levites

1.注释:

利未人是以色列十二个支派之一。其祖先是雅各的第三个儿子利未,神拣选利未人归属耶和华。摩西及亚伦为哥辖族暗兰家的利未人。神选定亚伦及其子孙专任祭司的工作,其余的利未人专职负责圣所、圣殿中一切的事务。以色列人进入迦南地后,各支派都分得了地业,惟独利未人没有。各支派要把每年生产所得的十分之一交给利未人享用,再由他们从其中取十分之一献给耶和华。以色列人每次所献的祭物都有祭司和利未人当得的分。

2.圣经记载:

1)"耶和华晓谕摩西说:'我从以色列人中拣选了利未人,代替以色列人一切头生的,利未人要归我。'"(民 3:11—12)

2)"只要派利未人管法柜的帐幕和其中的器具,并属乎帐幕的,他们要抬帐幕和其中的器具,并要办理帐幕的事,在帐幕的四围安营。帐幕将往前行的时候,利未人

要拆卸；将支搭的时候，利未人要竖起。近前来的外人必被治死。”(民 1:50—51)

3)“耶和华在摩押平原，约但河边，耶利哥对面，晓谕摩西说：‘你吩咐以色列人，要从所得为业的地中，把些城给利未人居住，也要把这城四围的郊野给利未人。这城邑要归他们居住，城邑的郊野，可以牧养他们的牛羊和各样的牲畜，又可以安置他们的财物。’”(民 35:1—3)

4)耶和华晓谕亚伦说：“凡以色列中生产的十分之一，我已赐给利未的子孙为业，因他们所办的是会幕的事，所以赐给他们为酬他们的劳。”(民 18:21)

5)“那时，耶和华将利未支派分别出来，抬耶和华的约柜，又侍立在耶和华面前侍奉他，奉他的名祝福，直到今日。所以利未人在他弟兄中无份无业，耶和华是他的产业，正如耶和华你神所应许他的。”(申 10:8—9)

列祖　　Ancestors

1. 注释：

列祖按原文有的译为父亲、祖宗。耶和华神拣选了以色列人的祖先亚伯拉罕、以撒、雅各(即以色列)，所以亚伯拉罕、以撒，以及以色列的子孙即为以色列人的列祖。

2. 圣经记载：

1)“你们果然听从这些典章，谨守遵行，耶和华你神就必照他向你列祖所起的誓守约施慈爱。他必爱你，赐福与你，使你人数增多；也必在他向你列祖起誓应许给你的地上，赐福与你身所生的、地所产的。”(申 7:12—13)

2)彼得对百姓说：“以色列人哪！亚伯拉罕、以撒、雅各的神，就是我们列祖的神，已经荣耀了他的仆人耶稣；你

们却把他交付彼拉多。”(徒 3:13)

3)“列祖就是他们的祖宗,按肉体说,基督也是从他们出来的,他是在万有之上,永远可称颂的神。阿们。”(罗 9:5)

临门　　Rimmon

1. 注释:

临门是假神的名,其庙在大马色,亚兰国王及其元帅乃缦常来此庙朝拜。

2. 圣经记载:

乃缦患大麻风得到耶和华神医治后,对先知以利沙说:“惟有一件事,愿耶和华饶恕你仆人。我主人进临门庙叩拜的时候,我用手搀他在临门庙,我也屈身。我在临门庙屈身的这事,愿耶和华饶恕我。”(王下 5:18)

灵　　Spirit

1. 注释:

灵就是俗称的灵魂。按圣经记载,人是有灵与魂和身子的。神用地上尘土造人,将生气吹在他鼻孔里,就成了有灵的活人,因此人能借着灵与神相交。而其他动物都没有灵,没有宗教意识。正如俗话说,人为万物之灵,人死后灵仍存在,信耶稣者之灵要存到永远。

2. 圣经记载:

1)“耶和华神用地上的尘土造人,将生气吹在他鼻孔里,他就成了有灵的活人,名叫亚当。”(创 2:7)

2)传道书写道:“因为世人遭遇的,兽也遭遇,所遭遇的都是一样;这个怎样死,那个也怎样死,气息都是一样。”“都是出于尘土,也都归于尘土,谁知道人的灵是往上升,兽的魂是下入地呢?”(传 3:19—21)

3)“神的道是活泼的，是有功效的，比一切两刃的剑更快，甚至魂与灵，骨节与骨髓，都能刺入、剖开，连心中的思念和主意都能辨明。”(来 4:12)

灵魂　　Soul

1. 注释：

“灵魂”一词的希腊原文也有“气息”、“生命”、“活物”、“心灵”等含义。中文圣经里有的地方译作“生命”，(可 8:35)或作“活人”，(林前 15:45)也有时作“性命”。(徒 27:22)人死了，灵魂就离开了身体，身体便成为被灵魂遗留下来毫无价值的遗体，不再有生命的表现了，人之可贵在于灵魂。圣经认为人的灵魂是永永远远的，并有两个绝然不同的归宿。

2. 圣经记载：

1)先知以利亚所住的那家妇人的儿子死了，他“求告耶和华说：‘耶和华我的神啊，求你使这孩子的灵魂仍入他的身体。’耶和华应允以利亚的话，孩子的灵魂仍入他的身体，他就活了。”(王上 17:21—22)

2)耶稣对他的门徒说：“那杀身体不能杀灵魂的，不要怕他们；惟有能把身体和灵魂都灭在地狱里的，正要怕他。”(太 10:28)

3)“所以你们要脱去一切的污秽和盈余的邪恶，存温柔的心领受那所栽种的道，就是能救你们灵魂的道。”(雅1:21)

4)“我们却不是退后入沉沦的那等人，乃是有信心以致灵魂得救的人。”(来 10:39)

5)约翰受启示看见将来必成的事，他说：“我又看见那些因为给耶稣作见证，并为神之道被斩者的灵魂，和那没

有拜过兽与兽像，也没有在额上和手上受过它印记之人的灵魂，他们都复活了。”（启 20:4）

灵祭　　Spiritual Sacrifice

1.注释：

旧约记载以色列民通过祭司来间接朝见神、献上祭物。新约时代，每个因信基督并与神联合的人，都是祭司。（彼前 2:9）有基督耶稣这位惟一大祭司的救赎，不必再借其他媒介，就可以直接到神面前（提前 2:5），随时献上感谢、赞美、祈求、为别人代求。这是靠圣灵献上自己的全心、全身、生活，这些蒙神所悦纳的祭为灵祭。这是信徒的权利和福分。

2.圣经记载：

1）“你们来到主面前也就像活石，被建造成为灵宫，作圣洁的祭司，借着耶稣基督奉献神所悦纳的灵祭。”（彼前 2:5）

2）“我们应当靠着耶稣，常常以颂赞为祭献给神，这就是那承认主名之人嘴唇的果子。只是不可忘记行善和捐输的事，因为这样的祭是神所喜悦的。”（来 13:15—16）

灵巧像蛇，驯良像鸽子　　as Cautious as Snakes, as Grentle as Doves

1.注释：

1）灵巧像蛇是说要像蛇那样机灵、敏捷、躲避伤害。耶稣差门徒去传道，知道他们必遭到犹太教公会的逼迫，所以这样提醒他们。

2）驯良像鸽子。在圣经中鸽子是温柔善良、无邪的。耶稣叫门徒向神要完全的顺服、忠心、温良，像鸽子那样纯洁。

2.圣经记载：

耶稣差十二个门徒去传道，给他们权柄并嘱咐他们所当行的。耶稣又说："我差你们去，如同羊进入狼群，所以你们要灵巧像蛇、驯良像鸽子。你们要防备人。"（太10:16—17）

流离歌　　Shiggaion

1.注释：

流离歌是古以色列人乐曲的歌名，现已失传。

2.圣经记载：

"大卫指着便雅悯人古实的话，向耶和华唱的流离歌。"（诗7篇标题）

律法　　Law

1.注释：

律法是神给人的律令，叫人知道什么是罪，是旧约时代耶和华神借摩西向以色列人所颁布的律例、典章、规条，叫他们遵守。其内容包括敬拜神的礼节，世上之事的法律，衣食住行的规矩及一切属于神的旨意，目的是教训众民归向耶和华。律法有两种：一种是绝对的律法（Apodeicticlaw），以第二人称的命令词申明："你当……"、"你不可……"，如十条诫；另一种是相对的律法（Casuisticlaw），视情节而定，是以假定的语句并以第三人称申明："倘若人……"。在新约时代因耶稣基督的救赎，信他的人就不在律法之下了。

2.圣经记载：

1)"耶和华对摩西说：'你上山到我这里来，住在这里，我要将石版并我所写的律法和诫命赐给你，使你可以教训百姓。"（出24:12）

2)“摩西向以色列众人说完了这一切的话,又说:‘我今日所警教你们的,你们都要放在心上,要吩咐你们的子孙谨守遵行这律法上的话。’”(申 32:45—46)

3)耶稣说:“莫想我来要废掉律法和先知;我来不是要废掉,乃是要成全。我实在告诉你们,就是到天地都废去了,律法的一点一画也不能废去,都要成全。”(太 5:17—18)

4)保罗说:“这样,律法是我们训蒙的师傅,引我们到基督那里,使我们因信称义。”(加 3:24)

5)“凡事都不可亏欠人,惟有彼此相爱,要常以为亏欠,因为爱人的就完全了律法。像那不可奸淫,不可杀人,不可偷盗,不可贪婪,或有别的诫命,都包在‘爱人如己’这一句话之内了。爱是不加害于人的,所以爱就完全了律法。”(罗 13:8—10)

律例　　Ordinance

1.注释:

律例是宗教或礼仪方面的命令。常指耶和华为以色列人所定的律令、法规、条例。

2.圣经记载:

1)“耶和华在那里为他们定了律例、典章,在那里试验他们,又说:‘你若留意听耶和华你神的话,又行我眼中看为正的事,留心听我的诫命,守我一切的律例,我就不将所加与埃及人的疾病加在你身上,因为我耶和华是医治你的。’”(出 15:25—26)

2)“你们要遵我的典章,守我的律例,按此而行。我是耶和华你们的神,所以你们要守我的律例、典章。人若遵行,就必因此活着,我是耶和华。”(利 18:4—5)

娈童　　Sodomite

1. 注释：

娈童是异教祭拜假神仪式中，供人当做女性玩弄的男妓。圣经一再告诫以色列人不可仿效。

2. 圣经记载：

“亚撒效法他祖大卫行耶和华眼中看为正的事，从国中除去娈童，又除掉他列祖所造的一切偶像。”（王上 15:11—12）

论断　　Judge

1. 注释：

“论断”的希腊原文也有“审判”的含义，“论断人”指的是随自己的意思来判定别人，把自己当成审判者，不承认自己是被审的人，而看自己高过律法。

2. 圣经记载：

1）耶稣说：“你们不要论断人，免得你们被论断。因为你们怎样论断人，也必怎样被论断。”（太 7:1—2）“你们不要论断人，就不被论断；你们不要定人的罪，就不被定罪。”（路 6:37）

2）“人若批评弟兄、论断弟兄，就是批评律法、论断律法。”“设立律法和判断人的，只有一位，就是那能救人也能灭人的。你是谁，竟敢论断别人呢？”（雅 4:11—12）

3）“所以，时候未到，什么都不要论断，只等主来，他要照出暗中的隐情，显明人心的意念，那时各人要从神那里得着称赞。”（林前 4:5）

罗革　　Log

1. 注释：

古代希伯来量油或液体用的容量单位。一罗革约为 0.3

公升。

2.圣经记载：

“祭司要取一只公羊羔为赎愆祭，和那一罗革油一同作摇祭，在耶和华面前摇一摇。”(利 14:12)

M

麻衣　　Sackcloth

1.注释：

古犹太人，以穿麻衣表示悔改、伤痛、悲哀的心情。

2.圣经记载：

1)亚哈随鲁王照哈曼的意思传旨，各省要除灭一切犹大人并夺他们的财物。“末底改知道所作的这一切事，就撕裂衣服、穿麻衣、蒙灰尘，在城中行走，痛哭哀号。”(斯 4:1)

2)尼尼微城的人犯罪，耶和华神要灭这城，差先知约拿去宣告神的话，叫他们悔改。“尼尼微人信服神，便宣告禁食，从最大的到至小的，都穿麻衣。”尼尼微王也下了宝座，脱下朝服，披上麻布，坐在灰中，他们切切求告神，各人回头离开所行的恶道。“神察看他们的行为，见他们离开恶道。他就后悔，不把所说的灾祸降与他们了。”(拿 3:1—10)

麻哈拉　　Mahalath

1.注释：

麻哈拉是音乐名词，见于诗篇的标题中，意为愁苦的意思，可能是一种悲哀的曲调。

2. 圣经记载:

"大卫的训诲诗交与伶长,调用麻哈拉。"(诗53篇标题)

玛门　　Mammon

1. 注释:

玛门是钱财、财富、利益的意思。

2. 圣经记载:

耶稣说:"一个人不能事奉两个主。不是恶这个爱那个,就是重这个轻那个。你们不能又事奉神,又事奉玛门。"(太6:24)

吗哪　　Manna

1. 注释:

神从天上降下如白霜的小圆食物,形状像芫荽子,味道像新油加蜜的薄饼。为以色列人从埃及至迦南地在旷野的四十年中,耶和华神赐给他们的粮食。吗哪预表基督是生命的粮。

2. 圣经记载:

1)"这吗哪仿佛芫荽子①,又好像珍珠,百姓周围行走,把吗哪收起来,或用磨推或用臼捣,煮在锅中,又作成饼,滋味好像新油,夜间露水降在营中,吗哪也随着降下。"(民11:7—9)

2)"耶和华所吩咐的是这样:'你们要按着各人的饭量,为

---

① 芫荽子(Coriander seed)。芫荽是伞形科羽状一年生草本植物。原产于地中海和近东地区,后来移植到欧、亚、美等地。高约3-6厘米。芫荽子由两个半球形的悬果连合而成球形,直径为半厘米,表面光滑,有一定的香味,可以调制食品。(参见《简明不列颠百科全书》)

帐棚里的人按着人数收起来,各拿一俄梅珥。'以色列人就这样行,有多收的,有少收的。及至用俄梅珥量一量,多收的也没有余,少收的也没有缺,各人按着自己的饭量收取。摩西对他们说:'所收的,不许什么人留到早晨。'然而他们不听摩西的话,内中有留到早晨的,就生虫变臭了。"(出 16:16—20)"以色列人吃吗哪共四十年,直到进了有人居住之地,就是迦南的境界。"(出 16:35)

3)"你们的祖宗在旷野吃过吗哪,还是死了。""我是从天上降下来生命的粮。人若吃这粮,就必永远活着。我所要赐的粮,就是我的肉,为世人之生命所赐的。"(约 6:49,51)

幔子　　Curtain(或 Veil)

1.注释:

幔子是按照神的指示作的,挂在圣所与至圣所之间,是用彩色线织绣的帘子,上面绣有基路伯。幔子内的至圣所严禁任何人进入,只有大祭司一年一次带着血进去,行赎罪之礼。这幔子预表基督的身体,当耶稣钉在十字架上说"成了"时,圣殿的幔子就裂开了,表明基督耶稣的身体为世人舍了,从此人进到神面前,不用再靠祭物和祭司,只需信靠基督。

2.圣经记载:

1)耶和华晓谕摩西说:"你要用蓝色紫色朱红色线和捻的细麻织幔子,以巧匠的手工绣上基路伯。""要使幔子垂在钩子下,把法柜抬进幔子内,这幔子要将圣所和至圣所隔开。"(出 26:31,33)

2)"耶稣又大声喊叫,气就断了。忽然,殿里的幔子,从上

到下裂为两半，地也震动，磐石也崩裂。"（太 27:50—51）

3)"弟兄们，我们既因耶稣的血，得以坦然进入至圣所，是借着他给我们开了一条又新又活的路，从幔子经过，这幔子就是他的身体。"（来 10:19—20）

门徒　　Disciple

1. 注释：

1)狭义：指耶稣的十二个使徒，是与耶稣亲密交往的信徒。他们放下自己的工作跟随耶稣到各地传道。

2)广义：相信耶稣是基督、是神的儿子，并信从耶稣的信徒都可称门徒。

2. 圣经记载：

1)"耶稣出去上山祷告，整夜祷告神，到了天亮，叫他的门徒来，就从他们中间挑选十二个人，称他们为使徒。"（路 6:12）

2)耶稣说："爱父母过于爱我的，不配作我的门徒；爱儿女过于爱我的，不配作我的门徒；不背着他的十字架跟从我的，也不配作我的门徒。"（太 10:37—38）

3)"耶稣进前来对他们说：'天上地下所有的权柄都赐给我了。所以，你们要去使万民作我的门徒，奉父、子、圣灵的名给他们施洗。'"（太 28:18—19）

蒙召　　Be Called

1. 注释：

圣经中蒙召是指蒙神特别的选召。

1)旧约圣经中，亚伯拉罕蒙神所召，离开了本地、本族，到神所要他去的地方。亚伦蒙召作了大祭司。

2)新约圣经中多次提到蒙召，是指人被神的灵感动，相信耶稣基督而成为信徒。

2.圣经记载:

1)“亚伯拉罕因着信,蒙召的时候,就遵命出去,往将来要得为业的地方去。”(来 11:8)

2)信徒是蒙神特别的恩赐和选召,所以应当有好的行为。保罗说:“我为主被囚的劝你们:既然蒙召,行事为人就当与蒙召的恩相称。凡事谦虚、温柔、忍耐,用爱心互相宽容。”(弗 4:1—2)

蒙昧无知　　Ignorance

1.注释:

蒙昧无知指昏朦不知。圣经中指人对神的慈爱救赎,处于没有知识、不认识、不明白的状态。

2.圣经记载:

1)保罗指出神借着大自然向人显示他自己,但人不寻求他,反而去敬拜人手所作的偶像。神仍有怜悯,他希望世人归向神,说:“世人蒙昧无知的时候,神并不监察,如今却吩咐各处的人都要悔改。”(徒 17:29—30)神宽容人先时所犯的罪。(罗 3:25)人若不悔改,神的审判要临到他们。(徒 17:31)

2)“你们既作顺命的儿女,就不要效法从前蒙昧无知的时候那放纵私欲的样子。”(彼前 1:14)

弥赛亚　　Messiah

1.注释:

弥赛亚即救赎主。希伯来原文意思是“受膏者”。希腊文译为 **Christos**,汉语的译音是“基督”。弥赛亚的实意就是“救主耶稣基督”。

2.圣经记载:

1)安得烈"他先找着自己的哥哥西门,对他说:'我们遇见弥赛亚了。'(弥赛亚翻出来就是基督。)于是领他去见耶稣。"(约 1:41—42)

2)妇人说:"我知道弥赛亚(就是那称为基督的)要来。他来了,必将一切的事都告诉我们。"耶稣说:"这和你说话的就是他。"(约 4:25—26)

摩洛　　Moloch,Molech

1.注释:

摩洛乃假神的名,为亚扪人所崇拜。

2.圣经记载:

"耶和华对摩西说:"你还要晓谕以色列人说:'凡以色列人,或是在以色列中寄居的外人,把自己的儿女献给摩洛的,总要治死他。本地人要用石头把他打死。我也要向那人变脸,把他从民中剪除,因为他把儿女献给摩洛,玷污我的圣所,亵渎我的圣名。'"(利 20:1—3)

摩西的歌　　Song of Moses

1.注释:

摩西是以色列人所尊崇的领袖。他在埃及学了世上一切的学问,说话行事都有才能,圣经中有两处记述到他的歌。

2.圣经记载:

1)出埃及记十四章:摩西率领以色列人出埃及时,前面遇到红海阻隔,后面有法老王的军兵追赶,在这紧急时刻,摩西为以色列百姓向耶和华哀求。"耶和华便用大东风,使海水一夜退去,水便分开,海就成了干地。以色列人下红海走干地,水在他们的左右作了墙垣。埃及人追赶他们,法老一切的马匹、车辆和马兵都跟着下到海中。”“耶和华对摩西说：‘你向海伸杖，叫水仍合在埃及人并他们的车辆、马兵身上。’摩西就向海伸杖。”“水就回流，淹没了车辆和马兵，那些跟着以色列人下海的法老全军，连一个也没有剩下。”“当日，耶和华这样拯救以色列人脱离埃及人的手。”“以色列人看见耶和华向埃及人所行的大事，就敬畏耶和华，又信服他和他的仆人摩西。”（出14章）“那时，摩西和以色列人向耶和华唱歌说：‘我要向耶和华歌唱，因他大大战胜，将马和骑马的投在海中，耶和华是我的力量、我的诗歌，也成了我的拯救。这是我的神，我要赞美他；是我父亲的神，我要尊崇他。耶和华是战士，他的名是耶和华，法老的车辆、军兵，耶和华已抛在海中，他特选的军长都沉于红海。深水淹没他们，他们如同石头坠到深处。耶和华啊，你的右手施展能力，显出荣耀。耶和华啊，你的右手摔碎仇敌。你大发威严，推翻那些起来攻击你的；你发出烈怒如火，烧灭他们像烧碎秸一样。你发鼻中的气，水便聚起成堆，大水直立如垒，海中的深水凝结。’‘耶和华必作王，直到永永远远。’”（出15:1—18）

2）约翰得到启示，看到将来必成的事说：“我看见仿佛有玻璃海，其中有火搀杂。又看见那些胜了兽和兽的像并他名字数目的人，都站在玻璃海上，拿着神的琴，唱神仆人摩西的歌和羔羊的歌说：‘主神，全能者啊，你的作为大哉，奇哉！万世之王啊，你的道途义哉，诚哉！主啊，谁敢不敬畏你，不将荣耀归与你的名呢？因为独有你是圣的，万民都要来在你面前敬拜，因你公义的作为已经显出来了。’”（启15:2—4）

[摩西五经]　　**Pentateuch**

1.注释:

摩西五经是指旧约圣经的前五卷,即:创世记、出埃及记、利未记、民数记、申命记。因系摩西所著,故称摩西五经。

摩西五经是基督救恩真道的根基,可以表现神所预备的完全救法,亦是神藉摩西所传的真理、诫命、律法、典章、预言、历史、传记、伦理、盟约、礼仪、应许,故又称此五卷为律法书,或摩西的律法书。

2.圣经记载:

1)创世记:记载了神的作为,神的拣选即预备救恩,也记载了人的败坏。

神创造了一个有秩序的世界,人是神照自己的形象造的,会思想,有感情和意志,可以和天父来往,谈话,爱他,也享受他的爱,神又给与人治理这个受造世界的责任。人类始祖本可与神和睦相处,但被魔鬼引诱,作了神所禁止的事。罪进入了世界,人开始生活在死亡的阴影和权势之下,这就是人犯罪堕落的开始。耶和华神为亚当和他的妻子用皮子作衣服给他们穿,预表流血洁净他们的罪。因着地上的罪恶甚大,神使洪水毁灭了世界,却借方舟拯救了义人挪亚一家。洪水过后,人类便由挪亚的后代开始繁衍。

耶和华神在米所波大米两河流域地带选召亚伯兰一家人,要他离开本族、本家,到耶和华为他预备的地方去,并应许亚伯兰将成为一个大族之父,万国也因这一族而得福。即预言从他的后裔中要兴起一位永生王基督,来担当人类的罪,凡信他的都可以得救。

本卷书的后一半讲到这位信心之父亚伯兰(又叫亚伯拉罕),怎样在神的祝福下,子孙繁衍,成为大族,记载了他的后裔以撒、雅各、约瑟等的事迹。

2)出埃及记:记载了神的救赎及人从罪权下得释放。以色列人在埃及生养众多,族长约瑟死后数百年,埃及王法老因嫉妒,便逼迫他们作苦工,想灭绝他们的种族。耶和华听他们的哀求,预备了一位领袖摩西。他生下后奇妙地被法老的女儿收为养子,他在宫中长大,学了埃及人一切的知识、学问,为期约 40 年。后因帮助以色列人杀了一个埃及人,便逃往米甸,在旷野牧羊磨练了 40 年。又被神呼召奉差与兄长亚伦一起去见法老王,要求释放以色列人离开埃及。法老不许,耶和华便降十灾于埃及地,以色列人才得以离开。在出埃及前的那个晚上,神吩咐以色列家家户户宰羊洒血,涂在门楣门框上,使杀灭长子之灾得以逾越他们。

当以色列人来到红海边时,法老的军兵从后面追来,耶和华神使海水分开,以色列人走干地过了红海,埃及兵马跟随下海,却被海水淹没。以色列人在旷野中行进,耶和华神用云柱、火柱引领他们,并从天上赐下吗哪给他们作食物。又帮助他们打败敌人。

以色列人在西乃山下受耶和华神所颁布的律法,并奉献金、银、物料建造会幕,耶和华神的荣光充满会幕。

神把以色列人从埃及召出,要借这一族来预备耶稣基督的降生。神拣选了一位肯牺牲自己的领袖摩西,从他身上使人可以看见耶稣基督的影子,因为神拯救人类的计划也是借着钉在十字架上舍命的耶稣来实现的。

3)利未记:有人称之为“祭司书”,主题是圣洁、奉献与神爱。

记载了会幕建成后,耶和华神召摩西进入会幕并向他说话,将日后祭祀的条例等指示他。耶和华与以色列人立约,使其成为神圣洁的国民,归耶和华作祭司的国度,借着这个国度的典章、律例来表彰神的圣洁与公义。

本卷详细记述了以色列人常献的五个祭的条例及祭司的职责和权利,作祭司最重要的条件就是圣洁。这里记述了各样洁净的条例,对赎罪的规定,圣洁的律法和当守的节期,以及摩西受命在西乃山向以色列人宣布的应当遵守的命令。

4)民数记:记载了神选民的经历,表明信徒在今世应走神引领的道路。

摩西率领以色列民离开埃及后,由西乃到约旦河东,在旷野漂流了近40年。本书就是记载其中38年所发生的大事,可以称作是一本“旷野记事”。书中重要的事是两次人口调查(数点民众),故本书称民数记。

调查人口有两个目的:第一是组织军队,预备作战,所以被数点的都是20岁以上的男子。第二是组织全民。百姓人数可能约200万,扶老携幼,在旷野四处迁徙。

书中穿插叙述了一些祭祀的礼仪和典章律法,其史实常为新约所引用。例如:巴兰的计谋与贪心;摩西击打磐石;可拉的叛乱及下场等等。另外,耶稣曾以铜蛇自喻,便是引自摩西在旷野举蛇一事。

摩西因违背了耶和华的命令——击打了磐石两下,没有在涌水之地、会众眼前尊耶和华为圣，因而不得进入迦南地。耶和华命摩西给约书亚按手，使他继承自己的职位，来带领以色列人进入迦南美地。

5)申命记：论谨守遵行神的话。记载摩西对新一代以色列民重新宣布律法及神的诫命。

书中追忆了以色列民族的历史；讲解了耶和华神与以色列民所立约中应遵守的原则与条例；重申了诫命、律法；记述了摩西临终的赠言与祝福，并神立约书亚为以色列领袖的经过。

魔鬼　　Devil

1. 注释：

魔鬼也称撒但，请见“撒但”条。

2. 圣经记载：

1)“犯罪的是属魔鬼，因为魔鬼从起初就犯罪。神的儿子显现出来，为要除灭魔鬼的作为。”(约壹 3:8)

2)“故此，你们要顺服神。务要抵挡魔鬼，魔鬼就必离开你们逃跑了。”(雅 4:7)

魔利　　[英文圣经意译作 **Worthless Fool**(没用的笨蛋)]

1. 注释：

魔利是希腊语的译音，有“废物”、“笨蛋”的意思，属藐视人、骂人的话语。

2. 圣经记载：

“只是我告诉你们：凡向弟兄动怒的，难免受审判。凡骂弟兄是拉加的，难免公会的审判。凡骂弟兄是魔利的，难免地狱的火。”(太 5:22)

默示　　Inspiration(given by God)

1. 注释：

圣经中所说的默示是指神把他的旨意、他的教训显给人，使人明白，并叫人正确无误地写下来。（参看启示录）

2. 圣经记载：

1）先知拿单得到了耶和华关于大卫王的默示，他说："你的家和你的国，必在我面前永远坚立，你的国位也必坚定，直到永远。拿单就按这一切话，照着默示，告诉大卫。"（撒下 7:16—17）

2）"圣经都是神所默示的，于教训、督责、使人归正、教导人学义都是有益的。"（提后 3:16）

没药　　　Myrrh

1. 注释：

没药树是一种灌木，其树皮渗出的树胶干了以后变成红棕色的团块，叫没药。其质脆气香，是一种宝贵的香料，又可入药。

2. 圣经记载：

1）"耶和华晓谕摩西说：'你要取上品的香料，就是流质的没药五百舍客勒，香肉桂一半，就是二百五十舍客勒，菖蒲二百五十舍客勒，桂皮五百舍客勒，都按着圣所的平，又取橄榄油一欣，按作香之法调和作成圣膏油。"（出 30:22—25）

2）耶稣降生在犹太的伯利恒，"有几个博士从东方来到耶路撒冷。""进了房子看见小孩子和他母亲马利亚，就俯伏拜那小孩子，揭开宝盒，拿黄金、乳香、没药为礼物献给他。"（太 2:1，11）

3）"尼哥底母就是先前夜里去见耶稣的，带着没药和沉香约有一百斤前来。他们就照犹太人殡葬的规矩把耶稣的身体用细麻布加上香料裹好了。"（约 19:39—40）

牧师　　Pastor

1. 注释:

原文也有地方译作“牧者”或“牧人”。圣经中把信耶稣的人比作羊,耶稣曾说:“我是好牧人,好牧人为羊舍命。”故牧师的实意乃是教会中看顾、教导信徒的人。和合本圣经中曾有12次把这个词译作“牧人”:(太9:36;太26:31;可6:34;可14:27;约10:2、11、12、14、16;来13:20;彼前2:25)。另有5次把这个词译作“牧羊的”或“牧羊的人”(太25:32;路2:8、15、18、20)。只有一次译作“牧师”(弗4:11)。因此有人认为,把“牧师”当做教会的头衔或职称,而称其为“某某牧师”,似属误用了这一原词的意义。因此有些人虽作牧养教会的工作,却不肯接受“牧师”这一称谓。

2. 圣经记载:

1)“他所赐的有使徒、有先知、有传福音的,有牧师和教师。”(弗4:11)

2)“耶稣出来,见有许多的人,就怜悯他们,因为他们如同羊没有牧人一般,于是开口教训他们许多道理。”(可6:34)

牧长　　Chief Shepherd

1. 注释:

牧长是指基督耶稣。耶稣看门徒为群羊,他说我是好牧人。他也差门徒作牧人,牧养他的羊。

2. 圣经记载:

彼得劝勉作长老的人,“务要牧养在你们中间神的群羊,按着神旨意照管他们,”“到了牧长显现的时候,你们必得那永不衰残的荣耀冠冕。”(彼前5:1—4)

慕拉便　　Muthlabben

慕拉便是古时音乐名词,词义已不易查考。可能是一种曲调的名称,只一次出现在诗篇第9篇的诗题中。

N

拿撒勒人　　Nazarene

1.注释:

耶稣幼年居住在拿撒勒,这是一座小城,常被人藐视,但却应验了先知的预言,即:基督将被称为拿撒勒人。

2.圣经记载:

1)约瑟在梦中被主指示,便带耶稣"到了一座城名叫拿撒勒,就住在那里,这是要应验先知所说,他将称为拿撒勒人的话了"。(太2:23)

2)"在会堂里,有一个人被污鬼附着,他喊叫说:'拿撒勒人耶稣,我们与你有什么相干,你来灭我们吗?我知道你是谁,乃是神的圣者。'"(可1:23—24)

3)耶稣被钉十字架之时,巡抚彼拉多"又用牌子写了一个名号,安在十字架上,写的是:犹太人的王,拿撒勒人耶稣"。(约19:19)

拿细耳人　　Nazirite

1.注释:

拿细耳就是"归主"的意思,以色列人无论男女,许了愿作拿细耳人,即是"离俗归耶和华",便都称为拿细耳人。

2.圣经记载:

1)"耶和华对摩西说:'你晓谕以色列人说:无论男女许了

特别的愿，就是拿细耳人的愿，要离俗归耶和华。'"(民6:1—2)

2)作拿细耳人不可剃头；要禁酒及用酒所作的醋；不可吃葡萄及其所制食品；不可接触任何人的尸体。许愿可以有一定期限，日子满后，要献祭赎罪、剃头，剃下的头发放在平安祭下一同烧掉，然后可以喝酒。(民6:3—21)

哪哒　　Nard

1. 注释：

哪哒为极贵重的一种香膏名称，是从东印度稀有的一种植物的根茎中提炼出来的芬芳油膏，价值昂贵。犹太人的王安葬时用这香膏膏身体，其香气可历一周之久。

2. 圣经记载：

在耶稣受害的那一逾越节的前六日，"耶稣在伯大尼长大麻风的西门家里坐席的时候，有一个女人拿着一玉瓶至贵的真哪哒香膏来，打破玉瓶，把膏浇在耶稣的头上。"(可14:3—9)

那大罪人　　the Man of Sin

1. 注释：

这是特指的一个极大的罪人，也称不法的人。圣经认为基督再临前，必有一王兴起，自称是神，亦称"那敌基督的"。(约贰7)

2. 圣经记载：

保罗在对信徒们讲论到将来耶稣基督降临和信徒要到他那里聚集时说："那日子以前，必有离道反教的事，并有那大罪人，就是沉沦之子，显露出来。"(帖后2:1—4)

那恶者　　the Evil (One)

1. 注释：

圣经中“那恶者”有时也译作“凶恶”，多处都是指撒但而言。参看“撒但”条。

2. 圣经记载：

1)耶稣解明稗子的比喻时说：“好种就是天国之子，稗子就是那恶者之子，撒稗子的仇敌就是魔鬼，收割的时候就是世界的末了。”(太 13:36—42)

2)耶稣被卖之前为门徒祷告神说：“我不求你叫他们离开世界，只求你保守他们脱离那恶者。他们不属世界，正如我不属世界一样。”(约 17:15—16)

3)约翰对门徒说：“我们应当彼此相爱。”“不可像该隐，他是属那恶者，杀了他的兄弟。为什么杀了他呢，因自己的行为是恶的，兄弟的行为是善的。”(约壹 3:11—12)

南方的女王　　Queen of the South

1. 注释：

耶稣称示巴女王为南方的女王，因为示巴在较远的南方。

2. 圣经记载：

1)耶稣说：“当审判的时候，南方的女王要起来定这世代的罪，因为她从地极而来，要听所罗门的智慧话。看哪，在这里有一人比所罗门更大。”(太 12:42)

2)“示巴女王听见所罗门因耶和华之名所得的名声，就来要用难解的话试问所罗门。”“所罗门王将她所问的都答上了，没有一句不明白、不能答的。”“示巴女王见所罗门大有智慧，和他所建造的宫室。”“就诧异得神不守舍，对王说：‘你的智慧和你的福分，越过我所听见的风声。你的臣子、你的仆人常侍立在你面前听你智慧的话，是有福的。’”(王上 10:1—10)

尼散月　　Nisan

1. 注释：

尼散月是犹太历的正月，也叫亚笔月。(申 16:1)约在公历的 3 月至 4 月间。

2. 圣经记载：

“亚哈随鲁王十二年正月，就是尼散月，人在哈曼面前按日日月月掣普珥，就是掣签，要定何月何日为吉，择定了十二月，就是亚达月。”(斯 3:7)

尼哥拉党　　Nicolaitans

1. 注释：

尼哥拉一党有它的恶劣行为及教训，是神所恨恶的。虽然圣经中没有明确记载，却仍可以看出它对亚西亚教会不好的影响。

2. 圣经记载：

1)启示录中称赞以弗所教会说：“然而，你还有一件可取的事，就是你恨恶尼哥拉一党人的行为，这也是我所恨恶的。”(启 2:6)

2)启示录中责备别迦摩教会说：“你那里也有人照样服从了尼哥拉一党人的教训。”(启 2:15)

牛膝草　　Hyssop

1. 注释：

牛膝草为一种草本植物，茎高约二尺余，叶子椭圆而尖并带毛刺，其枝叶吸水性强，可供洒水用。

2. 圣经记载：

1)摩西带以色列人出埃及时，他照神的话对百姓说：“你们要按着家口取出羊羔，把这逾越节的羊羔宰了。拿一把牛膝草，蘸盆里的血，打在门楣上和左右的门框

上。你们谁也不可出自己的房门，直到早晨。"（出 12:21—22）

2）耶稣被钉在十字架上，他"说：'我渴了。'有一个器皿盛满了醋，放在那里，他们就拿海绒蘸满了醋，绑在牛膝草上，送到他口。"（约 19:28—29）

P

磐石　　Rock

1. 注释：

磐石指巨大而坚固的岩石，圣经中常用磐石比作耶和华或基督。

2. 圣经记载：

1）"你们当倚靠耶和华直到永远，因为耶和华是永久的磐石。"（赛 26:4）

2）保罗说："弟兄们，我们不愿意你们不晓得，我们的祖宗从前都在云下，都从海中经过，都在云里、海里受洗归了摩西，并且都吃了一样的灵食，也都喝了一样的灵水；所喝的，是出于随着他们的灵磐石，那磐石就是基督。"（林前 10:1—4）

披麻蒙灰　　in Sackcloth and Ashes（或 Wearing Sackcloth and Sitting in Ashes）

1. 注释：

犹太人的风俗，因悲哀、懊悔，而脱去华丽衣眼，披上麻布或穿上麻衣，头上洒灰尘，坐在灰尘中，表示极为忧伤。

2. 圣经记载：

1)当但以理被掳到巴比伦后，他查考先知的书，“我但以理从书上得知耶和华的话临到先知耶利米。”已预言“耶路撒冷荒凉的年数，七十年为满。我便禁食，披麻蒙灰，定意向主神祈祷恳求。”(但 9:1—3)

2)耶稣在各城中行了许多异能，那些城的人始终不悔改，耶稣责备他们说：“哥拉汛哪！你有祸了；伯赛大啊！你有祸了；因为在你们中间所行的异能，若行在推罗、西顿，他们早已披麻蒙灰悔改了。”(太 11:20—21)

[披着羊皮的狼]　　Wolves in Sheep's Clothing

1.注释：

形容恶人以假善的外貌出现，圣经中是指假先知而言。

2.圣经记载：

耶稣说：“你们要防备假先知，他们到你们这里来，外面披着羊皮，里面却是残暴的狼。凭着他们的果子，就可以认出他们来。”(太 7:15—16)

皮卷　　Parchment

1.注释：

皮卷指古时的书卷。皮卷的原料是羊皮(牲畜皮)去掉毛，晒干，用磨石磨平，可在上面写字。在古时纸张还未发明时，以皮卷写书。

2.圣经记载：

保罗给提摩太的书信：“我在特罗亚留于加布的那件外衣，你来的时候可以带来，那些书也要带来，更要紧的是那些皮卷。”(提后 4:13)

平安祭　　Peace Offering

1.注释：

1)平安祭是旧约五祭之一，是以色列百姓自愿乐意献上的祭或还愿的祭。表示人和耶和华神和好;或是有什么不足或不安,凭信心来到耶和华神前得到满足平安。归结起来就是敬拜、感恩、与神交通。

2)平安祭的祭物是没有残疾的牛或羊。无酵薄饼和有酵饼。

3)平安祭的特点:

①祭牲不限公的。

②献祭者可以享用部分祭物。

4)平安祭的象征意义是:

①以祭牲之死止息神的忿怒。

②与神和好的感恩聚餐。

5)平安祭的预表是:

①基督代替罪人而死,使人得蒙救赎。

②蒙救赎的人与基督联合——从现在直到永远。

2.圣经记载:

1)平安祭的条例:

①献平安祭的条例记载于利3:1—17。

②祭司和献祭人的条例记载于利7:11—34。

2)平安祭的特点:

①献祭的人从各样供物中,"把一个饼献给耶和华为举祭,是要归给洒平安祭牲血的祭司。为感谢献平安祭牲的肉,要在献祭的日子吃,一点不可留到早晨。若所献的是为还愿,或是甘心献的,必在献祭的日子吃;所剩下的,第二天也可以吃。"(利7:14—16)

②祭司当得的部分,请参看利7:31—34。

3)平安祭的象征。

①献祭的人"要按手在供物的头上,宰于会幕门口。亚

伦子孙作祭司的，要把血洒在坛的周围"。（利 3:2）

②献祭的人若为感谢献祭，"就要用调油的无酵饼和抹油的无酵薄饼，并用油调匀细面作的饼与感谢祭一同献上。要用有酵的饼和为感谢献的平安祭，与供物一同献上。"（利 7:12—13）

4）平安祭的预表：

①"按着律法，凡物差不多都是用血洁净的，若不流血，罪就不得赦免。"（来 9:22）

②"基督已经来了，他作大祭司，实现了那些美事。"（来 9:11 新译文）"他并没有用山羊和牛犊的血作祭物，乃是用自己的血为我们取得了永远的救赎。"（来 9:12 新译文）

普珥节　　Purim

1.注释：

1）普珥就是"抽签"的意思。

2）当犹大人被掳异国刚获释放，仍有几百万人滞留在波斯帝国未返的时刻，又面临一次民族灭尽的危机。波斯王亚哈随鲁手下的宠臣哈曼（亚甲人），十分憎恨犹大人，他献重金给这位帝王，取到准许他杀灭犹大人的谕旨。哈曼掣签，决定在亚达月十三日这一日之间将犹大人全部杀灭。犹大人末底改与其堂妹、被选为王后的以斯帖，为此事禁食祷告，耶和华神改变了环境，使哈曼和他的党羽反倒自食其果而灭亡。因此末底改定亚达月十四和十五日为普珥节，每当此节，犹大人设筵欢乐，彼此馈送礼物，欢庆胜利。

3）普珥节不属摩西五经所定的宗教节期，而是犹大人末底改所定为欢乐的民间节期。

2. 圣经记载:

"末底改记录这事,写信与亚哈随鲁王各省远近所有的犹大人,嘱咐他们每年守亚达月十四、十五两日,以这月的两日为犹大人脱离仇敌得平安、转忧为喜、转悲为乐的吉日,在这两日设筵欢乐,彼此馈送礼物,周济穷人。""是因犹大人的仇敌亚甲族哈米大他的儿子哈曼,设谋杀害犹大人,掣普珥,就是掣签,为要杀尽灭绝他们。这事报告于王,王便降旨使哈曼谋害犹大人的恶事,归到他自己的头上,并吩咐把他和他的众子都挂在木架上。照着普珥的名字,犹大人就称这两日为普珥日。他们因这信上的话,又因所看见、所遇见的事,就应承自己与后裔,并归附他们的人,每年按时必守这两日,永远不废。"(斯 9:20—27)

Q

七七节　Feast of Weeks

1. 注释:

以色列人每年有三大节,七七节是其中之一,又称"收割节",庆祝暮春小麦的收获,时在逾越节后 50 天。新约时代此节又叫"五旬节",是第 50 天的意思。庆祝七七节时已到夏季,在收获季节之末,是大家欢乐庆祝丰收的感恩节。要献上两个有酵的饼,这种饼是民间日常的食物,表明将丰收所得的先归给神,事奉神的祭司可以享用。

2. 圣经记载:

1)"在收割初熟麦子的时候,要守七七节。又在年底,要守收藏节。"(出 34:22)

2)“你要照耶和华你神所赐你的福，手里拿着甘心祭，献在耶和华你的神面前，守七七节。”（申 16:10）

七十个七　Seventy Times Seven

1. 注释：

圣经中常以七为完全的数字，多处提到七及七十。七十个七只有两处涉及，都各有其特殊的意义。旧约记载先知但以理得神异象，预言以色列民有七十个七年，是与弥赛亚（基督）降世和再临有关的预言。新约记载耶稣叫彼得饶恕弟兄七十个七次，是完全饶恕的意思。

2. 圣经记载：

1)七十个七年的预言：先知但以理于公元前 605 年被巴比伦王掳去，他是敬畏神的人。“在他里头有美好的灵性，又有知识、聪明，能圆梦，释谜语，解疑惑。”（但 5:12）但以理为他本国耶路撒冷城被毁而忧伤，在耶和华面前禁食祈祷，定意向主恳求。（但 9:3）天使长奉命来告诉他说：“因你大蒙眷爱，所以你要思想明白这以下的事和异象。为你本国之民和你圣城，已经定了七十个七。”“你当知道，当明白，从出令重新建造耶路撒冷，直到受膏君的时候，必有七个七和六十二个七。”（但 9:20—27）这起始的七个七年是从出令重建耶路撒冷城开始。这事后来应验在“亚达薛西王第七年”（拉 7:7）或“亚达薛西王二十年”①。（尼 2 章）那期间王出令重建耶路撒冷城。以后，紧接着是六十二个七年。预言说：“过了六十二个七，那受膏者必被剪除。”

---

① “亚达薛西王二十年”，有人认为约在公元前 453 年，到耶稣受难时共 483 年。

(但 9:26)那受膏者是指基督耶稣,他被钉十字架(约为公元 30 年)。圣经学者认为,预言中以色列民的六十九个七年都已在历史上应验了。这六十九个七年与末后的一个七年之间有很长的间隔,因为犹太人弃绝耶稣基督,这期间是救恩临到外邦的时代,直到末后的七年。圣经记述那末后的七年开始时,"又兴起一王。"(但 7:24—25)"一七之内,他必与许多人坚定盟约。"但三年半后,他必毁约,且禁止以色列民献祭。"那行毁坏可憎的如飞而来,……直到所定的结局。"(但 9:27)大灾难从此开始。末后这三年半的事启示录中有记载。圣经认为这最后一个七年结束后,即为基督再临。(启示录全卷)

2)七十个七次:彼得问耶稣说:"'主啊,我弟兄得罪我,我当饶恕他几次呢? 到七次可以吗?'耶稣说:'我对你说,不是到七次,乃是到七十个七次。'"(太 18:21—22)耶稣并不是要门徒计算次数,而是希望他们对弟兄完全饶恕,所以耶稣随即用比喻说:一个仆人欠主人一千万银子,他求主人,主人就免了他的债。而这仆人遇见一个欠他十两银子的同伴,却不论同伴怎样哀求都不肯宽恕,反而掐住同伴的喉咙,把他下在监里。主人听到这事就大怒,把这个仆人交给掌刑的,等他还清了所欠的债。耶稣说:"你们各人若不从心里饶恕你的弟兄,我天父也要这样待你们了。"(太 18:21—35)

启示　　Revelation

1. 注释:

启示原文有"显出"、"透露"、"揭开"的意思。就是把隐藏的事揭开,让人可以知道,圣经中常提到神用启示的灵使信徒明白神的事。

2. 圣经记载:

1)保罗说:"弟兄们!我告诉你们,我素来所传的福音,不是出于人的意思。因为我不是从人领受的,也不是人教导我的,乃是从耶稣基督启示来的。"(加 1:11—12)

2)"耶稣基督的启示,就是神赐给他,叫他将必要快成的事指示他的众仆人,他就差遣使者晓谕他的仆人约翰。"(启 1:1)

千夫长　　Ruler of Thousands(或 Chief Captain)

1. 注释:

千夫长有两种意思:

1)在旧约中千夫长意指"统率数以千计的长官(或军官)"。当年摩西设立千夫长,不仅要统率士兵,而且要兼管百姓。英文译本有时译作 ruler of thousands(意为"千夫长官",请参看出 18:21—25 英语译文);有时译作 Captain of thousands(意似"千夫军官",请参看申 1:15 英语译文)。

2)在新约中千夫长意为"军官"或"指挥官"。从福音书开始,英译本即把千夫长译作 high captain 或 chief captain(请参看可 6:21 及约 18:13 等处英语译文)。使徒行传中提到罗马军营的千夫长时,其"军官"的含义已更加明显。

2. 圣经记载:

1)摩西复述以色列人出埃及后的经历时说:"我便将你们各支派的首领,有智慧为众人所认识的,照你们的支派,立他们为官长、千夫长、百夫长、五十夫长、十夫长、管理你们。"(申 1:15)

2)“合城都震动，百姓一齐跑来拿住保罗，拉他出殿，殿门立刻都关了。他们正想要杀他，有人报信给营里的千夫长”(徒 21:30—31，“营里的千夫长”另有新译文作“罗马军营的指挥官”)。

［千禧年］ **Millennium**

1. 圣经里并没有这一词语，“千禧年”指的是圣经中所说的，将来神要差遣天使把魔鬼“捆绑一千年，扔在无底坑里，将无底坑关闭，用印封上，使它不得再迷惑列国。”(启 20:1—3)“那些因为给耶稣作见证、并为神之道被斩者的灵魂，和那没有拜过兽与兽像，也没有在额上和手上受过它印记之人的灵魂，他们都复活了，与基督一同作王一千年。”(启 20:4)有些人把这一千年便称为“千禧年”。

2. 由于这些乃是对未来的预言，而且这件事又与基督再来有关，因此有些圣经学者很想查考清楚“基督再来”与“千禧年”的关系，但至今其解释各有不同。多数学者认为既是圣经明说信徒将“与基督一同作王一千年”，所以认为基督将在“这一千年”前即再次降临并在这一千年内亲自作王。

学者认为，这乃是“重大和测不透的事”(诗 131:1)，无法测度。况且耶稣亲自说过，他再次降临的“那日子、那时辰没有人知道，连天上的使者也不知道，子(耶稣)也不知道，惟独父(天父)知道。”(太 24:36)既是连耶稣自己都不知道的事，信徒便不宜随意推测解说。

4. “千禧年”与“耶稣再来”乃是众信徒极其喜乐的指望。约翰即说过：“主耶稣啊，我愿你来。”(启 22:20)但“主的日子要像贼来到一样。”(彼后 3:10)所以基督徒认为当遵行耶稣的教导，儆醒等候，遵守耶稣所吩咐的：“你

们也要预备，因为你们想不到的时候，人子（耶稣）就来了。”（太 24:44）

虔诚人　　The Righteous（One who is godly）

1. 注释：

虔诚人曾在圣经中多次提起，是与神和人都守约不逾的人，是虔诚敬畏神的人。

2. 圣经记载：

1）“你们要知道，耶和华已经分别虔诚人归他自己。我求告耶和华，他必听我。”（诗 4:3）

2）“在该撒利亚有一个人，名叫哥尼流，是意大利营的百夫长。他是个虔诚人，他和全家都敬畏神，多多周济百姓，常常祷告神。”（徒 10:1—2）

邱坛　　High Place

1. 注释：

邱坛的希伯来文原是“高处”的意思。古时迦南地带拜假神的人，常在山丘、冈陵等高处给假神建庙，筑坛献祭。因此邱坛逐渐意指为给假神献祭的坛。邱坛的样式多为一个大平台，和耶和华指示以色列人筑坛的样式完全不同。耶和华是忌邪的神，邱坛当然是耶和华所憎恶的。

2. 圣经记载：

1）耶和华在摩押平原约但河边、耶利哥对面晓谕摩西说：“你吩咐以色列人说：‘你们过约但河进迦南地的时候，就要从你们面前赶出那里所有的居民，毁灭他们一切錾成的石像和他们一切铸成的偶像，又拆毁他们一切的邱坛。’”（民 33:50—52）

2）所罗门王没有遵神的话行，却“在耶路撒冷对面的山上建筑邱坛”。惹神发怒。耶和华以色列的神如此说：

"我必将国从所罗门手里夺回。"(王上 11:6—8、31)

R

人子　　Son of Man

1. 注释:

人子是耶稣的自称,指基督的人性。他本是神的儿子,却降世成为人的样式,以人的形体代替世人承受死的刑罚,作多人的赎价。但在旧约中"人子啊"一词却大多与"人"是同一意义。(结 4:16,8:15)

2. 圣经记载:

1)"耶稣到了该撒利亚腓立比的境内,就问门徒说:'人说我人子是谁?'""西门彼得回答说:'你是基督,是永生神的儿子。'"(太 16:13,16)

2)耶稣说:"人子来,为要寻找、拯救失丧的人。"(路 19:10)

日晷　　Dial

1. 注释:

日晷是古时近东一种计时的"器具",似一小型的台阶,用以测定时间。它面西而造,太阳西下时,日影拉长,台阶上的影子会向上移,称为日影"向前进",每一级台阶为一度。

2. 圣经记载:

希西家病得要死时曾求告神,"耶和华的话临到以赛亚说:'你去告诉希西家说,耶和华你祖大卫的神如此说:我听见了你的祷告,看见了你的眼泪。我必加增你十五年的寿数;并且我要救你和这城脱离亚述王的手,也要保护这城,我耶和华必成就我所说的。我先给你一个兆头,就

是叫亚哈斯的日晷，向前进的日影往后退十度。'于是前进的日影果然在日晷上往后退了十度。"(赛 38:4—8)

肉体　　Flesh

1. 注释：

原文即人的"肉身"、"人性"、"情欲"，有时是指人的罪性。重生了的信徒，如果灵性不长进，生活不圣洁，便称作"属肉体的"。

2. 圣经记载：

1)耶稣说："叫人活着的乃是灵，肉体是无益的，我对你们所说的话就是灵，就是生命。"(约 6:63)

2)"凡属基督耶稣的人，是已经把肉体连肉体的邪情私欲同钉在十字架上了。"(加 5:24)

3)"律法既因肉体软弱，有所不能行的，神就差遣自己的儿子成为罪身的形状，作了赎罪祭，在肉体中定了罪案，使律法的义成就在我们这不随从肉体，只随从圣灵的人身上。"(罗 8:3—4)

4)"我也知道在我里头，就是我肉体之中，没有良善。因为立志为善由得我，只是行出来由不得我。"(罗 7:18)

5)"随从肉体的人，体贴肉体的事；随从圣灵的人，体贴圣灵的事。"(罗 8:5)

乳香　　Frankincense

1. 注释：

乳香是一种树的树脂，加工后成为一种较贵重的香料。乳香经过燃烧才能发生香气。

2. 圣经记载：

1)"若有人献素祭为供物给耶和华，要用细面浇上油，加上乳香。"(利 2:1)

2)耶稣降生时,东方的博士到了伯利恒。“进了房子,看见小孩子和他母亲马利亚,就俯伏拜那小孩子,揭开宝盒,拿黄金、乳香,没药为礼物献给他。”(太 2:11)

S

撒但　　Satan

1. 注释:

1)撒但即魔鬼,意思是“反叛者”、“仇敌”,是敌对神之恶灵的首领。

2)圣经中的撒但有许多不同的名字:

①试探人的。(太 4:3)

②说谎之人的父。(约 8:44)

③空中掌权者的首领。(弗 2:2)

④那恶者。(弗 6:16)

⑤龙、古蛇,魔鬼。(启 20:2)

2. 圣经记载:

1)圣经中对撒但的来历没有较明确的记载,有的圣经学者认为先知书上有些话是指着撒但说的,如说它原是“明亮之星,早晨之子”,因为妄图升高却坠落阴间。(赛 14:12—15)又说它原本如同那受膏的基路伯,神将它安置在神的圣山上。它在发光如火的宝石中间往来。它从受造之日所行的都完全,后来在它中间又察出不义,故此它将被基路伯除灭。(结 28:14—19,根据七十士译本新译。)

2)圣经中记载了撒但的作为:

①引诱、试探、迷惑人。

"大龙就是那古蛇，名叫魔鬼，又叫撒但，是迷惑普天下的。他被摔在地上，它的使者也一同被摔下去。"(启 12:9)

②死亡和罪恶的根源。

始祖夏娃被蛇引诱犯了罪。"罪是从一人入了世界，死又是从罪来的，于是死就临到众人，因为众人都犯了罪。"(罗 5:12)

③夺去人心里的道，使人不能接受真道。

"撒种之人所撒的就是道。那撒在路旁的，就是人听了道，撒但立刻来，把撒在他心里的道夺了去。"(可 4:14—15)

④进入人心并住在其中，使人听它指使。

"这时撒但入了那称为加略人犹大的心，他本是十二门徒里的一个。他去和祭司长并守殿官商量，怎么可以把耶稣交给他们。"(路 22:3—4)

⑤阻止人遵行神的旨意。

耶稣遵神的旨意要走十字架道路时，他的门徒彼得想要拦住他，"彼得就拉着他，劝他说：'主啊，万不可如此！这事必不临到你身上。'耶稣转过来，对彼得说：'撒但，退我后边去吧！你是绊我脚的，因为你不体贴神的意思，只体贴人的意思。'"(太 16:21—23)

3)撒但的归宿：圣经记载当基督耶稣二次再来时，要把撒但"捆绑一千年，扔在无底坑里。""等到那一千年完了，以后必须暂时释放它。"它"要迷惑地上四方的列国。"他们聚集与圣徒的营和蒙爱的城争战。最后"魔

鬼被扔在硫磺的火湖里，……直到永永远远。”(启 20:1—3,7:10)

撒都该人　　Saddducees

1. 注释：

撒都该人是犹太教内大有势力的一派，属祭司阶级，多为有钱的人。在新约时代，犹太的大祭司多是撒都该人，他们谨守摩西的律法及圣殿献祭的规矩，但却不相信有天使、鬼魂和神迹，不信有肉体复活之事，并且逼迫耶稣。

2. 圣经记载：

1)“法利赛人和撒都该人来试探耶稣，请他从天上显个神迹给他们看。”(太 16:1)。

2)“因为撒都该人说，没有复活，也没有天使和鬼魂；法利赛人却说，两样都有。”(徒 23:8)

撒拉弗　　Seraphim

1. 注释：

撒拉弗是灵界受造之物，是天使的名字。侍立于神的宝座前，有六个翅膀，彼此唱和称颂耶和华的荣光，撒拉弗的本分有二：一是护卫神的宝座；二是以火炼净神所要用的人。

2. 圣经记载：

“当乌西雅王崩的那年，我见主坐在高高的宝座上。他的衣裳垂下，遮满圣殿。其上有撒拉弗侍立，各有六个翅膀；用两个翅膀遮脸，两个翅膀遮脚，两个翅膀飞翔。”“有一撒拉弗飞到我跟前，手里拿着红炭，是用火剪从坛上取下来的，将炭沾我的口，说：‘看哪！这炭沾了你的嘴，你的罪孽便除掉，你的罪恶就赦免了。’”(赛 6:1—2,

6—7）

撒玛利亚人　　Samaritans

1. 注释：

撒玛利亚人是以色列人与外地移居异族的混血后裔，不是纯犹太人，故为犹太人所憎恶。他们的宗教信仰虽然也根据犹太传统和摩西律法，但还掺有外邦的风俗，不被犹太人所接纳，所以犹太人与撒玛利亚人互不往来。耶稣却打破了此种界限。

2. 圣经记载：

1)“有一个撒玛利亚的妇人来打水，耶稣对她说：‘请你给我水喝。’”“撒玛利亚的妇人对他说：‘你既是犹太人，怎么向我一个撒玛利亚妇人要水喝呢？’原来犹太人和撒玛利亚人没有来往。”（约 4:7,9）

2)耶稣对试探他的律法师讲了一个故事：一个人被强盗打伤，祭司和利未人都从受伤人旁边走过，却视而不见，毫无怜悯之心。“惟有一个撒玛利亚人行路来到那里，看见他就动了慈心，上前用油和酒倒在他的伤处，包裹好了。”（路 10:25—37）

膳长　　Chief Baker

1. 注释：

膳长是埃及王宫内的膳务总长，管理王宫的饭食。

2. 圣经记载：

“这事以后，埃及王的酒政和膳长得罪了他们的主埃及王，法老就恼怒酒政和膳长这二臣，把他们下在护卫长府内的监里，就是约瑟被囚的地方。”（创 40:1—3）

上行之诗　　Songs of Degrees

1. 注释：

圣经中某些诗篇的冠首标名。一般认为这些诗是被掳的犹太人从巴比伦回耶路撒冷时在路上所唱的诗。也有人认为这四个字的原文是指登上圣殿的台阶,故又可称"登阶之诗",供圣殿仪式用。不过大多数的学者都相信指的是一年三次往耶路撒冷朝圣的路途中所唱的歌。

2. 圣经记载:

"大卫上行之诗"(诗篇 122 篇冠首标名)。

舍客勒　　Shekel

1. 注释:

舍客勒是希伯来人用来作计算金、银重量的单位。后来成为钱币的名称。一舍客勒约重 10 克。

2. 圣经记载:

1)"骆驼喝足了,那人就拿一个金环,重半舍客勒,两个金镯,重十舍客勒,给了那女子。"(创 24:22)

2)"亚伯拉罕听从了以弗仑,照着他在赫人面前所说的话,把买卖通用的银子,平了四百舍客勒给以弗仑。"(创 23:16)

神的羔羊　　the Lamb of God

1. 注释:

施洗的约翰称耶稣为"神的羔羊",因耶稣自己没有罪,却按神的旨意把自己当做逾越节代罪的羔羊,流出宝血为世人应受的罪刑而死。

2. 圣经记载:

1)"次日,约翰看见耶稣来到他那里,就说:'看哪! 神的羔羊,除去(背负)世人罪孽的。'"(约 1:29)

2)公元前约 700 年时,先知以赛亚指着基督预言说:"他诚然担当我们的忧患,背负我们的痛苦。""他像羊羔

被牵到宰杀之地,又像羊在剪毛的人手下无声,他也是这样不开口。"(赛 53:4,7)

神的选民　　God's Chosen People

1. 注释:神的选民是神按着自己的美意所拣选的子民。旧约书上称以色列民为神的选民;新约书中称基督徒为神的选民。

2. 圣经记载:

1)耶和华说:"我必从雅各中领出后裔,从犹大中领出承受我众山的。我的选民必承受,我的仆人要在那里居住。"(赛 65:9)

2)"所以你们既是神的选民,圣洁蒙爱的人,就要存怜悯、恩慈、谦虚、温柔、忍耐的心。"(西 3:12)

3)"神的选民昼夜呼吁他,他纵然为他们忍了多时,岂不终久给他们伸冤吗?"(路 18:7)

神的义　　the Righteousness of God

1. 注释:

"义"字在圣经中含有道德上的完全、正直、圣洁、无可指摘等意思,是无人能靠自己达到的标准。圣经中说义是神的本性,神必定要刑罚罪恶。耶稣代罪人受刑,替死,就是神在他儿子耶稣身上刑罚了世人的罪,使一切信他的人,靠他的血得赎罪,不必再受刑罚。这就是神的义,是基督成全的,人必须借着对基督的信,才能得享神的义。

2. 圣经记载:

1)"因为神的义正在这福音上显明出来,这义是本于信,以致于信,如经上所记:'义人必因信得生。'"(罗 1: 17)

2)"神使那无罪的,替我们成为罪,好叫我们在他里面成为神的义。"(林后 5:21)

3)“神的义因信耶稣基督加给一切相信的人,并没有分别。”(罗 3:22)

4)“神设立耶稣作挽回祭,是凭着耶稣的血,借着人的信,要显明神的义。因为他用忍耐的心,宽容人先时所犯的罪,好在今时显明他的义,使人知道他自己为义,也称信耶稣的人为义。”(罗 3:25—26)

神迹　　Miracle

1. 注释:

神迹是耶和华神所行的奇事,非世人所能作的。圣经中多处记载神用他的权能行了许多奇妙的事——神迹,圣经中也指出魔鬼和行法术的假先知将用奇事使人受迷惑。

2. 圣经记载:

1)耶和华对摩西说:“这百姓藐视我要到几时呢? 我在他们中间行了这一切神迹,他们还不信我要到几时呢?”(民 14:11)

2)“这事以后,耶稣渡过加利利海,就是提比哩亚海。有许多人因为看见他在病人身上所行的神迹,就跟随他。”(约 6:1—2)

3)“门徒出去,到处宣传福音。主和他们同工,用神迹随着,证实所传的道。”(可 16:20)

4)耶稣对门徒讲到他再临和世界的末了,说:“假基督、假先知将要起来,显大神迹、大奇事。倘若能行,连选民也就迷惑了。”(太 24:24)

申初　　Three O'clock in the Afternoon

1. 注释:

申初是古时的时辰,指下午 3 时,是犹太人当日第三次献晚祭祷告的时分。

2. 圣经记载：

1)“约在申初，耶稣大声喊着说：‘以利！以利！拉马撒巴各大尼！’就是说：‘我的神！我的神！为什么离弃我？’”(太 27:46)

2)“申初祷告的时候，彼得、约翰上圣殿去。”(徒 3:1)

生命册　　Book of Life

1. 注释：

圣经认为“生命册”是神记录他所拣选之人的名册，凡真信徒，有永生之人，他们的名字就被记在生命册上。

2. 圣经记载：

1)保罗说：“我也求你这真实同负一轭的，帮助这两个女人，因为她们在福音上曾与我一同劳苦。还有革利免，并其余和我一同作工的，他们的名字都在生命册上。”(腓 4:3)

2)“若有人名字没记在生命册上，他就被扔在火湖里。”(启 20:15)

生命树　　Tree of Life

1. 注释：

创世记曾记载有生命树在伊甸园当中。吃了此树上的果子就可永远活着。

2. 圣经记载：

1)“耶和华神说：‘那人已经与我们相似，能知道善恶。现在恐怕他伸手又摘生命树的果子吃，就永远活着。’”(创 3:22)

2)要写信给以弗所教会的使者说：“圣灵向众教会所说的话，凡有耳的，就应当听。得胜的，我必将神乐园中生命树的果子赐给他吃。”(启 2:7)

3)将来圣城内生命河的两边“有生命树，结十二样果子，每月都结果子，树上的叶子乃为医治万民”。“那些洗净自己衣服的有福了，可得权柄能到生命树那里。”（启 22:1—4,14）

［圣餐］ **Holy Communion**

圣经中没有“圣餐”这一词语。人们所说的“圣餐”，乃是指耶稣在被卖的那一天晚上，嘱咐门徒要记念他流血舍命的“掰饼聚会”。请参看本书“掰饼”及“晚餐”条。

［圣诞节］ **Christmas**

“圣诞节”指的是世人以 12 月 25 日为耶稣诞辰而定的庆祝日。12 月 24 日称为“圣诞夜”，有些人彻夜狂欢，举止常与圣经的教训不相符合。“圣诞节”前后，西方国家的人们往往延续一些活动，甚至将近一个月之久。圣经中并没有记载基督降生的日期，也没有“圣诞节”这一词语。初期教会大受逼迫，圣经中从未见到庆祝圣诞的记载，历史上第一、二世纪时也未见到有关庆祝圣诞的活动。那时罗马皇帝尼禄等人，无故逼迫教会，许多基督徒惨遭杀害，但信徒却日渐增多，福音竟广泛地在地中海沿岸传开。公元 325 年，罗马皇帝君士坦丁一反历代皇帝迫害基督徒的作法，他召开了基督教主教会议，制定了基督教的教义和组织法规，使罗马皇帝得以通过主教等神职人员干涉基督教的活动。公元 392 年基督教被定为罗马的国教，这时“圣诞节”逐渐成为盛大节日，罗马全境居民，不论是否为真实的基督徒，都热烈庆祝，以至形成现今世界各地习惯欢庆的世俗化了的节期。但也有些虔诚的基督徒认为，圣经中既无记载，而某些圣诞活动又很庸俗，故而不肯参与。只是确信“基督耶稣降世，为要拯救罪人”。（提前 1:15）乃以敬虔的心灵，传述基督的降生。

圣殿　　Temple

1. 注释：

圣经中的圣殿是指耶路撒冷敬拜神的殿，最初是公元前969年所罗门王所建。

摩西时代以色列人敬拜神都是在会幕中。大卫王早就想建造圣殿，但神不许可，因他打了多次大仗，流了多人的血。(代上22:6—7)大卫王在未死之先准备了很多材料，嘱咐他儿子所罗门王为神建殿。所罗门登基第四年开始动工，七年后建成。殿址在耶路撒冷城内北方的摩利亚山地，即在此前约1100年亚伯拉罕献以撒的地方。(创22:2；代下3:1)

圣殿面积比会幕大两倍，长30公尺，高10公尺，宽15公尺，为当时中东一带最宏伟的建筑。约在公元前606—586年间，继以色列亡国之后，犹大人三次被掳到巴比伦去，尼布甲尼撒王把圣殿毁坏。约公元前536年，波斯王古列下令所罗巴伯带领犹太人回耶路撒冷重建圣殿，其后又被破坏并再次重建。公元70年，罗马将军提多率兵彻底烧毁了圣殿。正应验了耶稣的预言："没有一块石头留在石头上不被拆毁了。"(太24:2)圣殿至今尚未重建。

2. 圣经记载：

1)大卫王将他被圣灵感动所得的样式都指示所罗门说："这一切工作的样式，都是耶和华用手划出来使我明白的。"(代上28:11—19)"大卫王对会众说：'我儿子所罗门是神特选的，还年幼娇嫩。这工程甚大，因这殿不是为人，乃是为耶和华神建造的。'"(代上29:1)

2)大卫作诗说:“耶和华在他的圣殿里,耶和华的宝座在天上,他的慧眼察看世人。”(诗 11:4)

3)耶稣在世的时候,有些人到圣殿不是为了敬拜神,而是在此作交易,耶稣曾两次洁净圣殿。“耶稣进了神的殿,赶出殿里一切作买卖的人,推倒兑换银钱之人的桌子和卖鸽子之人的凳子,对他们说:经上记着说:‘我的殿必称为祷告的殿。你们倒使它成为贼窝了。’”(太 21:12—13)

圣会　　Holy Convocation

1. 注释:

圣会也称为大会,是以色列民每逢重大节日时的集会,该日什么工都不可作。

2. 圣经记载:

1)“耶和华对摩西说:‘你晓谕以色列人说:耶和华的节期,你们要宣告为圣会的节期。’”每安息日有圣会,“六日要作工,第七日是圣安息日,当有圣会,你们什么工都不可作。”(利 23:1—3)

2)逾越节有两次圣会,“第一日当有圣会,什么劳碌的工都不可作。要将火祭献给耶和华七日。第七日是圣会。”(利 23:7—8)

3)五旬节“这日,你们要宣告圣会,什么劳碌的工都不可作。这在你们一切的住处,作为世世代代永远的定例”。(利 23:21)

4)吹角节“七月初一,你们要守为圣安息日,要吹角作记念,当有圣会”。(利 23:24)

5)“七月初十是赎罪日,你们要守为圣会,并要刻苦己心,也要将火祭献给耶和华。”(利 23:27)

6)住棚节七日,“第一日当有圣会,……第八日当守圣会”。(利 23:35—36)

圣经　　the Bible

1. 圣经简介

圣经是基督徒信奉的神圣经典。圣经分为旧约与新约两部分,旧约包括耶稣降生以前的有关犹太人的历史兴衰、律例典章、诗歌箴言、以及先知的训诲、预言、盼望等等。新约则包括了耶稣降生后的有关记载、书信和预言等等。基督徒认为“圣经都是神所默示的。于教训、督责、使人归正、教导人学义,都是有益的。”(提后 3:16)“圣经上所有的预言没有可随私意解说的。因为预言从来没有出于人意的,乃是人被圣灵感动说出神的话来。”(彼后 1:20—21)圣经共有六十六卷经文,是由许多人执笔书写的。写作的时期,前后相距约两千年之久。执笔人的职业不同,经历不同,年龄不同,学识不同,所处的时代背景也不同。但是全部圣经的内容却前后连贯如出一人之手。因此基督徒相信,若不是由于神的默示和圣灵的感动,这么多的执笔者不可能共同写出这么一部完整严密的圣经来。

2. 圣经的原文和译文

1)圣经旧约三十九卷,除了极少数的章节写作者使用了亚兰文外(拉 4:7),各卷都是用希伯来文(即古时犹太人使用的文字)写的。

2)新约二十七卷,除了马太福音有人认为是用希伯来文所写的以外,其他各卷几乎公认是用希腊文写的。

3)后来圣经被译成许多种不同的文字,因而出现了各种不同的译本。

①七十士译本:乃是最古老的旧约希腊文译本。有些历史资料说,耶稣降生前约285—247年间,由犹太的七十个文士(学者),在埃及的亚历山大城,根据从耶路撒冷得来的希伯来原文旧约,译成了希腊文。另有人论证说,公元前285—前247年间,只译出了圣经开头的五卷,以后陆续翻译,直到耶稣降生前150年时,旧约各卷才全部译成希腊文。当时希腊文是罗马统治领域内通用的语言文字,这样圣经便得以广泛地被人阅读。七十士译本之后,仍有人根据希伯来文把圣经旧约译成其他文字。但历史学者大多认为,很多译本都是根据七十士译本又由希腊文译成各种文本的。

②古叙利亚文译本:耶稣降生后约80年,已有人开始把旧约及新约译成了叙利亚文本。

③埃及文译本:第二世纪末叶,有人把新约译成了埃及文译本。

④拉丁文译本:有考证认为耶稣降生后100余年时,北非流行拉丁语。当时有人首先在北非把圣经译成了拉丁文。其后,在意大利也有人把新约译成了拉丁文。

⑤拉丁俗语译本:耶稣降生后约383年,耶罗默(Jerome)所译的拉丁俗语译本,当时被西方基督教会作为通用的译本。

⑥阿拉伯文译本:耶稣降生后五六百年时,基督的福音传人阿拉伯境内,译本应当较早。但现存的古本,已只有耶稣降生后942年的阿拉伯文译本了。

⑦斯拉夫文译本:约成于第九世纪。

⑧英文译本：有资料说耶稣降生后 597 年时即有人着手英文译本，后来又译出了各种不同译法的英文译本。

⑨其他译本：据大英圣经公会统计，本世纪初，圣经已被译成 400 余种语言文字，1986 年联合圣经公会发布资料说，圣经已译成了近 2000 种文字或地方的方言。一般学者都认为圣经是世界上历史最久、流传最广、翻译版本最多、发行数量最大的一本书。

3. 中文圣经译本

1）和合译本：也称作"国语和合本"。乃是现今通用的中文圣经。这一译本乃是由许多专家学者以及基督教会工作人员合译的。翻译工作由 1891 年开始，按当时中国各地通用的白话文，历时 27 年译成，于 1919 年由当时的中华圣经会出版。和合本中文圣经出版后，因为它的译文在当时通俗易懂，受到了广大读者和基督徒的欢迎，至今仍被普遍采用。在和合译本中，有的版本把基督徒信奉的"独一无二的神"，借用中国古代词汇译成为"上帝"。但因不能确切表达原意，所以译者认为称呼"神"更为合宜，采用"神"字的版本，被称为"神"版和合本圣经。

2）和合本以前的中文译本：那时的译本，受时代背景所限，大多是文言文或半文半白的译本，这些译本是：

①马士曼译本，由英国的马士曼（Marshman）与其助手拉沙（Lassar）合译。

②马礼逊译本，由马礼逊（R. Morrison）于 1823 年译出。

③麦都思译本，由麦都思（W. H. Medhurst）等四人于

1840 年译出，也叫四人合译本。

3）和合本以后的中文译本：

①吕振中译本，1970 年于香港出版。

②当代圣经，系根据 The Living Bible 译成的当代中文译本，1979 年于香港出版。

③现代中文译本，系根据希伯来文和希腊文古老的版本，译成现代流行的口语文体译本。1990 年于香港出版。

4）其他中文译本，除上述较为知名的译本外，早期还有一些各种官话译本；各地还有广东话、福州话、厦门话、汕头话、客家话、海南话、宁波话等译本；属于兄弟民族语文的有藏文圣经、满文圣经、蒙文圣经，彝文圣经等等。

5）各种译本都有各自的愿望与特点，但是由于语言本身的发展变化和语言的功能所限，各种译本都难免有极其个别的词句未能充分准确地表达原文意义，这是研读圣经的人所不得不予注意的。另外，圣经各种译文虽不尽相同，但其根据和实意却是同出一源的。保罗认为绝不能“谬讲神的道理，只将真理表明出来”，这是每一个基督徒所共同持守的。（林后 4:1—2）

4. 圣经各卷的作者及要义

有些经卷的作者是直接写在经文上的，但有些经卷却没有署明作者的姓名，因此后世学者对某些经卷的作者考证，提出了不同的看法。与此同时，历代专家对圣经各卷的写作年代与写作地点也有些不同的阐述。下表中所列的作者、写作年代、写作地点以及经文要义，可能会与某些论著不尽相同，仅供读者参考。

旧约圣经各卷

经卷名称	作者(主要作者或可能的作者)	写作年代(耶稣降低生前的约略年代)	写作地点(可能的地点)	经文要义(只作为参考)
创世记	摩西	1420	西乃旷野	神创造天地并拣选以色列人的列祖
出埃及记	摩西	1420	西乃旷野	以色列人是神拯救的子民
利未记	摩西	1420	西乃旷野	以色列人对神应有的事奉
民数记	摩西	1405	摩押平原	以色列人在神恩典中的悖逆与失败
申命记	摩西	1405	摩押平原	以色列人应遵行的律例典章
约书亚记	约书亚	1395	示剑	以色列人进入了神应许的迦南美地
士师记	撒母耳	1030	示罗	以色列人进迦南后最初几百年的兴衰
路得记	撒母耳	1025	示罗	以色列人的新盼望——大卫家的族系
撒母耳记上	撒母耳	1020	拉玛	以色列人不肯专心遵从耶和华,立扫罗为王而建国
撒母耳记下	拿单、迦得	980	耶路撒冷	大卫作王,以色列国成长而坚立

经卷名称	作　者	写作年代（耶稣降生前的约略年代）	写作地点（可能的地点）	经文要义（只作为参考）
列王纪上	耶利米	550	埃及	所罗门王生平及其晚年犯罪，以色列国分裂为以色列和犹大两国
列王纪下	耶利米	550	埃及	以色列人和犹大人相继亡国而被掳
历代志上	以斯拉	450	耶路撒冷	大卫的族谱及其作王时以色列人的兴盛
历代志下	以斯拉	450	耶路撒冷	所罗门的功过及其后以色列人的衰亡
以斯拉记	以斯拉	430	耶路撒冷	以色列人从被掳之地归回圣城重建圣殿
尼希米记	尼希米	420	耶路撒冷	以色列人从被掳之地归回重建耶路撒冷城垣
以斯帖记	末底改	470	波斯	以色列人被掳时蒙神保守免于全族灭亡
约伯记	以利户	1500	乌斯	义人在苦难中亲眼见神后更为蒙恩
诗篇	大卫等人	1500—550	各地不同	以色列人祷告神赞颂神的诗歌
箴言	所罗门等人	940	耶路撒冷	劝勉人敬畏耶和华的箴言

经卷名称	作　者	写作年代(耶稣降生前的约略年代)	写作地点(可能的地点)	经文要义(只作为参考)
传道书	所罗门	930	耶路撒冷	名利空虚无益,敬畏神有永远的福乐
雅歌	所罗门	970	耶路撒冷	寓意基督与教会之关系的爱情诗歌
以赛亚书	以赛亚	695	耶路撒冷	以色列人因罪受责并将蒙神眷顾
耶利米书	耶利米	626—560	耶路撒冷	背约的以色列人及其假先知必受责罚
耶利米哀歌(也是诗歌书)	耶利米	586(?)	耶路撒冷	以色列人被神管教求神怜恤
以西结书	以西结	590—565	巴比伦	以色列人被掳后的苦难与复兴的盼望
但以理书	但以理	605—536	巴比伦	但以理被掳后仍专心爱神见到异象
何西阿书	何西阿	715	撒玛利亚耶路撒冷	以色列人背道受责与神的劝勉应许
约珥书	约珥	830	耶路撒冷	预言以色列人的灾难,神的应许与审判
阿摩司书	阿摩司	755	提哥亚	以色列及列国将受审判,当预备迎见神
俄巴底亚书	俄巴底亚	586(另说840年)	耶路撒冷	以东因攻击以色列而将灭亡

经卷名称	作者	写作年代(耶稣降生前的约略年代)	写作地点(可能的地点)	经文要义(只作为参考)
约拿书	约拿	775	尼尼微	约拿向尼尼微人传道,他们悔改蒙恩
弥迦书	弥迦	700	耶路撒冷	以色列人因罪受审判,神施恩的应许
那鸿书	那鸿	620	耶路撒冷	预言尼尼微人因恶行而将灭亡
哈巴谷书	哈巴谷	608	耶路撒冷	神回答哈巴谷的问题:义人因信得生
西番雅书	西番雅	610	耶路撒冷	神将审判犹大和列国,须悔改归向神
哈该书	哈该	520	耶路撒冷	神发命继续重建圣殿并应许赐福
撒迦利亚书	撒迦利亚	518	耶路撒冷	呼唤被掳的余民归回预示神爱长存
玛拉基书	玛拉基	425	耶路撒冷	以色列人归回后的罪恶和神的救恩

新约圣经各卷

经卷名称	作者	写作年代(耶稣降生后的约略年代)	写作地点(可能的地点)	经文要义(只作为参考)
马太福音	马太	66—68	耶路撒冷	耶稣是救主是君王
马可福音	马可	60	罗马	耶稣降世服事人,舍命作多人的赎价
路加福音	路加	62	罗马	耶稣在世一生言行完美至善
约翰福音	约翰	80—95	以弗所	耶稣是永生神的儿子
使徒行传	路加	63—64	罗马	教会建立并把福音传到外邦各地
罗马人书	保罗	57	哥林多	基督徒是因信救主基督而被称为义的
哥林多前书	保罗	56	以弗所	不应分争,不滥用自由,而应有爱心
哥林多后书	保罗	56	腓立比	使徒的权柄和传道的职责
加拉太书	保罗	49	安提阿	基督徒因信称义及蒙恩后的自由与应有的行为
以弗所书	保罗	61	罗马	教会是基督的身体应连于元首基督

经卷名称	作者	写作年代（耶稣降生后的约略年代）	写作地点（可能的地点）	经文要义（只作为参考）
腓立比书	保罗	62	罗马	基督徒应为福音齐心努力，效法基督，常常喜乐
歌罗西书	保罗	61	罗马	基督徒应坚信基督的权能，防避世俗邪说
帖撒罗尼迦前书	保罗	51	哥林多	基督徒的盼望是基督的再次降临
帖撒罗尼迦后书	保罗	51	哥林多	坚忍苦难，纠正基督再来的误解，辛勤工作
提摩太前书	保罗	65	马其顿	谨守真理，防备异端，作好教会工作
提摩太后书	保罗	67	罗马	激励青年传道人继续完成福音工作（人称本书是保罗的遗嘱与凯歌）
提多书	保罗	66	哥林多	怎样设立长老并帮助教会中不同的信徒

经卷名称	作者	写作年代（耶稣降生后的约略年代）	写作地点（可能的地点）	经文要义（只作为参考）
腓利门书	保罗	61	罗马	对改邪归正的信徒应以爱心饶恕接纳
希伯来书	保罗(?)	64	不详	基督超越旧约作更美的新约中保
雅各书	雅各	45—48	耶路撒冷	行为是信心的表露与见证
彼得前书	彼得	64	罗马	以基督为榜样忍受苦难坚定信心
彼得后书	彼得	66	罗马	坚守真道，防备假先知的异端迷惑
约翰一书	约翰	80	以弗所	持守真理，行为正直，爱主爱人
约翰二书	约翰	80	以弗所	勉励信徒彼此相爱谨防假师傅
约翰三书	约翰	80	以弗所	勉励基督徒用爱心接待过往的信徒
犹大书	犹大	67—68	耶路撒冷	指责背道者，劝勉真信徒
启示录	约翰	95—96	以弗所	预言基督再来时将实现神的计划

附:圣经旧约与新约之间的连贯性

1. 从旧约最后的一卷经文玛拉基书,到耶稣降生的年代,其间约有 400 多年之久。犹太人这段时间的信仰生活与处境,受当时的历史影响很大,现简述于下:

(1)公元前 430—332 年间,波斯帝国称霸于世。当时的犹太人居住地区(今巴勒斯坦一带)是波斯统辖的一个省。相对来说,波斯王比较尊重犹太人的信仰,犹太人享有信奉敬拜耶和华神的自由。

(2)公元前 331—167 年间,希腊强大起来。公元前 336 年,亚历山大 20 岁时成为希腊军队的统帅。他向东进攻埃及、亚述、巴比伦、波斯诸国,只用四五年的时间,当时的列强便都被他征服了。但是在公元前 332 年亚历山大进攻巴勒斯坦时,却放过了耶路撒冷,对犹太人的信仰和民族习惯,都采取了宽厚放任的态度。

(3)公元前 323 年亚历山大死后,他的四个大将分管了他的帝国。巴勒斯坦位于叙利亚与埃及之间,先受叙利亚当政的统辖,不久又归埃及首脑的治理约一百多年。

(4)公元前 198 年叙利亚征服了巴勒斯坦,耶路撒冷和犹太人又纳入叙利亚统占的范围。公元前 175—164 年,叙利亚的王安提阿古·爱比法尼斯(Antiochus Epiphanes)非常暴虐。他决心使尽一切残酷的手段消灭犹太人。公元前 168 年他毁坏了耶路撒冷,污秽圣殿,在耶和华的圣殿中为犹太人所反对的假神宙斯设立祭坛,却在耶和华的祭坛上摆设肮脏的牲畜，他下令禁止犹太人在圣殿中敬拜他们信奉的神，要求犹太人交出旧约经卷加以焚烧。对敢于存藏圣书的人则处以死刑。

(5)公元前167年，犹太的祭司马他提亚(Mattathias)协同他的五个向耶和华神忠心坚贞的儿子，率领着许多虔诚的犹太人起来反抗叙利亚。公元前166年马他提亚战死，他的第三个儿子犹大(绰号马克比)继续统领犹太人作战，屡次打败强大的叙利亚人，竟于公元前165年攻取了耶路撒冷。他们洁净圣殿，重新举行献殿礼仪，这样就形成了后来犹太人的“修殿节”。犹大自任宗教领袖兼管政事，家族世袭作祭司同时秉政，被称为“马克比王朝”，成为独立的犹太国共100多年之久。但到公元前106年时，犹大第五代以后的诸王都很不肖，国势也日渐微弱。

(6)罗马帝国是继希腊之后的又一强国。公元前63年庞贝(Pompey)统治的罗马征服了巴勒斯坦。一度独立的犹太再次灭亡。庞贝委派了安提帕特(Antipater)为犹太总督。他的儿子大希律(Herod the Great)于公元前37年在罗马统治下得称为犹太王。大希律为了讨好犹太人，重新修建了圣殿。但是他残忍凶狠，当耶稣降生时，他听到东方几个博士说，有个孩子生下来要作犹太人的王，他竟把伯利恒一带两岁以内的男孩尽都杀了。(太2:1—16)耶稣降生之后，便开始了新约时代。

2. 新、旧两约之间，虽然相隔了400多年，这期间世界历史又多有变化，但有些圣经学者却指出，旧约中有关犹太人盼望的救世主的预言，在新约里都应验在耶稣的身

上。有人曾就耶稣降生和受难的预言经文,对比了新旧约的相应记载。例如:

(1)预言耶稣为童贞女所生。“主自己要给你们一个兆头,必有童女怀孕生子,给他起名叫以马内利。”(以马内利就是神和我们在一起的意思。)(赛 7:13—14;参看太 1:18—25)

(2)预言耶稣是耶西之子大卫的后代,且成为外邦(犹太以外各族)的救主。“到那日,耶西的根立作万民的大旗,外邦人必寻求他。他安息之所大有荣耀。”(赛 11:10;参看太 1:5—16 耶稣的家谱)

(3)预言耶稣生在伯利恒。“伯利恒阿……将来必有一位从你那里出来,在以色列中为我作掌权的;他的根源从亘古、从太初就有。”(弥 5:2;参看路 2:4—7)

(4)预言耶稣被带到埃及避难,又从埃及出来返回犹太。“从埃及召出我的儿子来。”(何 11:1;参看太 2:13—15)

(5)预言耶稣从加利利出来传道。“外邦人的加利利地得着荣耀。在黑暗中行走的百姓看见了大光。……因有一婴孩为我们而生。……他名称为奇妙、策士、全能的神、永在的父、和平的君,……从今直到永远。”(赛 9:1—7;参看太 2:22—23)

(6)预言耶稣骑驴驹进耶路撒冷。“耶路撒冷的民哪,应当欢呼,看哪,你的王来到你这里。……谦谦和和地骑着驴,就是骑着驴的驹子。”(亚 9:9;参看路 19:28—38)

(7)预言耶稣多受苦难,最后为世人而死。“他被藐视,被人厌弃,多受痛苦,常经忧患。”(赛 53:3;参看可

15:13)“我们都如羊走迷，各人偏行己路。耶和华使我们众人的罪孽都归在他身上。……他像羊羔被牵到宰杀之地。”(赛 53:6—7;参看约 10:10—11)

(8)其他关于耶稣被门徒出卖、被钉十字架、受难时的情景、死后的复活等预言，还有很多。因此虔诚的犹太人认为，旧约有些内容虽然是以色列人经历的史实，但是整个旧约都引人深思，使人期望一位弥赛亚(救世主)降世。而新约前四卷福音书，正是耶稣降世之后的记载，所以新旧两约连接得非常紧密。例如：

①耶稣降生前，天使向童女马利亚说：“你要怀孕生子，可以给他起名叫耶稣。他要为大，称为至高神的儿子。”(路 1:30—32)天使又向约瑟显现说，马利亚“将要生一个儿子，你要给他起名叫耶稣，因他要将自己的百姓从罪恶里救出来”。(太 1:20—21)

②耶稣降生时，天使报喜信给伯利恒野地里牧羊的人们说：“我报给你们大喜的信息，是关乎万民的，因今天在大卫的城里，为你们生了救主，就是主基督。”(路 2:8—10)另外，“有几个博士从东方来到耶路撒冷，说：‘那生下来作犹太人之王的在哪里；我们在东方看见他的星，特来拜他。’”(太 2:1—2)。

③耶稣刚刚出来传道时，当时被犹太众人所尊重拥戴的约翰就指着耶稣作见证说：“看哪，神的羔羊，背负世人罪孽的。”(约 1:29)

故此有些圣经学者认为：旧约是为新约作准备，而新约所记的又完成了旧约的预言和盼望，新、旧两约是一脉相承,连贯一致的。其中心内容乃是把耶稣显明出来。

圣灵　Holy Spirit

1. 注释:

1)圣灵是神。耶稣所说的“父、子、圣灵的名”,指的即是天上的神(圣父)、耶稣基督(圣子)、和真理的圣灵,这是三一真神的名。(太28:19)圣灵就是“神的灵”,(林前6:11)“主的灵”,(林后3:18)又称为“保惠师”。(约14:26)

2)圣经是神所默示的,是圣灵感动写出来的。(提后3:16)从创世记开始就说到神的灵运行创造了天地。(创1:2)圣经多处记载了圣灵的感动,借着众先知、士师、列王、门徒、作出大有能力的工作。(出31:3;士6:34;撒上16:13;徒2章)

3)圣灵借众先知预言了有关基督的事。圣灵按照神的旨意,使耶稣借着童女马利亚而生。(路1:35;太1:20)圣灵在耶稣身上,将神表明给人,圣灵为神的儿子耶稣基督作见证。神又将圣灵赐给相信他的人,凡有圣灵印记的人都是属基督的。

4)旧约时代,圣灵有时降在人身上,有时收回,而新约时代,耶稣应许赐圣灵永远与信徒同在(约14:16)。并时刻作感动、引导、教训、启示的工作,使信徒结出圣灵的果子,活出基督的生命来。即是基督徒生活行为上的见证。

2. 圣经记载:

1)圣灵感动人,为罪自责,接受耶稣为主。

①耶稣告诉门徒要赐下圣灵来,“他(圣灵)既来了,就

要叫世人为罪、为义、为审判，自己责备自己。”（约16:8）

②“被神的灵感动的，没有说耶稣是可咒诅的；若不是被圣灵感动的，也没有能说耶稣是主的。”（林前12:3）

2）圣灵为耶稣作见证，引导信徒明白并传扬真理。

①耶稣说：“我要从父那里差保惠师来，就是从父出来真理的圣灵，他来了，就要为我作见证。”（约15:26）“他要引导你们明白一切的真理，……并要把将来的事告诉你们。”（约16:13）

②保罗说：“我说的话，讲的道，不是用智慧委婉的言语，乃是用圣灵和大能的明证。”“圣灵参透万事，就是神深奥的事也参透了。”“我们讲说这些事，不是用人智慧所指教的言语，乃是用圣灵所指教的言语。”（林前2:4,10,13）

3）圣灵启示信徒，认识神，明白神的旨意。

①在耶路撒冷有一个人名叫西面，“有圣灵在他身上。他得了圣灵的启示，知道自己未死以前，必看见主所立的基督。他受了圣灵的感动，进入圣殿，正遇见耶稣的父母抱着孩子进来，要照律法的规矩办理。西面就用手接过他（耶稣）来，称颂神说：‘主啊，如今可以照你的话，释放仆人安然去世，因为我的眼睛已经看见你的救恩，就是你在万民面前所预备的，是照亮外邦人的光，又是你民以色列的荣耀。’”（路2:25—32）

②保罗对信徒说他曾求神，“将那赐人智慧和启示的灵赏给你们，使你们真知道他（基督）。并且照明你

们心中的眼睛，使你们知道他的恩召有何等指望。”“知道他向我们这信的人所显的能力是何等浩大。”（弗 1:16—19）

③约翰得启示，并多次被圣灵感动，把所看见所听见的，现在的事和将来必成的事写出来。他说：“当主日，我被圣灵感动，听见在我后面有大声音如吹号，说：‘你所看见的，当写在书上，达与……那七个教会。’”这七封信都是“圣灵向众教会所说的话，凡有耳的，就应当听。”（启 1:10—11，3:22）

4）圣灵教导信徒祷告，并为信徒担忧、代求。

①“况且，我们的软弱有圣灵帮助，我们本不晓得当怎样祷告，只是圣灵亲自用说不出来的叹息替我们祷告。鉴察人心的，晓得圣灵的意思，因为圣灵照着神的旨意替圣徒祈求。”（罗 8:26—27）

②以赛亚先知说到以色列民违背神，受到神的惩罚。以赛亚说：“他们竟悖逆，使主的圣灵担忧；他就转作他们的仇敌，亲自攻击他们。”（赛 63:10）保罗劝门徒说：“污秽的言语，一句不可出口，只要随事说造就人的好话，叫听见的人得益处。不要叫神的圣灵担忧。”（弗 4:29—30）

5）圣灵与情欲相争，信徒当顺服圣灵，结出圣灵的果子来。

①保罗说：“你们当顺着圣灵而行，就不放纵肉体的情欲了。因为情欲和圣灵相争，圣灵和情欲相争，这两个是彼此相敌，使你们不能作所愿意作的。但你们若被圣灵引导，就不在律法以下。……圣灵所结的果子，就是仁爱、喜乐、和平、忍耐、恩慈、良善、信

实、温柔、节制。这样的事，没有律法禁止。……我们若是靠圣灵得生，就当靠圣灵行事。”（加 5:16—25）

②“不要自欺，神是轻慢不得的。人种的是什么，收的也是什么。顺着情欲撒种的，必从情欲收败坏；顺着圣灵撒种的，必从圣灵收永生。”（加 6:7—8）

圣灵的洗　　Baptism of the Spirit

1. 注释：

1）圣灵的洗，是耶稣基督用圣灵为相信他的人施洗。施洗者是耶稣基督，受洗的是用信心接受耶稣为主的人，所有的真信徒都是从这一位圣灵受洗，成了一个身体（教会），而归于基督的。（林前 12:13）

2）圣灵的洗与洗礼不同，洗礼是施洗的人借着水给信徒施行的礼仪，是有形的。而圣灵的洗是灵里的，是圣灵的进住，受洗者从内心开始了新的生命，是在重生的同时，得着所应许的圣灵为印记。

3）圣灵的洗与圣灵充满不同，圣灵充满在旧约就有记载；如比撒列（出 31:3），约书亚（申 34:9）等。而圣灵的洗是在耶稣基督复活升天之后才开始的。信徒可有多次被圣灵充满的经历，且不是每个信徒都必有的。而圣灵的洗是一次的，且是每个信徒都必有的凭据。

2. 圣经记载：

1）约翰见证耶稣就是用圣灵施洗的，他说：“我曾看见圣灵仿佛鸽子从天降下，住在他的身上。我先前不认识他，只是那差我来用水施洗的，对我说：‘你看见圣灵降下来，住在谁的身上，谁就是用圣灵施洗的。’我看

见了,就证明这是神的儿子。"(约 1:29—34)

2)使徒时代,曾有两次记载圣灵的洗与圣灵充满是同时得着的。

①犹太人蒙恩的开始:耶稣升天之前嘱咐他的门徒说:"不要离开耶路撒冷,要等候父所应许的,就是你们听见我说过的,约翰是用水施洗,但不多几日,你们要受圣灵的洗。"(徒 1:4—5)这应许在十天后,五旬节门徒聚集时就应验了。"他们就都被圣灵充满,按着圣灵所赐的口才说起别国的话来。"(徒 2:1—4)

②外邦人蒙恩的起头:彼得被请到义大利的百夫长哥尼流家里讲道的时候,"圣灵降在一切听道的人身上。那些奉割礼和彼得同来的信徒,见圣灵的恩赐也浇在外邦人身上,就都希奇。"(徒 10:44—48)以后不久,使徒们"听说外邦人也领受了神的道。"就引起了争辩,彼得便详述了外邦人得救的经过,他说:"我一开讲,圣灵便降在他们身上,正像当初降在我们身上一样。我就想起主的话说:'约翰是用水施洗,但你们要受圣灵的洗。'神既然给他们恩赐,象在我们信主耶稣基督的时候给了我们一样,……叫他们悔改得生命了。"(徒 11:1—15)

③真信耶稣的人,都是受圣灵的洗成了一个教会。"我们不拘是犹太人,是希利尼人,是为奴的。是自主的,都从一位圣灵受洗,成了一个身体,饮于一位圣灵。"(林前 12:13)

圣灵充满　　Be Filled with the Holy Spirit

1. 注释:

圣经认为,人真正相信耶稣,就有圣灵住进他心中。圣灵充满是圣灵在信徒的身上完全掌权,使人顺从圣灵的旨意来行事和工作。信徒被圣灵充满便大有能力,并有信心、口才、胆量,为耶稣作见证,说预言,说方言等。在新约圣经中提到圣灵充满共15次。

2. 圣经记载:

1)耶稣降生前,祭司撒迦利亚被圣灵充满,论到基督降临,就预言说:"主以色列的神是应当称颂的,因他眷顾他的百姓,为他们施行救赎。在他仆人大卫家中为我们兴起了拯救的角(正如主借着从创世以来圣先知的口所说的话)。"(路1:67—70)

2)"五旬节到了,门徒都聚集在一处。""他们就都被圣灵充满,按着圣灵所赐的口才,说起别国的话来。"(徒2:1,4)

3)"祷告完了,聚会的地方震动,他们就都被圣灵充满,放胆讲论神的道。"(徒4:31)

4)司提反受害前"被圣灵充满,定睛望天,看见神的荣耀,又看见耶稣站在神的右边"。(徒7:55)。

5)耶和华神召比撒列,使他制造会幕和各样器具,说:"我已经提他的名召他,我也以我的灵充满了他,使他有智慧,有聪明,有知识,能作各样的工,能想出巧工。"(出31:1—5)

圣所　　Holy Place

1. 注释:

1)是神的居所,旧约圣经常把会幕、圣殿称为圣所,是指神与以色列人同住的地方,是人事奉神的所在。

2)摩西遵耶和华神的吩咐建造帐幕(会幕),其中有圣所、至圣所。幔子内为至圣所，只有大祭司带着血方可进去。幔子外为圣所，在圣所的幔子前有香坛，南边有金灯台，与北边的陈设饼桌子相对。祭司可进到圣所内行拜神之礼，民众不可进圣所，只可在院子里献祭事奉神。

3)新约的信徒都有祭司的职份；因着耶稣基督在十字架上成全了救恩，幔子裂开了，信徒可以随时进到圣所，至圣所，到神面前祷告、读经，与神交通事奉神。

2. 圣经记载：

1)“求你从天上你的圣所垂看，赐福给你的百姓以色列与你所赐给我们的地。”(申 26:15)

2)耶和华晓谕摩西说：“当为我造圣所，使我可以住在他们中间。”(出 25:8)

3)大卫又吩咐以色列的众首领帮助他儿子所罗门，说：“现在你们应当立定心意，寻求耶和华你们的神，也当起来建造耶和华神的圣所，好将耶和华的约柜和供奉神的圣器皿，都搬进为耶和华名建造的殿里。”(代上 22:18)

4)人手所造的圣所，不过是真圣所的影子。“因为基督并不是进了人手所造的圣所，(这不过是真圣所的影像，)乃是进了天堂，如今为我们显在神面前。”(来 9:24)

圣徒　　Saint

1. 注释：

圣经中称基督徒为圣徒。希伯来文“圣”是“分别出来”的意思，圣徒即为：分别为圣归给神、事奉神的人。因为他们是神从万人中拣选出来，蒙基督宝血将罪洗净，因信真道又被圣灵感动成为圣洁的门徒。

2. 圣经记载:

1)保罗说:"我写信给你们在罗马为神所爱、奉召作圣徒的众人。"(罗 1:7)"神的教会,就是在基督耶稣里成圣,蒙召作圣徒的。"(林前 1:1)

2)"感谢父,叫我们能与众圣徒在光明中同得基业。他救了我们脱离黑暗的权势,把我们迁到他爱子的国里。"(西 1:12—13)

3)摩西称神的百姓为圣徒。"他疼爱百姓,众圣徒都在他手中。他们坐在他的脚下,领受他的言语。"(申 33:3)

圣哉　　Holy

1. 注释:

颂赞神的话语,意思是神圣、至圣、圣洁、圣者。

2. 圣经记载:

"四活物各有六个翅膀,遍体内外都满了眼睛。他们昼夜不住地说:'圣哉!圣哉!圣哉!主神是昔在、今在以后永在的全能者。'"(启 4:8)

省长　　Governor

省长是一种官职。以色列和犹大相继亡国后,当巴比伦、波斯、罗马等国称霸于世时,都曾把其领土划分为若干省,每省设立省长治理该地。波斯王古列年间,犹大地区被划作犹大省(拉 2:1)。当时率领犹大人回去的所罗巴伯即是犹大省长(拉 2:63,参看拉 2:2)。尼希米也曾是犹大省长(尼 8:9)。

施恩座　　Mercy Seat

1. 注释:

是神的座位，是神与摩西和大祭司说话的地方，也是神荣耀显现的地方。原文有“盖”、“遮蔽”、“挽回”或“赎罪”的意思。圣殿建成前后，从摩西到列王时代，施恩座是在会幕、圣殿的至圣所里，位于约柜的上面，两端有基路伯，表明神在救赎的工作上“遮盖罪”的大恩。施恩座是按神指示的样式用精金作的，约长一百多厘米，宽约七八十厘米。新约时代信徒可随时来到神面前祷告，就是到施恩座前。

2. 圣经记载：

1)“耶和华晓谕摩西说：‘要告诉你哥哥亚伦，不可随时进圣所的幔子内，到柜上的施恩座前，免得他死亡，因为我要从云中显现在施恩座上。”(利 16:1—2)

2)“摩西进会幕要与耶和华说话的时候，听见法柜的施恩座以上，二基路伯中间，有与他说话的声音，就是耶和华与他说话。”(民 7:89)

3)新约信徒靠基督耶稣的救赎，可以直接到神面前祷告，“所以我们只管坦然无惧地来到施恩的宝座前，为要得怜恤，蒙恩惠，作随时的帮助”。(来 4:16)

施洗　　Baptize (Baptise)

1. 注释：

为信徒行的洗礼。是基督教会的礼仪，多由神的仆人或长老等人施行。

2. 圣经记载：

1)“在旷野有人声喊着说：‘预备主的道，修直他的路。’照这话，约翰来了，在旷野施洗，传悔改的洗礼，使罪得赦。”(可 1:3—4)

2)耶稣从死里复活以后对他的使徒说：“你们要去使万

民作我的门徒，奉父、子、圣灵的名给他们施洗。凡我所吩咐你们的，都教训他们遵守。”(太 28:16—20)

石版　　Table of Stone

见“法版”条

十条诫(命)　　Ten Commandments

1. 注释：

十条诫命是耶和华神在西乃山上指示摩西的(出 19:20, 20:1—17)。耶和华并且把这十条诫命写在两块石版上，使以色列人遵守。(出 34:27—28)

2. 圣经记载：

1)这十条诫命请参看出埃及记第 20 章 1—17 节，它们是：

①除了耶和华以外不可信奉别的神。

②不可敬拜任何偶像。

③不可妄称耶和华神的名。

④当记念安息日，守为圣日。

⑤当孝敬父母。

⑥不可杀人。

⑦不可奸淫。

⑧不可偷盗。

⑨不可作假见证。

⑩不可贪恋别人一切所有的东西。

2)耶稣在世时，“有一个人是律法师，要试探耶稣，就问他说：‘夫子，律法上的诫命，哪一条是最大的呢？’耶稣对他说：‘你要尽心、尽性、尽意爱主你的神。这是诫命中的第一，且是最大的。其次也相仿，就是要爱人如己。这两条诫命是律法和先知一切道理的总纲。’”(太 22:

35—40)

十字架　　Cross

1.注释:

1)十字架是古罗马帝国对犯人处以极刑的刑具。一般由横竖两条木柱组成十字形,也有是X形的。被判刑的罪犯须背着自己的十字架走到刑场,然后由执刑者把罪犯衣服剥去,用大钉子将其双手钉在横木上,再将其双脚相叠钉在竖木上,然后竖起十字架来。被钉的人不停地流血,在极度痛苦中渐渐死去,一般要8小时左右。犯人的罪名多是用木牌写着挂在胸前,也有时钉在头顶的木头上。这种极刑是处置重罪犯的,是极痛苦而又羞辱的。罗马公民可以免受此极刑。

2)在圣经中十字架有两种含义:

①十字架是神的大能。基督耶稣没有犯罪,他是按着神的旨意死在十字架上,三天后又复活了,作成了救法,使因罪与神隔绝以至灭亡的人,可以因信成为神的儿子得永生。因此,十字架是拯救的记号。

②对信徒来说,十字架便是治死自己的肉体情欲,是舍己。耶稣叫信徒要舍己,天天背起自己的十字架来跟从他。要与神联合,跟从基督的信徒,就要天天舍己,就要把自己的肉体的邪情私欲钉在十字架上,让耶稣的生命活出来。

2.圣经记载:

1)巡抚彼拉多原知道犹太人是因为嫉妒才把耶稣解来,那时他们喊着说:"把他钉十字架!"巡抚说:"为什么呢?他作了什么恶事呢?"他们便极力地喊着说:"把他钉十字架!"彼拉多见说也无济于事,反要生乱,就拿水

在众人面前洗手，说：“流这义人的血，罪不在我，你们承当吧！”（太 27:18—26）

2)“于是，彼拉多将耶稣交给他们去钉十字架。他们就把耶稣带了去。耶稣背着自己的十字架出来，到了一个地方，名叫髑髅地，希伯来话叫各各地。他们就在那里钉他在十字架上，还有两个人和他一同钉着，一边一个，耶稣在中间。”（约 19:16—18）

3)“耶稣又对众人说：‘若有人要跟从我，就当舍己，天天背起他的十字架来跟从我。’”（路 9:23）

4)“因为十字架的道理，在那灭亡的人为愚拙，在我们得救的人却为神的大能。”（林前 1:18）

5)保罗并没有用高言大智传讲神的道，他说：“我曾定了主意，在你们中间不知道别的，只知道耶稣基督并他钉十字架。”（林前 2:1—2）

6)保罗说：“我已经与基督同钉十字架，现在活着的不再是我，乃是基督在我里面活着。”（加 2:20）

7)保罗又说：“但我断不以别的夸口，只夸我们主耶稣基督的十字架。因这十字架，就我而论，世界已经钉在十字架上；就世界而论，我已经钉在十字架上。”（加 6:14）

十分之一（奉献）　　Tithe（或 One　tenth）

1.注释：

圣经中神吩咐他的百姓当将自己一切所得的十分之一献给神为圣，表示向神的感谢和尊崇，必须是甘心的奉献才蒙神所悦纳。

2.圣经记载：

1)耶和华对摩西宣告的法则：“地上所有的，无论是地上的种子是树上的果子，十分之一是耶和华的，是归给耶

和华为圣的。”(利 27:30)

2)万军之耶和华说:“你们要将当纳的十分之一全然送入仓库,使我家有粮,以此试试我是否为你们敞开天上的窗户,倾福于你们,甚至无处可容。”(玛 3:10)

3)耶稣说:“你们这假冒为善的文士和法利赛人有祸了!因为你们将薄荷、茴香、芹菜献上十分之一,那律法上更重的事,就是公义、怜悯、信实,反倒不行了。这更重的是你们当行的,那也是不可不行的。”(太 23:23)

使徒　　　Apostle

1. 注释:

广义是指奉神选召传福音、建立教会的人;狭义是指耶稣从门徒中特别挑选出来的十二个人,其中出卖耶稣的犹大虽曾有使徒的职任,却又失去,被别人得到。

2. 圣经记载:

1)“耶稣出去上山祷告,整夜祷告神。到了天亮,叫他的门徒来,就从他们中间挑选十二个人,称他们为使徒。”(路 6:12—13)

2)出卖耶稣的犹大“他本来列在我们数中,并且在使徒的职任上得了一份。这人用他作恶的工价买了一块田,以后身子仆倒,肚腹崩裂,肠子都流出来。……愿别人得他的职分。”彼得提议“从那常与我们作伴的人中立一位与我们同作耶稣复活的见证。……于是众人为他们摇签,摇出马提亚来。他就和十一个使徒同列。”(使 1:15—26)

3)保罗是奉召作使徒的。“耶稣基督的仆人保罗,奉召为使徒,特派传神的福音。”(罗 1:1)

4)“神在教会所设立的:第一是使徒,第二是先知,第三是

教师,……"(林前 12:28)

士师　　Judge

1.注释:

1)士师的希伯来文原意是"审判官"。

2)以色列人进入迦南之后,在未曾建国以前,各个支派都分别在自己分得的土地上居住生活。但每当受到外族人欺压的时候,耶和华便为他们兴起一位士师来,率领以色列人与外族争战,拯救以色列人。(参看士 2:14—16)据士师记记载:前后共有十几位士师秉政(士师记全卷)。历时约有 450 年(徒 13:20)。

3)以色列建国之后,直到被掳又归回时期,以色列各地有些官员仍被叫作士师(代上 23:4;拉 10:14)。但其职位与工作范围与建国前秉政的士师已完全不同了。

2.圣经记载:

士师时代的秉政士师等人如下:

1)俄陀聂作士师(士 3:9—11)。

2)以笏作士师(士 3:15—30)。

3)珊迦打死 600 非利士人,救了以色列人(士 3:31)。

4)女先知底波拉作士师,巴拉随同底波拉打败西西拉(士 4:4—士 5:31)。

5)基甸率领 300 人胜过 135000 米甸人(士 6:11—8:28)。

6)亚比米勒统治以色列人(士 9:1—57)。

7)陀拉作士师(士 10:1—2)。

8)睚珥作士师(士 10:3—5)。

9)耶弗他被百姓立作领袖成为士师(士 11:1—12:7)。

10)以比赞作士师(士 12:8—10)。

11)以伦作士师(士 12:11—12)。

12)押顿作士师(士 12:13—15)。

13)参孙作士师(士 13:2—7,士 13:24—士 16:31)。

14)撒母耳既是先知,也作士师(撒上 7:15—17)。

15)撒母耳年纪老迈时,竟把他的两个儿子立为士师。但他的儿子贪图财利,屈枉正直,以色列的长老们便求撒母耳为以色列人立一个王治理他们,像列国一样。(撒上 8:1—3)

世俗　the World　(世俗的 Worldly)

1.注释:

原文与“世界”相同,一般指世上邪恶的风俗,是信徒应当除去而不可效法的。

2.圣经记载:

1)“因为神救众人的恩典已经显明出来,教训我们除去不敬虔的心和世俗的情欲,在今世自守、公义、敬虔度日。”(多 2:11—12)

2)“你们这些淫乱的人哪,岂不知与世俗为友就是与神为敌吗?所以凡想要与世俗为友的,就是与神为敌了。”(雅 4:4)

事奉(侍奉)　Serve,Service

1.注释:

原文与“敬拜”相同,圣经中常指祭司在圣殿中的供职为事奉神。而在新约时代,信徒按照神的心意为神所作的,都是事奉神。

2.圣经记载:

1)约书亚临终前对以色列百姓说:“现在你们要敬畏耶和华,诚心实意地事奉他。”叫百姓除掉埃及的假神。他

又说:"至于我和我家,我们必定事奉耶和华。"(书 24:14—18)

2)"一个人不能事奉两个主。不是恶这个爱那个,就是重这个轻那个。你们不能又事奉神,又事奉玛门(玛门是财利的意思)。"(太 6:24)

3)"所以,我们既得了不能震动的国,就当感恩,照神所喜悦的,用虔诚、敬畏的心事奉神。因为我们的神乃是烈火。"(来 12:28—29)

试炼　　Trial

1. 注释:

圣经中所指的试炼,是神允许信徒遭遇艰难困苦,用以熬炼信徒,使之增长信心,更加圣洁。

2. 圣经记载:

1)"弟兄们,我把神赐给马其顿众教会的恩告诉你们,就是他们在患难中受大试炼的时候,仍有满足的快乐;在极穷之间,还格外显出他们乐捐的厚恩。"(林后 8:1—2)

2)"我的弟兄们,你们落在百般的试炼中,都要以为大喜乐。因为知道你们的信心经过试验就生忍耐。"(雅 1:2—3)

3)约伯说:"然而他知道我所行的路,他试炼我之后,我必如精金。"(伯 23:10)

试探　　Temptation

1. 注释:

圣经中试探的原文也可译作"诱惑"、"试诱"。试探与试炼不同,它不是外面的苦难,乃是由于某种引诱而使人心里生发私欲。信徒遇试炼应忍耐而得福,但对试探则应抵挡，靠着圣灵的帮助胜过它。因试探是来自恶者，且是叫人犯罪。

2. 圣经记载：

1)以色列民在旷野时常埋怨神、试探神。耶和华说："这些人虽看见我的荣耀和我在埃及与旷野所行的神迹，仍然试探我这十次，不听从我的话。"（民 14:22）

2)"人被试探不可说：'我是被神试探，'因为神不能被恶试探，他也不试探人。但各人被试探，乃是被自己的私欲牵引诱惑的。"（雅 1:13—14）

3)"因我们的大祭司（耶稣）并非不能体恤我们的软弱，他也曾凡事受过试探，与我们一样，只是他没有犯罪。"（来 4:15）

4)"你们所遇见的试探，无非是人所能受的。神是信实的，必不叫你们受试探过于所能受的。在受试探的时候，总要给你们开一条出路，叫你们能忍受得住。"（林前 10:13）

收藏节　　Festival of Shelters（或 Feast of Ingathering）

1. 注释：

收藏节的时间在犹太历的七月十五日，约相当于公历的9月至10月间，正当秋季。犹太人在收藏农作物后便要守收藏节七天，收藏节即是住棚节。

2. 圣经记载：

1)"秋季收藏农产物时，要守收藏节。"（出 34:22 新译文；和合本译作"在年底要守收藏节"，似欠妥。）

2)"你们收藏了地的出产，就从七月十五日起要守耶和华的节七日。……你们要住在棚里七日。"（利 23:39—42）"收藏以后，就要守住棚节七日。"（申 16:13）"这七

月十五日是住棚节。”(利 23:34)

收割节　　Harvest Festival

收割节乃是耶和华吩咐以色列人应当遵守的节日(出 23:16)。那时正当麦子初熟,欢庆收割,所以收割节也叫初熟节或七七节(出 34:22)。那时正是逾越节后的五十天,所以这一节日又叫五旬节(参看利 23:5,利 23:15—16)。详见本书“五旬节”条。

受膏者　　Anointment, the Anointed One

1.注释:

1)“受膏者”与“弥赛亚”为希伯来文同一个字的不同翻译。意指旧约时代犹太人盼望的救主。“受膏者”在新约希腊原文圣经中被写成 Christos,中文译音即是“基督”。所以圣经中提到的“受膏者”,一般是指基督(救主耶稣)而说的。

2)犹太人设立君王或祭司时,要用膏油浇在被立者的头上。所以,有时“受膏者”也可意为“君王”。

2.圣经记载:

1)“世上的君王一齐起来,臣宰也聚集,要敌挡主,并主的受膏者(或作基督)。”(徒 4:26)

2)大卫称扫罗王为耶和华的受膏者,他“对跟随他的人说:‘我的主乃是耶和华的受膏者。’”(撒上 24:6)
因扫罗是撒母耳奉耶和华之命膏立的王。

受洗　　Be Baptized

1.注释:

也称受浸,是基督教会的一种礼仪,预表信徒与耶稣同死、同埋葬、同复活。仅是外面的洗礼,并不能叫人得救,罪也不能因受了洗礼而洗去。人因信,求告主名,就必得救，然后再接受洗礼。参看“洗礼”条。

2. 圣经记载：

1)“岂不知我们这受洗归入基督耶稣的人，是受洗归入他的死吗？所以我们借着洗礼归入死，和他一同埋葬，原是叫我们一举一动有新生的样式，像基督借着父的荣耀从死里复活一样。”(罗 6:3—4)

2)“彼得还用许多话作见证，劝勉他们。……于是，领受他话的人就受了洗。那一天，门徒约添了三千人。”(徒 2:40—41)

赎价　　Ransom

1. 注释：

又称赎金，是将卖身为奴的人赎回来的价银(赔偿金)。圣经认为自从人犯罪以后，就成为罪的奴仆，只有无罪的神子舍弃自己，流出宝血，才能替人代付赎价。

2. 圣经记载：

1)“耶和华晓谕摩西说：‘你要按以色列人被数的计算总数。你数的时候，他们各人要为自己的生命把赎价奉给耶和华。’”(出 30:11—12)

2)“那些倚仗财货自夸钱财多的人，一个也无法赎自己的弟兄，也不能替他将赎价给神，叫他长远活着，不见朽坏，因为赎他生命的价值极贵。”(诗 49:6—9)

3)耶稣说：“人子来，并不是要受人的服事，乃是要服事人，并且要舍命，作多人的赎价。”(可 10:45)

4)“降世为人的基督耶稣，他舍自己作万人的赎价，到了时候，这事必证明出来。”(提前 2:5—6)

赎愆祭　　Trespass Offering

1. 注释：

1)赎愆祭是旧约五祭之一,是由于无意中误犯了会幕圣物、失信于人而献祭赎罪,补偿过失,要加四分之一或五分之一,求得洁净。

2)赎愆祭的祭物是公绵羊。

3)赎愆祭的特点与赎罪祭一样,但要加上偿还。

4)赎愆祭的象征是:

①以祭牲的死,止息神的忿怒。

②将所认的罪,归到祭牲身上。

③补偿对人的亏欠或损害。

5)赎愆祭的预表大致与赎罪祭相近。

2.圣经记载:

1)赎愆祭的条例:

①无意中误犯了会幕中圣物需献赎愆祭。(见利5:14—19)

②失信于人或损及于人的财物,(包括骗取邻舍的财物,抢夺财物和欺压邻舍所得的财物),须补偿归还而献赎愆祭。(见利6:1—7)

③祭司献赎愆祭的具体条例。(见利7:1—10)

2)赎愆祭的祭物:“将赎愆祭牲,就是羊群中一只没有残疾的公绵羊,牵到耶和华面前为赎愆祭。”(利5:15)

3)献祭人“因在圣物上的差错要偿还,另外加五分之一,都给祭司。祭司要用赎愆祭的公绵羊,为他赎罪,他必蒙赦免”。(利5:16)

4)赎愆祭的象征和预表:

①献祭人“从羊群中牵一只没有残疾的公绵羊来,给祭司作赎愆祭”。(利5:18)

②先知以赛亚曾预言说:我们都如羊走迷了路途,“耶

和华使我们众人的罪孽都归在他(耶稣)身上。他被欺压,在受苦的时候却不开口,他像羊羔被牵到宰杀之地。"(赛 53:6—7)

③使徒保罗说:"世人都犯了罪,亏缺了神的荣耀,如今却蒙神的恩典,因基督耶稣的救赎,就白白的称义。神设立耶稣为挽回祭,是凭着耶稣的血,借着人的信,要显明神的义。"(罗 3:23—25)

④使徒约翰说:"他(耶稣)为我们的罪作了挽回祭,不是单为我们的罪,也是为普天下人的罪。"(约壹2:2)

⑤约翰又说:"不是我们爱神,乃是神爱我们,差他的儿子,为我们的罪作了挽回祭,这就是爱了。"(约壹 4:10)

赎罪　　Atonement

1. 注释:

1)原文是"遮盖"的意思。圣经中赎罪的意义很广,包括整个旧约祭祀的条例和新约中基督的救赎工作。人赎罪必须靠血,若不流血,罪就不得赦免,须用无罪者的血遮盖、洗净人所犯的罪。

2)在旧约,献祭的人把手按在牲畜的头上,罪即归在祭牲身上,由祭牲被杀献祭,为他赎罪。

3)在新约,基督钉死在十字架上,所流出的宝血能使一切信他的人得以赎罪。基督所付生命的代价,同时也为旧约时代那些曾以牛、羊等祭物之血替罪的人赎清了罪债。

2. 圣经记载:

1)若有人献供物给耶和华,"他要按手在燔祭牲的头上,燔祭便蒙悦纳,为他赎罪。"(利 1:4)

2)耶和华告诉以色列百姓不可吃血,“因血里有生命,所以能赎罪”。(利 17:11)

3)基督“他为我们舍了自己,要赎我们脱离一切罪恶,又洁净我们,特作自己的子民,热心为善”。(多 2:14)

赎罪日　　Day of Atonement

1.注释:

古以色列民的律例:每年的七月十日为一年的大日,称为“赎罪日”。大祭司只有这天可以带着血进入至圣所献祭,为自己和全民赎罪。而民众要禁食、刻苦己心,为一年中无意或疏忽而犯的罪在神面前省察,由大祭司献上赎罪的祭。新约解释赎罪日为基督赎罪的预表。犹太人的禁食节就是赎罪日。

2.圣经记载:

1)“耶和华晓谕摩西说:‘七月初十是赎罪日,你们要守为圣会,并要刻苦己心,也要将火祭献给耶和华。当这日,什么工都不可作,因为是赎罪日,要在耶和华你们的神面前赎罪。’”(利 23:27—28)

2)“但现在基督已经来到,作了将来美事的大祭司,……并且不用山羊和牛犊的血,乃用自己的血,只一次进入圣所,成了永远赎罪的事。”(来 9:11—12)

赎罪祭　　Atoning Sacrifice(Sin Offering)

1.注释:

1)赎罪祭是旧约五祭之一,是用于无知犯的罪,(不是故意去犯罪),这样便可以献上赎罪祭,表示认罪,得蒙赦罪,被耶和华看为洁净。

2)赎罪祭不属于自愿,乃是神规定必献的祭。(故意犯的罪,赎罪祭并无功效。)

3)赎罪祭的原则是:

①由祭牲代死(牵祭牲到会幕门口)。

②献祭人认同(按手在祭牲的头上)。

③以死代赎(把祭牲宰于耶和华面前)。

4)赎罪祭的祭物是:

①小公牛:用于大祭司和全会众。(利 4:3,13—14)

②公山羊:用于官长(即民众的领袖)。(利 4:22—23)

③母山羊或绵羊羔:用于一般百姓。(利 4:27—32)

④斑鸠或雏鸽:用于贫穷人。(利 5:7)

⑤细面伊法十分之一:用于最穷的人。(利 5:11)

5)赎罪祭的特点是:

①为某些具体的罪(不是笼统而论的罪)所献的祭。

②把祭牲的皮肉与内脏搬到营外洁净的地方焚烧。

6)赎罪祭的象征:

①以祭牲的死,止息神的忿怒。

②将所认的罪,归到祭牲的身上。

7)赎罪祭的预表:

①基督代死救赎。

②基督在城外受苦,承担众人的罪孽。

2.圣经记载:

1)赎罪祭的条例:

①若有人在耶和华所吩咐不可行的什么事上误犯了,就当为他所犯的罪,把没有残疾的公牛犊,献给耶和华为赎罪祭。(利 4:1—35,5:1—13)

②为祭司献赎罪祭的条例。(利 6:24—30)

③祭司洁净祭坛的条例。(利 8:14—17)

④赎罪日大祭司为全以色列民献赎罪祭的具体条例。

(利 16:2—22)

2)赎罪祭是律法规定的:

①"以色列全会众,若行了耶和华所吩咐不可行的什么事,误犯了罪,是隐而未现,会众看不出来的,会众一知道所犯的罪,就要献一只公牛犊为赎罪祭,牵到会幕前。"(利 4:13—14)

②"官长若行了耶和华他神所吩咐不可行的什么事,误犯了罪。所犯的罪自己知道了,就要牵一只没有残疾的公山羊为供物,按手在羊的头上,宰于耶和华面前,宰燔牲的地方,这是赎罪祭。"(利 4:22—24)

3)赎罪祭的原则:献祭人"要牵公牛到会幕门口,在耶和华面前,按手在牛的头上,把牛宰于耶和华面前。"(利 4:4)

4)赎罪祭的特点:

①为某些具体的罪(不是笼统说的罪)而献的祭。(利 5:1—4)。

②"全公牛,要搬到营外洁净之地,倒灰之所,用火烧在柴上。"(利 4:12)

5)赎罪祭的象征:

①人有了罪的时候,就要承认所犯的罪。(利 5:5)

②以色列全会众若误犯了罪,就要献一只公牛犊为赎罪祭。(利 4:13—14)祭司要照他自己犯罪献祭时处理那头牛一样,来收拾会众所献的牛。(利 4:20,参看利 4:3—12)把牛的血弹洒在会幕和坛角(利 4:16—18),把牛的脂油烧在祭坛上。(利 4:19)而其余部分要搬到营外烧了。正像烧先前他(祭司)为自己的罪献的牛一样。(利 4:4,参看利 4:11—12)

[利 4:20—21 系参照原文及新译文引述]

6)赎罪祭的预表：

①"所以耶稣要用自己的血叫百姓成圣，也就在城门外受苦。"(来 13:12)

②"我们都如羊走迷，各人偏行己路，耶和华使我们众人的罪孽都归在他(耶稣)身上。"(赛 53:6)

③"如今那些在基督耶稣里的，就不定罪了。因为……神就差遣自己的儿子(耶稣)成为罪身的形状，作了赎罪祭。"(罗 8:1—3)

④"基督是无罪的，可是为了我们，神让他担负我们的罪，使我们借着他得以与神和好。"(林后 5:21 新译文)

⑤"因基督也曾一次为罪受死，就是义的代替不义的，为要引我们到神面前。"(彼前 3:18)

属血气　　Sensual

1.注释：

"属血气"的直译也可作"属魂的"、"属肉体的"、"肉体的"、"肉身的"、"世人"、"世俗的"。圣经中有时又译为"情欲"、"人性"。从圣经中的上下文看来，"属血气"有时指没有重生的人，他们没有复活的属灵的生命，没有经过圣灵的更新工作，仍是活在始祖所遗传的犯罪的生命中。另外，"属血气"也有时指虽已重生，但灵命很弱小，仍活在世俗中。请参看本书"肉体"条。

2.圣经记载：

1)"然而，属血气的人不领会神圣灵的事，反倒以为愚拙，并且不能知道，因为这些事惟有属灵的人才能看透。"(林前 2:14)

2)“我们虽然在血气中行事,却不凭着血气争战。我们争战的兵器,本不是属血气的,乃是在神面前有能力,可以攻破坚固的营垒。”(林后 10:3—4)

3)“因我们并不是与属血气的争战,乃是与那些执政的、掌权的、管辖这幽暗世界的,以及天空属灵气的恶魔争战。”(弗 6:12)

属灵　　Spirilual

1.注释:

圣经认为信徒在地位上应是属于圣灵的,在行事为人上若肯多体贴圣灵,遵行神的话,就实际成为属灵的人了。

2.圣经记载:

1)“弟兄们,我从前对你们说话,不能把你们当作属灵的,只得把你们当作属肉体,在基督里为婴孩的。”(林前 3:1)

2)“弟兄们,若有人偶然被过犯所胜,你们属灵的人就当用温柔的心把他挽回过来,又当自己小心,恐怕也被引诱。”(加 6:1)

3)属灵的人才能领会圣灵的事。“属灵的人能看透万事,却没有一人能看透了他。”(林前 2:14—16)

束腰　　Gird(one's)Loins

1.注释:

束腰是用带子把松散的衣袍扎紧在身,表示准备工作或战斗,不是休息、睡眠的样子。没有腰带束腰难以行路。圣经中束腰多表示有能力。

2.圣经记载:

1)大卫颂赞神说:“因为你曾以力量束我的腰,使我能争战,你也使那起来攻击我的,都服在我以下。”(撒下

22:40)

2)神所赐的全副军装包括“用真理当作带子束腰”。(弗6:14)

3)彼得说:“你们众人也都要以谦卑束腰,彼此顺服。”(彼前5:5)

术士　　Sorcerer

1.注释:

又称行巫术的、行邪术的、行法术的,或以占卜、观星象、念咒、划符等为业的人。因是通鬼的,常有超自然的法术。

2.圣经记载:

1)“摩西亚伦进去见法老,就照耶和华所吩咐的行,亚伦把杖丢在法老和臣仆面前,杖就变作蛇。于是法老召了博士和术士来,他们是埃及行法术的,也用邪术照样而行。他们各人丢下自己的杖,杖就变作蛇,但亚伦的杖吞了他们的杖。”(出7:10—12)

2)“那时以色列人在所杀的人中,也用刀杀了比珥的儿子术士巴兰。”(书13:22)

3)先知但以理被掳到巴比伦,“王考问他们一切事,就见他们的智慧聪明比通国的术士和用法术的胜过十倍。”(但1:20)

税吏　　Publican

1.注释:

税吏是为罗马政府征收税款的各级官吏或经办人员,这些人往往要凭借个人的财势或门路才能成为税吏,他们大多十分贪婪,除了征税之外,常有讹诈勒索。因此犹太人对税吏多有反感,非常轻视。圣经中常把“税吏和罪人”或“税吏和娼妓”同时相提并论。(太 9:10—11, 21:32)但马太和撒该两个税吏悔改认罪之后,却都成了耶稣的门徒。(太 9:9;路 19:1—9)正如耶稣所说的,他到世上来,正是“为要寻找拯救失丧的人”。(路 19:10)

2. 圣经记载:

1)有些税吏,要来受约翰的洗礼,“就问他说:‘夫子,我们当作什么呢?’约翰说:‘除了例定的数目,不要多取。’”(路 3:12—13)

2)法利赛人和文士向耶稣的门徒发怨言说:“你们为什么和税吏并罪人一同吃喝呢?”耶稣对他们说:“无病的人用不着医生。有病的人才用得着。我来本不是召义人悔改,乃是召罪人悔改。”(路 5:30—32)

说方言　　Speak in Strange Tongues

1. 注释:

方言本是指地方性语言。在新约圣经中说方言是圣灵的一种恩赐,各人有不同的领受:有的是蒙圣灵赐他原不会讲的别国语言,用来传讲福音讲说神的大作为(徒 2:11),如门徒在五旬节所领受的;也有的像保罗书信中所记,是在祷告的时候,说方言不是对人说,而是心灵里“讲说各样的奥秘”,“是造就自己”。(林前 14:2)

2. 圣经记载:

1)耶稣在复活升天前向门徒显现时,对他们说:“信的人必有神迹随着他们,就是奉我的名赶鬼,说新方言……”(可 16:17)

2)耶稣升天以后,五旬节到了,门徒在耶路撒冷聚集祷告。“忽然,从天上有响声下来,……他们就都被圣灵充满，按着圣灵所赐的口才，说起别国的话来。……众人都来聚集，各人听见门徒用众人的乡谈说话，就甚纳闷，都惊讶希奇说：‘看哪，这说话的不都是加利利人吗？我们各人怎么听见他们说我们生来所用的乡谈呢？’”当时有来自十多个地方的人，都听见门徒用自己的乡谈，讲说神的大作为。（徒2:1—12）

3)使徒彼得到百夫长哥尼流家里讲道时，圣灵降在一切听道的人身上，他们受了圣灵。彼得和同去的信徒“听见他们说方言，称赞神为大”。（徒10:44—48）

4)保罗说：“我感谢神，我说方言比你们众人还多，但在教会中，宁可用悟性说五句教导人的话，强如说万句方言。”（林前14:18）

5)说方言是圣灵随己意分给各人的恩赐。圣灵可“叫一个能行异能，又叫一人能作先知，……又叫一人能说方言，又叫一人能翻方言。这一切都是这位圣灵所运行随己意分给各人的。”（林前12:10—11）

6)当时哥林多教会偏重于追求说方言的恩赐，所以保罗劝勉信徒要追求更大的恩赐就是爱。（林前12:30，13:1）

7)保罗劝勉信徒说：“我愿意你们都说方言，更愿意你们作先知讲道，……我到你们那里去，若只说方言，不用启示……给你们讲解，我与你们有什么益处呢?”。（林前14:5—6）保罗还说：“也不要禁止说方言。”“凡事都要规规矩矩地按着次序行。”（林前14:39—40）

斯多亚　　Stoics

1.注释：

斯多亚是古代希腊的一个有名的哲学派别。斯多亚学派主张人应克苦自己，禁绝私欲。他们轻视财富而愿意过清淡的生活。他们承认神明是一切生命的根源，却不认识创造宇宙的耶和华是独一的真神。保罗在雅典传道时，曾和斯多亚学派的学者们一起辩论过。（徒 17:16—19）

2.圣经记载：

保罗曾针对着斯多亚派等人的看法讲道说："我看你们凡事很敬畏鬼神。我游行的时候，观看你们所敬拜的，遇见一座坛，上面写着'未识之神'。你们所不认识而敬拜的，我现在告诉你们：创造宇宙和其中万物的神，既是天地的主，就不住人手所造的殿，也不用人手服事，好像缺少什么；自己倒将生命、气息、万物赐给万人。他从一本造出万族的人，住在全地上。……其实他离我们各人不远；我们生活、动作、存留都在乎他。就如你们作诗的，有人说：'我们也是他所生的。'"（徒 17:22—28）

撕裂衣服　　Tear(one'sown)Clothes

1.注释：

是犹太人古时的风俗习惯，用撕裂自己的衣服以表示极度悲伤或忧愁、愤怒。有时也披麻布、蒙灰尘。

2.圣经记载：

1）以色列民进迦南地后，因亚干违背了耶和华的命令，使以色列民在艾城被敌人杀败。"约书亚便撕裂衣服，他和以色列的长老把灰撒在头上，在耶和华的约柜前，俯伏在地，直到晚上。"（书 7:6）

2）大卫王听说他儿子押沙龙把他的众子都杀了，"王就起来，撕裂衣服，躺在地上。王的臣仆也都撕裂衣服，站在旁边。"（撒下 13:30—31）

私欲　　Evil Desire(Lust)

1. 注释：

有时译作情欲、贪欲。圣经认为人内心不正直、不合神心意的欲望便是私欲，常被魔鬼利用而使人犯罪。

2. 圣经记载：

1)"所以不要容罪在你们必死的身上作王，使你们顺从身子的私欲。"(罗 6:12)

2)"你要逃避少年的私欲，同那清心祷告主的人追求公义、信德、仁爱、和平。"(提后 2:22)

巳初　　Nine O'clock in the Morning

1. 注释：

古时的时辰，相当于上午 9 时，是犹太人当日第一次祈祷献早祭的时分。

2. 圣经记载：

"他们带耶稣到了各各他地方(各各他翻出来就是髑髅地)，拿没药调和的酒给耶稣，他却不受，于是将他钉在十字架上，拈阄分他的衣服，看是谁得什么。钉他在十字架上是巳初的时候。"(可 15:22—25)

素祭　　Grain Offering

1. 注释：

1)素祭是旧约五祭之一，是以色列百姓自愿乐意献给厚赐百物的耶和华神的祭，是对耶和华神的敬拜，感谢神的供应，也可与燔祭，平安祭，赎罪祭同献。贫苦的人可单献素祭。也是馨香的火祭。

2)素祭的供物是：谷物、面粉、橄榄油、香料(乳香)，烤的饼、盐。不可加酵，不可加蜜。

3)素祭的特点是：不流血的祭物。但可与其他流血的祭物一同献上。

4)素祭的象征是奉献最好的(初熟物)给耶和华神。

2.圣经记载:

1)素祭的条例:

①献素祭的条例记载于利2:1—16。

②祭司对献素祭的程序,责任及余下的祭物应如何处理都记载于利6:14—23。

2)素祭的特点:

①"若有人献素祭为供物给耶和华,要用细面浇上油,加上乳香"。(利2:1)

②在五旬节向耶和华献素祭时"又要将一岁没有残疾的羊羔七只,公牛犊一只,公绵羊两只和饼一同奉上。这些与同献的素祭和奠祭,要作为燔祭献给耶和华,就是作馨香的火祭献给耶和华"。(利23:18)

3)"若向耶和华献初熟之物为素祭,要献上烘了的禾穗子,就是轧了的新穗子,当作初熟之物的素祭。"(利2:14)

所罗门的歌　　Song of Solomon

"所罗门的歌是歌中的雅歌"(歌1:1),即旧约的雅歌。雅歌全卷都是诗句对话,叙述"良人"与"佳偶"间的爱情。但虔信基督真道的基督徒都认为,这是预表基督对教会或信徒的宠爱,以及教会或信徒对基督的爱心和忠贞。

所罗门的廊　　Solomon's Porch

1.注释:

所罗门建造圣殿的时候,曾经修建了这一走廊。以后犹大亡国,圣殿被毁。历史记述耶稣降生前希律王为了讨好犹太人重新建圣殿时,也重修了这一走廊。所罗门的廊位于圣殿的东侧，犹太人常在这里聚集。

2. 圣经记载：

1)耶稣曾在所罗门的廊下向众人讲道，说明自己是神的儿子，能赐给人永生，因此犹太人竟想用石头打死他。(参看约 10:22—39)

2)彼得和约翰医好了一个生来是瘸腿的人，并且在所罗门的廊下向众人讲道，说明耶稣是死而复活的生命的主。"听道之人有许多信的，男丁数目约到五千。"但犹太人的祭司们却拿住了彼得、约翰，恐吓他们。(参看徒 3:1—22，4:1—4)

3)信徒们在所罗门的廊下同心合意地兴旺福音。"信而归主的人越发增添，连男带女很多。"但犹太人的大祭司再一次囚禁了使徒们。(徒 5:12—14)

T

他连得　　Talent

他连得是古时以色列人使用的重量单位和货币单位。一他连得约合 30 公斤。币制的换算则不定。

坛(祭坛)　　Altar

1. 坛是用土块或石头堆建的高台。圣经中提到的坛，大多是指用来献祭的祭坛。

2. 以色列的列祖如挪亚、亚伯拉罕、以撒，雅各等人，常因敬拜神的需要，随地建坛求告、敬拜耶和华。(创 8:20，12:7，22:9，26:25，35:1—7)

3. 以色列人出埃及后，耶和华在西乃山上向摩西晓谕了建

造祭坛的法则。(出 27:1—8,请参看本书“祭坛”条)

4.异族人也有他们向假神献祭的坛,圣经中常把它叫作“邱坛”。(请参本书“邱坛”条)

5.保罗在雅典传道时,曾看到当地有一座坛,上面写着“未识之神”。于是保罗便借此向当地人讲述独一无二真神的道理。(徒 17:23—28,请参看本书“斯多亚”条)

炭火堆在他的头上　　Heap Burning Coals on His Head

1.注释:

本为埃及的一种赎罪仪式,犯了罪的人把一盆炭火顶在头上表示悔悟。圣经中引用此语是以此说明不要报复仇敌,而应该以德报怨,用德和爱为炭火,使仇敌被感化,真心悔悟。

2.圣经记载:

1)所罗门的箴言,是犹大王希西家的人所誊录的:“你的仇敌若饿了,就给他饭吃,若渴了,就给他水喝。因为你这样行,就是把炭火堆在他的头上,耶和华也必赏赐你。”(箴 25:21—22)

2)保罗勉励信徒:不要以恶报恶;不要自己伸冤,宁可让步,因为“主说:‘伸冤在我,我必报应。’所以,你的仇敌若饿了就给他吃;若渴了,就给他喝。因为你这样行,就是把炭火堆在他的头上。你不可为恶所胜,反要以善胜恶。”(罗 12:17—21)

逃城　　City of Refuge

1.注释:

古以色列人按摩西的话分出城来,使误杀了人的可以逃到此城躲避报复,以待接受公正的审判。

2.圣经记载:

“耶和华晓谕摩西说：‘你吩咐以色列人说：你们过约旦河，进了迦南地，就要分出几座城，为你们作逃城，使误杀人的可以逃到那里。这些城可以作逃避报仇人的城，使误杀人的不至于死，等他站在会众面前听审判。你们所分出来的城，要作六座逃城。在约旦河东要分出三座城，在迦南地也要分出三座城，都作逃城。”(民 35:10—14)

提别月　　Tebeth

提别月是犹太历的十月，约在公历 12 月与下一年的 1 月间。(斯 2:16)

天国　　Heaven,　Kingdom of God

1.注释：

就是神的国，在马太福音多称天国。是神掌权的国度，是属灵的，不属世界。(约 18:36)借着神的儿子耶稣基督的降生，替死与复活，使人因信耶稣得重生，就能进天国作属神的子民。(彼前 2:9)

2.圣经记载：

1)“那时，有施洗的约翰出来，在犹太的旷野传道，说：‘天国近了，你们应当悔改！’”(太 3:1—2)“神的国近了；你们当悔改，信福音。”(可 1:15)

2)“耶稣走遍加利利，在各会堂里教训人，传天国的福音，医治百姓各样的病症。”(太 4:23)

3)耶稣说：“我实在告诉你们：你们若不回转，变成小孩子的样式，断不得进天国。所以，凡自己谦卑像这小孩子的，他在天国里就是最大的。”(太 18:3—4)

4)“这天国的福音要传遍天下，对万民作见证，然后末期才来到。”(太 24:14)

5)“主必救我脱离诸般的凶恶，也必救我进他的天国。”

（提后 4:18）

天父　　Father in Heaven

1. 注释：

指天上的父神，圣经认为：耶稣是神的儿子，耶稣称神为父，人因相信耶稣基督得称为神的儿女，称神为天父，即天上的父亲、父神；也可称神为阿爸父。

2. 圣经记载：

1)耶稣说："凡遵行我天父旨意的人，就是我的弟兄姐妹和母亲了。"（太 12:50）

2)耶稣说："你们虽然不好，尚且知道拿好东西给儿女；何况天父，岂不更将圣灵给求他的人吗？"（路 11:13）

天堂　　Heaven

1. 注释：

希腊原文为 ouranos，在新约圣经中出现数百次之多。一般译为"天上"，也有译为"天国"的，只有两处译为"天堂"。圣经认为：信耶稣的人已经得救，不再灭亡。耶稣已经为信徒预备了地方，就是天堂，是信徒与主一同永远居住的地方。

2. 圣经记载：

1)"耶稣已进入天堂，在神的右边；众天使和有权柄的，并有能力的，都服从了他。"（彼前 3:22）

2)"因为基督并不是进了人手所造的圣所，乃是进了天堂，如今为我们显在神面前。"（来 9:24）

天使　　Angel

1. 注释：

原义为使者，是受造的。天使在天上事奉神，是服役的灵，为承受救恩的人效力，有时神差遣天使以人的形象来到地上作神的工，基路伯也是天使。不可敬拜天使。天使有善恶之分：

1)属神的天使：受耶和华的差遣为信徒服役，他们的职责是保护、引导、责备、管教信徒，也可代替神降灾于人。

2)属撒但的差役：他们会装作光明的天使，为那恶者往来奔跑，迷惑人、教人犯罪，他们也攻击信徒。将来，犯罪的天使要被丢在地狱里受审判，因神不救拔天使。

2. 圣经记载：

1)天使报佳音。“在伯利恒之野地里有牧羊的人，夜间按着更次看守羊群。有主的使者站在他们旁边，主的荣光四面照着他们；牧羊的人就甚惧怕。那天使对他们说：‘不要惧怕！我报给你们大喜的信息，是关乎万民的；因今天在大卫的城里，为你们生了救主，就是主基督。’”(路 2:8—11)

2)天使领罗得出所多玛。“天使催逼罗得说：‘起来！带着你的妻子和你在这里的两个女儿出去，免得你因这城里的罪恶，同被剿灭。’”(创 19:15)

3)“天使岂不都是服役的灵，奉差遣为那将要承受救恩的人效力吗？”(来 1:14)

4)保罗论到假使徒说：“这也不足为怪，因为连撒但也装作光明的天使。所以他的差役，若装作仁义的差役，也不算希奇。他们的结局必然照着他们的行为。”(林后 11:14—15)

5)“就是天使犯了罪，神也没有宽容，曾把他们丢在地狱，交在黑暗坑中，等候审判。”(彼后 2:4)

6)“那时，主耶稣同他有能力的天使从天上在火焰中显现，要报应那不认识神和那不听从我主耶稣福音的

人。"(帖后 1:7—8)

天使长　　Archangel

1.注释:

圣经中提到的天使长仅为天使职任的一种,而并非是天使的首领。常出现的有两位:

1)加百列:可称作天使长,意为"神的人",多是奉神差遣报好信息的。

2)天使长米迦勒:意为"像神的",多为争战的事效力。

2.圣经记载:

1)天使长捍卫以色列。"那时,保佑你本国之民的天使长米迦勒必站起来,并且有大艰难,从有国以来直到此时,没有这样的。"(但 12:10)

2)"我们现在照主的话告诉你们一件事:我们这活着还存留到主降临的人,断不能在那已经睡了的人之先;因为主必亲自从天降临,有呼叫的声音和天使长的声音,又有神的号吹响;那在基督里死了的人,必先复活。以后我们这活着还存留的人,必和他们一同被提到云里,在空中与主相遇。这样,我们就要和主永远同在。"(帖前 4:15—17)

3)加百列预言将赐给祭司撒迦利亚一个儿子,就是为耶稣预备道路的施洗约翰。(路 1:19)

铜海　　Brazen Sea

1.注释:

所罗门建造圣殿时,铸了一个铜海,即盛水的铜池子。池为圆形,高约 2.2 公尺,圆周约 13.4 公尺;池的周围以铜铸的野瓜为装饰,底座由 12 只铜牛驮着,三只一组,分别向着东西南北四个方向。铜海内所盛的水是为祭司供职前作洁身之用。铜海放在祭坛与廊柱之间，在圣殿的内院。

2. 圣经记载：

1)所罗门王召铜匠户兰来，让他“铸一个铜海，样式是圆的，高五肘，径十肘，围三十肘。在海边之下，周围有野瓜的样式，每肘十瓜，共有两行，是铸海的时候铸上的。有 12 只铜牛驮海：三只向北，三只向西，三只向南，三只向东。海在牛上，牛尾都向内。”(王上 7:23—25)

2)犹大国败亡之时，巴比伦王的护卫长、尼布撒拉旦毁坏了圣殿。“耶和华殿的铜柱并殿内的盆座和铜海，迦勒底人都打碎了，将那铜运到巴比伦去了。”(耶 52:17)

铜蛇　Brass Serpent, Brazen Serpent

1. 注释

1)铜蛇乃是神叫摩西制造的蛇形铜像，挂在杆子上，使被火蛇咬伤的以色列人，抬头一望这铜蛇就得以存活。(民 21:4—9)

2)但后来以色列人却把铜蛇当做偶像向它烧香，这是违背神的诫命的。因此犹大王希西家在废除众偶像时，便打碎了铜蛇。(王下 18:3—4)

3)耶稣在世时曾说：摩西在旷野怎样举起铜蛇挂在木杆上，使以色列人因信仰望，即可得救。耶稣自己也要被悬挂在十字架上替人赎罪，使人信靠他而得永生。(约 3:14)

2. 圣经记载：

1)以色列“百姓因这路难行，心中甚是烦燥就怨讟神和摩西。……于是耶和华使火蛇进入百姓中间，蛇就咬他们。以色列人中死了许多。百姓到摩西那里说：‘我们怨讟耶和华和你，有罪了。求你祷告耶和华，叫这些蛇离开我们。'于是摩西为百姓祷告。……摩西便制造一条铜蛇，挂在杆子上。凡被蛇咬的，一望这铜蛇，就活了。"（民 21:4—9）

2）希西家"打碎摩西所造的铜蛇，因为到那时以色列人仍向铜蛇烧香"。（王下 18:3—4）

3）耶稣说："摩西在旷野怎样举蛇，人子[①] 也必照样被举起来。叫一切信他的都得永生。"（约 3:14—15）

土明　　Thummim

请参看本书"乌陵"条。

土人　　Barbarian

"土人"的希腊文原意即是"野蛮人"、"异族人"、"不文明的人"。只在使徒行传 28 章 2、4 两节中见到"土人"的译法，实际上与罗 1:14 及西 3:11 中的"化外人"是同一个词，与林前 14:11 中的"化外之人"也是同一个词。请参看本书"化外人"条。

W

外邦人　　Gentiles

1. 注释：

1）犹太人把本族以外的人都称作"外邦人"。（罗 2:14）

2）犹太人本是神特别拣选的子民，本应在信仰和习俗上成为外邦人的光。（赛 49:6）但犹太人却自高自大，他

① "人子"指耶稣自己，请参看本书"人子"条。

们使用的“外邦人”一词，常带有轻视外族人的意味。实际上，万国万民都是可以承受神的救恩的。(赛2:2—4)

2.圣经记载：

1)耶稣降世时，西面称颂神说，耶稣“是照亮外邦人的光”，又是“以色列的荣耀”。(路2:32)

2)保罗说：“难道神只作犹太人的神吗？不也是作外邦人的神吗？是的，也作外邦人的神。”(罗3:29)

挽回祭　　Propitiation

1.注释：

有赎罪与和解的双重意思。神向罪人应发的愤怒，因着耶稣基督的死及流血，替罪人挽回了，既洗去了人的罪，也消除了神的忿怒。

2.圣经记载：

1)“神设立耶稣作挽回祭，是凭着耶稣的血，借着人的信，要显明神的义；因为他用忍耐的心宽容人先时所犯的罪。”(罗3:25)

2)“我小子们哪，我将这些话写给你们，是要叫你们不犯罪。若有人犯罪，在父那里我们有一位中保，就是那义者耶稣基督。他为我们的罪作了挽回祭，不是单为我们的罪，也是为普天下人的罪。”(约一2:1—2)

晚餐(主的晚餐)　　(Lord's)Supper

1.“晚餐”一词在中文和合本圣经中只出现过一次。经文是“主的晚餐”。(林前11:20)“晚餐”常被认为是耶稣被卖的那一夜与门徒同时用饭的那一次晚餐。也称作“最后的晚餐”或“圣餐”。

2.实际上“晚餐”的希腊原文还有“筵席”的意思。在太23:

6、约 13:4、路 14:16、启 19:9、启 19:17 等处分别被译作"筵"、"席"或"筵席"。使徒时代的信徒们常常共同用饭(徒 2:46,6:2;林前 11:33)。犹大书中也称作"爱席"(犹 12),往往同时掰饼记念耶稣最后晚餐时所说的话。(太 26:26—28;林前 11:23—29)但后来信徒日益增多,共同用饭的问题也陆续出现,(徒 6:1;林前 11:21)便逐渐停止共同吃饭,而仅只聚会掰饼记念耶稣为信徒的受难。(徒 20:7)掰饼聚会也有人称为"领受主的晚餐"或"领圣餐"。

万军之耶和华(万军之主)　　Jehovah of Hosts

1. 注释:

意指天上地下万物万象都由耶和华神为主为王。

2. 圣经记载:

1)"万军之耶和华与我们同在。雅各的神是我们的避难所。"(诗 46:7,11)

2)"若不是万军之主(万军之耶和华)给我们存留余种,我们早已像所多玛、蛾摩拉的样子了。"(罗 9:29,参看赛 1:9)

3)"工人给你们收割庄稼,你们亏欠他们的工钱;这工钱有声音呼叫。并且那收割之人的冤声已经入了万军之主的耳了。"(雅 5:4)

妄作见证　　Give False Evidence(或 Be Unrighteous Witness)

1. 注释:

就是作假见证,为耶和华所憎恶。

2. 圣经记载:

1)"不可随伙布散谣言,不可与恶人连手妄作见证。"(出

23:1)

2)大卫的诗:“求你不要把我交给敌人,遂其所愿;因为妄作见证的和口吐凶言的,起来攻击我。”(诗 27:12)

妄自行割　　False Circumcision

1.注释:

犹太人行割礼,本是神与他们立约的记号。但有些人是随自己的意思来行割礼,以表示在自己身上有了割礼的记号。其实这不是遵行律法,也不算是受割礼,而是自己妄行,不能代表神在人心灵里真正的工作。

2.圣经记载:

“应当防备犬类,防备作恶的,防备妄自行割的;因为真受割礼的,乃是我们这以神的灵敬拜,在基督耶稣里夸口,不靠着肉体的。”(腓 3:2—3)

文士　　Scribe(或 Teacher)

1.注释:

是犹太人的宗教职任,专门宣讲律法、诵读圣经、誊写圣经。犹太人在被掳到巴比伦前(约公元前 586 年),文官、武官均称文士,被掳后武官已无权,仅存文官亦称文士。圣经记述,耶稣和门徒传道时期的文士虽有宗教职任,却背叛了神。他们自以为有智慧,固守人的遗传,却废了神的诫命。耶稣称他们是假冒为善的人,因为他们用嘴唇亲近主,心却远离主。(太 15:1—8)

2.圣经记载:

1)祭司以斯拉(公元前 397 年)“是敏捷的文士,通达耶和华以色列神所赐摩西的律法书,王允准他一切所求的,是因耶和华他神的手帮助他”。亚达薛西王降旨,准他率以色列民回耶路撒冷,重新修建圣城和圣殿。他“定

志考究遵行耶和华的律法，又将律例典章教训以色列人”。（拉 7:6—28）

2）先知耶利米责备当时的文士说：“看哪！文士的假笔舞弄虚假，……他们弃掉耶和华的话，心里还有什么智慧呢？……他们从最小的到至大的，都一味地贪婪；……他们轻轻忽忽地医治我百姓的损伤，说：‘平安了！平安了！’其实没有平安。”（耶 8:8—12）

3）马太、马可、路加三卷福音书中记载了文士的许多罪恶，他们与法利赛人联合对付耶稣和门徒，他们常常试探耶稣，想借耶稣和门徒的话，找把柄害他们。文士在犹太人中是有宗教地位的。耶稣教导众人和门徒，凡他们按圣经的教训所吩咐的话都要听，“但不要效法他们的行为，因为他们能说不能行。”耶稣在马太福音第23章斥责了文士和法利赛人的假冒为善。耶稣说，他们有祸了，自己不进天国，也不容别人进去；他们勾引人入教，却使他作地狱之子。耶稣说，他们是“瞎眼领路的”，是“假冒为善的文士”，外面好看，里面却装满了一切的污秽；他们“是杀害先知者的子孙”。（太 23:1—15，19—23）

4）祭司长和文士想法子杀害耶稣，（路 22:2）终于通过耶稣的门徒、加略人犹大，把耶稣出卖给他们。他们又在公会和大祭司该亚法那里，以假见证控告耶稣，要治死他。（太 26:57—59）

5）当耶稣被罗马巡抚定了罪，并照他们的要求被钉在十字架上的时候，文士也来讥笑、戏弄耶稣，因为他们不信耶稣是神的儿子。（太 27:41—43）

乌陵(和土明)　　Urim(and Thummim)

1.注释:

1)乌陵和土明是古时以色列人用来求神决断疑难事件的物品。(民27:21,撒上28:6)乌陵的希伯来原文有"否定"的含义,土明的原文有"肯定"的含义。

2)大祭司进圣所的时候,在所穿的圣衣(以弗得)上,要用以弗得的环子把胸牌的环系住(胸牌约20公分见方)。并且把乌陵和土明放在胸牌里。(出28:28—30)

2.圣经记载

1)"扫罗求问耶和华,耶和华却不借梦,或乌陵,或先知回答他。"(撒上28:6)

2)"省长对他们说:'不可吃至圣的物,直到用乌陵和土明决疑的祭司兴起来。'"(拉2:63)

无花果树　　Fig Tree

1.注释:

圣经中常以无花果树象征以色列国。无花果树是一种能生长较高的果树,其叶子粗厚,树阴浓密,每年春暖时发芽,其果子不开花,与叶芽同时生长,叶子渐长,果子也大。到夏初叶子茂盛时,初熟的果子已可食用,直到秋季,果子陆续成熟。果味甜,不生虫,冬季叶子枯落。

2.圣经记载:

1)耶稣以无花果树的复苏预示耶稣再来,"你们可以从无花果树学个比方:当树枝发嫩长叶的时候,你们就知道夏天近了。这样,你们看见这一切的事,也该知道人子近了,正在门口了。"(太24:32—33)

2)耶稣用比喻说:"一个人有一棵无花果树,栽在葡萄园里。他来到树前找果子,却找不着,就对管园的说:'看

哪！我这三年来到这无花果树前找果子，竟找不着。把它砍了吧，何必白占地土呢！”（路 13:6—7）

五旬节（七七节、[初熟节]、收割节） Pentecost

1. 注释：

1）“五旬节”的原文是“第 50”，因为它恰在逾越节后的第 50 日。（利 23:15—16）耶稣于逾越节受难成为被杀的羔羊，死而复活 40 天后升天。（徒 1:3—11）其后门徒们同心合意恒切祷告了约十天，五旬节到了，圣灵降临在门徒们身上，他们被圣灵充满放胆传道。（徒 2:1—4）

2）在旧约时代，五旬节也是犹太人的第二大节日。因为从逾越节后安息日的次日算起，到第七个安息日的次日便是这一节日，所以它又叫“七七节”。（利 23:15—16，代下 8:13）它的时间在犹太历三月（西弯月），约相当于阳历 5、6 月。这时当地小麦初熟已须收割，所以这一节日又叫“初熟节”或“收割节”。（出 23:16—19）。在这一节日期间，犹太人要庆祝小麦的收割，并用发酵的新麦面作饼献祭。详见本书“收割节”条。

2. 圣经记载：

1）旧约论到五旬节时说：“正月十四日黄昏的时候，是耶和华的逾越节”。（利 23:5）“你们要从安息日的次日，献禾捆为摇祭的那日算起，要满了七个安息日。到第七个安息日的次日，共计五十天。”（利 23:15—16）

2）新约提到五旬节时说：“五旬节到了，门徒都聚集在一处。……他们就都被圣灵充满，……彼得和十一个使徒站起，高声”传讲耶稣是死而复活的救主。“那一天，门徒约添了三千人。”（徒 2:1—41）

悟性　　Understanding, Mind

1. 注释：

1)“悟性”乃是指人的“心思”、“意向”、“心智”、“分辨的能力”，或“领悟”、“了解”。

2)歌罗西书1章9节中所说的“悟性”，原文意为“知识”、“智力”、“才智”、“领悟”、“了解”。圣经中有时译作“聪明”(林前1:19;提后2:7)，有时译作“深知”(弗3:4)，或“智”(可12:33)，英文译作 understand。

3)哥林多前书14章14—15节中的“悟性”，原文意为“心思”、“意向”、“心智”、“分辨能力”。圣经中有时译为“心”，(林前2:16)或“心志”。(弗4:23)英文译作 mind。

2. 圣经记载：

1)“因为神是全地的王，你们要用悟性歌颂。”(诗47:7)

2)保罗不住地为门徒祈求说：“愿你们在一切属灵的智慧悟性上，满心知道神的旨意；好叫你们行事为人对得起主。”(西1:9—10)

3)保罗说：“那说方言的，就当求着能翻出来。我若用方言祷告，是我的灵祷告；但我的悟性没有果效。这却怎么样呢？我要用灵祷告，也要用悟性祷告；我要用灵歌唱，也要用悟性歌唱。”不然，若只用方言祷告感谢，即使那种祷告感谢是好的，却也不能造就别人，所以保罗说：“宁可用悟性说五句教导人的话，强如说万句方言。”(林前14:13—19)

X

西弗月　　　Ziv

1. 注释：

西弗月是犹太历的二月，约在阳历的4、5月间。

2. 圣经记载：

“所罗门作以色列王第四年西弗月，就是二月，开工建造耶和华的殿。”(王上6:1)

西弯月　　　Sivan

1. 注释：

西弯月是犹太历的三月，约在阳历的5月至6月间。犹太人的五旬节(又名七七节、收割节、初熟节)即在西弯月内。

2. 圣经记载：

“三月，就是西弯月，二十三日”，亚哈随鲁王写谕旨，准许犹大人“聚集保护性命，剪除杀戮灭绝那要攻击犹大人的一切仇敌”。(参看斯8:9—12)

希伯来人　　　Hebrew

1. 注释：

1)希伯来人的原意是“渡河而来的人”。(书24:2—4)意指蒙神选召离开迦勒底、渡过伯拉大河、进入迦南的亚伯兰家族。(创11:31—创12:5)圣经上第一次出现的“希伯来人”一词，乃是“希伯来人亚伯兰”(即亚伯拉罕)。(创14:13)

2)亚伯拉罕的孙子以色列全家下到埃及以后，他们的后裔“以色列人”即与“希伯来人”成为近义词语，时常互相代用(参看出 1:15—22);直到希伯来人建国前,“希伯来人”与“以色列人”几乎成了同义词而交替使用。(参看撒上 4:5—6)

3)希伯来人建立以色列国不久,他们的第一位国王扫罗死后,扫罗的儿子伊施波设仍然作以色列王。(撒下 2:8—10)但以色列族中犹大支派的人却拥立大卫作了犹大王。(撒下 2:4)七年半之后,伊施波设被杀(撒下 4:5—7),大卫便作了以色列和犹大的王。(撒下 5:4—5)

4)大卫死后他的儿子所罗门继位,圣经中即出现了“犹大人和以色列人”这样相提并论的记述。(王上 4:20—21)所罗门死后,由希伯来人组建的以色列和犹大联合王国分裂。其后圣经中曾一度分别提到“以色列人”和“犹大人”。(王上 12:20,参看代下 13:13—18)但耶稣降生前,希腊帝国与罗马帝国相继称霸于世。在希腊文的影响下,“犹大人”便逐渐被称为“犹太人”。因此在新约及近代书文中,“希伯来人”、“以色列人”和“犹太人”几乎已成为同一含义的用语。

5)就“希伯来人”的整体及全族而论,他们应是被神特选敬奉独一真神的人。

2. 圣经记载:

1)保罗曾说:“他们是希伯来人吗?我也是。他们是以色列人吗?我也是。”(林后 11:22)

2)保罗也曾说过:“我原是犹太人,生在基利家的大数。”(徒 22:3)

希利尼人　　Grecians

指希腊族人或说希利尼话(希腊语)的犹太人。(徒 6:1)

保罗常向这些人传道。(参看徒 9:29,14:1,18:4,19:10,20:21)

希律党　　Herod's Party

希律党是耶稣降生前后由犹太人组织的一个党派。他们主张犹太人应当由希律家族的人统治,反对罗马的管辖。希律党是反对耶稣的。当年一些希律党的人曾和法利赛人一起去巧言盘问耶稣,想要就着耶稣的话陷害他。(太 22:15—18,参看可 3:6)

希耳米　　Hermes

1. 注释:

希耳米是古代希腊一个假神的名字。它的希腊文原意是"众神的使者",希腊人也把它叫作"雄辩的神"。

2. 圣经记载:

当年保罗和巴拿巴在路司得传道时,曾医治了一个生来瘸腿的人。因此当地人把保罗当做神明希耳米,要给保罗和巴拿巴献祭。保罗对他们说:"我们也是人,性情和你们一样,我们传福音给你们,是叫你们离弃这些虚妄,归向那创造天、地、海和其中万物的永生神。"(徒 14:8—15)

禧年　　Jubilee

1. 注释:

禧年是以色列人出埃及后耶和华神向摩西宣告的圣年。每 50 年为一个禧年。是希伯来人向自卖为奴的,宣布自由的圣年,也叫恩年。这年各人要归自己的地业,因贫困而卖的地,得以归还卖主。这一年不耕地,也不收割,吃地中自出的土产。以赛亚预言,耶稣基督降世,将是被罪压制的人得自由的禧年。(路 4:17—19)

2. 圣经记载：

1) 耶和华在西乃山对摩西说："你要计算七个安息年，……共是四十九年。当年七月初十日，你要大发角声；这日就是赎罪日，要在遍地发出角声。第五十年，你们要当作圣年，在遍地给一切的居民宣告自由。这年必为你们的禧年，各人要归自己的产业，各归本家，第五十年要作为你们的禧年。这年不可耕种，地中自长的，不可收割；没有修理的葡萄树，也不可摘取葡萄；因为这是禧年，你们要当作圣年，吃地中自出的土产。……彼此不可亏负。……我的律例你们要遵行，我的典章你们要谨守，就可以在那地上安然居住。……我必在第六年，将我所命的福赐给你们，地便生三年的土产。"(利 25:8—22)

2) 古时以色列的本族人若渐渐贫穷，卖了他的地业无能力赎回，到了禧年，地业要出买主的手，自己便归回自己的地业。(利 25:28)但城内的房屋若卖出，一年内未能赎回的，到了禧年也不得出买主的手。只有利未人的房屋要出买主的手，因为利未人没有分得地业。(利 25:33—34)因穷乏自卖的奴仆到了禧年，他和他的儿女要一同离开买主，归回本家，到自己祖宗的地业去。(利 25:39—55)

3) 先知以赛亚预言了这禧年，是表明耶稣基督的降世。(赛 61:1—2)约七百年后，耶稣在自己的家乡拿撒勒的会堂里宣读以赛亚书说："主的灵在我身上，因为他用膏膏我，叫我传福音给贫穷的人；差遣我报告：被掳的得释放，瞎眼的得看见，叫那受压制的得自由，报告神悦纳人的禧年。"耶稣说明今天这预言已经应验在犹

太人耳中了。(路 4:16—21)

洗礼(浸礼)　　Baptism

1. 注释:

1)"洗礼"的希腊原文与"浸礼"、"浸洗"、"洗涤"都是同一个词根。

2)洗礼(或浸礼)不是旧约的礼仪,乃是耶稣降生后,为耶稣预备道路的约翰首先在旷野传讲"悔改的洗礼,使罪得赦"。说明人必须悔改得救再接受洗礼,不然徒受形式的洗礼是不能使罪得赦的。(可 1:1—4)

3)耶稣也曾"在约但河里受了约翰的洗。他从水里一上来,就看见天裂开了,圣灵仿佛鸽子,降在他身上"。因此有人推论洗礼的方式,乃是受洗者由施洗者扶托,先全身浸在水中,再从水里上来,所以也称为"浸礼"。(参看可 1:9—10)

4)接受洗礼的意义:

①表明受洗者已经认罪悔改信靠耶稣为救主,所以"奉耶稣基督的名受洗"。(徒 2:37—38;林前 6:11)

②表明受洗者未曾悔改之前的旧人罪身已经与耶稣同钉十字架。这一基督徒浸入水中,乃是借着浸礼表示自己与基督同死同理葬。从水里上来乃是像基督从死里复活一样,其后一举一动要有新生的样式。(罗 6:3—11;西 2:12)

③表明受洗者受洗后即是加入了教会,与众圣徒合为一体,共同建立教会(即基督的身体)。(林前 12:13;弗 4:5—12)

2. 圣经记载:

1)"那时,有施洗的约翰出来,在犹太的旷野传道,说:'天

国近了！你们应当悔改。'"有许多人"都出去到约翰那里，承认他们的罪，在约但河里受他的洗"。（太 3:1—6）

2)"耶稣从加利利来到约但河，……耶稣受了洗，随即从水里上来。……从天上有声音说：'这是我的爱子，我所喜悦的。'"（太 3:13—17）

3)耶稣复活升天之前对门徒们说："你们要去使万民作我的门徒，奉（圣）父（圣）子圣灵的名给他们施洗。凡我所吩咐你们的，都教训他们遵守，我就常与你们同在，直到世界的末了。"（太 28:18—20）

细罢特月　　Shebat

1. 注释：

细罢特月是犹太历十一月，在阳历 1 月至 2 月间。

2. 圣经记载：

"大利乌第二年十一月，就是细罢特月，二十四日，耶和华的话临到"先知撒迦利亚。（亚 1:7）

细拉　　Selah

"细拉"在古时以色列乐曲中表示"暂时停顿"或"曲调将有变化"。在诗篇及哈巴谷书中共出现七十余次。（请参看诗 3:2，4:2；哈 3:3 等处。）

细麻衣　　Fine Linen

1. 注释：

古时埃及法老王宫里，以穿细麻衣为朝服。圣经中耶和华神指示摩西，祭司在圣殿里供职的时候，都要穿着细麻所织的衣服。天使是穿光明洁白的细麻衣。将来信徒也穿细麻衣，这细麻衣乃是信徒照耶和华神所吩咐的一切话，谨守遵行，也就是信徒所行的义。

2.圣经记载：

1)穿细麻衣为祭司的定例，“他们进内院门，必穿细麻衣。在内院门和殿内供职的时候，不可穿羊毛衣服。他们头上要戴细麻布裹头巾，腰穿细麻布裤子。”(结 44:1—18)

2)“羔羊婚娶的时候到了，新妇也自己预备好了，就蒙恩得穿光明洁白的细麻衣。这细麻衣就是圣徒所行的义。”(启 19:7—8)

先见　　Seer

1.注释：

希伯来文含有“神托”的意思。就是神托人说话，神使人先看见未来的事。“先见”是先知较古的一个称呼，旧约圣经在撒母耳以后，先见也称为先知，是传神的旨意和教训的。

2.圣经记载：

1)“从前以色列中，若有人去问神，就说，我们问先见去吧！现在称为先知的，从前称为先见。”(撒上 9:9)

2)耶和华借众先知、先见，劝戒以色列人和犹大人，说：“当离开你们的恶行，谨守我的诫命律例，遵行我吩咐你们列祖，并借我仆人众先知所传给你们的律法。”(王下 17:13)

先知　　Prophet

1.注释：

也称为“先见”，古希伯来人也称先知为“神人”。先知是神的代言人，把神的旨意传给人，神使他能看见异象，明白将来要发生的事。神也使先知能行神迹、奇事。

2.圣经记载：

1)圣经中第一次提到先知是亚伯拉罕,(创 20:7)后来有摩西以及女先知米利暗。(出 15:20)摩西是神所重用的先知,“以后以色列中再没有兴起先知像摩西的。他是耶和华面对面所认识的”。(申 34:10)

2)“耶和华立撒母耳为先知。耶和华又在示罗显现,因为耶和华将自己的话默示撒母耳,撒母耳就把这话传遍以色列地。”(撒上 3:19—21)

3)自撒母耳开始,犹大与以色列国中历代都有先知传耶和华神的话,给王和众民听,并多行神迹、奇事。以利沙在饥荒年以二十个大麦饼,照耶和华所说的给一百人吃饱了,还有剩下。(王下 4:42—44)

4)亚哈王的妻子耶洗别杀神的先知,但亚哈的家宰“俄巴底甚是敬畏耶和华,耶洗别杀耶和华众先知的时候,俄巴底将一百个先知藏了,每五十人藏在一个洞里,拿饼和水供养他们。”(王上 18:2—4)

5)曾有历史记述说,公元前 6—8 世纪的先知耶利米、以赛亚都因忠实传讲神的话,而遭杀害。耶稣对假冒为善的文士和法利赛人说:“你们建造先知的坟,修饰义人的墓,说:‘若是我们在我们祖宗的时候,必不和他们同流先知的血。’”耶稣知道他们仍在效法他们祖宗的恶行,所以耶稣又说:“耶路撒冷啊!你常杀害先知,又用石头打死那奉差遣到你这里来的人。”(太 23:29—37)

6)旧约圣经从以赛亚书到玛拉基书均为先知所写,被称为先知书,其中许多处的预言,在后来的时代逐渐应验了。四福音书记载“应验了先知所说的话”达数十次之多。正如彼得对众人讲说:“基督耶稣降临,……就是神从创世以来，借着圣先知的口所说的。摩西曾说：‘主神要从你们弟兄中间给你们兴起一位先知像我，凡他向你们所说的，你们都要听从。凡不听从那先知的，必要从民中全然灭绝。’从撒母耳以来的众先知，凡说预言的，也都说到这些日子。”(徒 3:20—24)“那先知”是指基督耶稣说的。(约 7:40)

7)先知与圣徒要得神的赏赐。“审判死人的时候也到了；你的仆人众先知和众圣徒，凡敬畏你名(耶稣)的人，连大带小得赏赐的时候也到了。”(启 11:18)

香膏　　Balm

1. 注释：

为香品的名称。是用香料作成的一种粘性似蜜的膏，古时以色列人拥立某人为王时，便把香膏倒在他的身上，尊他为王。(撒下 5:3；王上 1:39)

2. 圣经记载：

耶稣受难前“有一个女人拿着一玉瓶极贵的香膏来，趁耶稣坐席的时候，浇在他的头上”。(太 26:7)耶稣受难后，神使他从死里复活，成为世人的救主和君王。(徒 2:36，5:29—31)

香炉　　Censer

1. 注释：

香炉为焚香的器皿。按圣经的律例，大祭司每年按时进至圣所，要拿金香炉到耶和华面前，把香放在火上。这仪式预表新约圣徒的祈祷，如香一样借耶稣基督献在神面前。

2. 圣经记载：

1)“亚伦要把赎罪祭的公牛牵来宰了，为自己和本家赎罪。拿香炉，从耶和华面前的坛上，盛满火炭，又拿一捧捣细的香料，都带入幔子内。在耶和华面前，把香放在火上，使香的烟云遮掩法柜上的施恩座，免得他死亡。”（利16:11—13）

2）摩西领以色列民在旷野时，有可拉一党人，与以色列会中的二百五十个首领，一同起来攻击背叛摩西和亚伦，向他们发怨言。摩西就甚发怒，“对可拉说：‘明天你和你一党的人并亚伦，都要站在耶和华面前。各人要拿一个香炉，共二百五十个；把香放在上面，到耶和华面前。”“耶和华的荣光就向全会众显现。”耶和华晓谕摩西，叫会众离开可拉一党为首的三个人的帐棚四围。“摩西说：‘我行的这一切事，本不是凭我自己心意行的，乃是耶和华打发我行的。必有证据使你们知道，……你们就明白这些人是藐视耶和华了。’……他们脚下的地就开了口，把他们和他们的家眷，并一切属可拉的人丁、财物，都吞下去。这样，他们和一切属他们的，都活活地坠落阴间，地口在他们上头照旧合闭，他们就从会中灭亡。……又有火从耶和华那里出来，烧灭了那献香的二百五十个人。”摩西吩咐人“从火中捡起那些香炉来，……因为那些香炉是圣的。……祭司以利亚撒将被烧之人所献的铜香炉拿来，人就锤出来，用以包坛；给以色列人作记念。”（民16:1—40）

3）“另有一位天使拿着金香炉来站在祭坛旁边；有许多香赐给他，要和众圣徒的祈祷一同献在宝座前的金坛上。那香的烟和众圣徒的祈祷，从天使的手中一同升到神面前。天使拿着香炉，盛满了坛上的火，倒在地上；随有雷轰、大声、闪电、地震。”（启8:3—5）

小子　　　Little Ones, Little Children

1.注释：

孩子、门徒的意思，是亲切的称呼。

2.圣经记载：

1)耶稣说："你们要小心，不可轻看这小子里的一个；我告诉你们，他们的使者在天上，常见我天父的面。"(太18:10)

2)约翰对弟兄们说："小子们哪，我写信给你们，因为你们的罪借着主名得了赦免。"(约壹2:12)"小子们哪，我们相爱，不要只在言语和舌头上，总要在行为和诚实上。"(约壹3:18)

晓谕　　　(God) Speak to

1.注释：

圣经中晓谕是神对人说话，向人宣告他的旨意。

2.圣经记载：

"神既在古时借着众先知多次多方地晓谕列祖，就在这末世，借着他儿子晓谕我们；又早已立他为承受万有的，也曾借着他创造诸世界。"(来1:1—2)

邪灵　　　Seducing Spirits (Deceitful Spirits)

1.注释：

邪恶的灵，就是魔鬼、撒但的灵，圣经认为邪灵在悖逆真理的人心中运行，使人放纵自己去犯罪。

2.圣经记载：

1)"圣灵明说，在后来的时候，必有人离弃真道，听从那引诱人的邪灵和鬼魔的道理。"(提前4:1)

2)"行事为人，随从今世的风俗，顺服空中掌权者的首领，就是现今在悖逆之子心中运行的邪灵。"(弗2:2)

邪术　　Sorcery(或 Magic Art)

1. 注释:

靠邪灵作出超正常规律的奇事。圣经认为,行邪术的最后要受第二次的死,就是硫磺的火湖。(启 21:8)

2. 圣经记载:

1)"有一个人名叫西门,向来在那城里行邪术,妄自尊大,使撒玛利亚的百姓惊奇。"(徒 8:9)

2)"其余未曾被这些灾所杀的人仍旧不悔改自己手所作的,还是去拜鬼魔,……又不悔改他们那些凶杀、邪术、奸淫、偷窃的事。"(启 9:20—21)

邪淫　　Sensuality,Sensual(或 Immoral Way)

1. 注释:

圣经中所说的"邪淫",是指神的百姓背弃耶和华神,去敬拜假神。

2. 圣经记载:

1)"基甸死后,以色列人又去随从诸巴力行邪淫,以巴力比利土为他们的神。"(士 8:33)

2)"从前在百姓中有假先知起来,将来在你们中间也必有假师傅,私自引进陷害人的异端,连买他们的主他们也不承认,自取速速的灭亡。将有许多人随从他们邪淫的行为,便叫真道因他们的缘故被毁谤。"(彼后 2:1—2)

亵渎　　Blasphemy

1. 注释:

诽谤、侮辱的言语或行为。

2. 圣经记载:

1)"你们不可亵渎我的圣名,我在以色列人中,却要被尊为圣。我是叫你们成圣的耶和华。"(利 22:32)

2)耶稣说："我实在告诉你们，世人一切的罪和一切亵渎的话，都可得赦免；凡亵渎圣灵的，却永不得赦免，乃要担当永远的罪。"(可 3:28—29)

亵慢人　　Arrogant Person(或 Scoffer)

1.注释：

即是心高气傲，盛气凌人，自以为是，充满恼恨争闹，既不遵循神的教训，也不听人的善劝，对走义路的人，一味冷嘲热讽的人。

2.圣经记载：

1)"不从恶人的计谋，不站罪人的道路，不坐亵慢人的座位，惟喜爱耶和华的律法，昼夜思想，这人便为有福。"(诗 1:1—2)

2)"智慧子听父亲的教训，亵慢人不听责备。"(箴 13:1)

3)"亵慢人不爱受责备，他也不就近智慧人。"(箴 15:12)

新妇：　　Bride

1.注释：

与新郎有爱情婚姻关系而成为新郎的妻子。旧约圣经中，以色列民被称为神的新妇。(赛 62:5)新约圣经中，神以救赎的信徒(教会)为基督耶稣的新妇，就是羔羊(基督)的妻。(启 21:9)

2.圣经记载：

1)所罗门的雅歌所记，良人与佳偶的爱情关系，说明了神对世人的爱，也预表了基督(新郎)和教会(新妇)无限的爱。"我妹子，我新妇，你的爱情何其美；你的爱情比酒更美，你膏油的香气胜过一切香品。我新妇，你的嘴唇滴蜜，好像蜂房滴蜜；你的舌下有蜜有奶，你衣服的香气如黎巴嫩的香气。"(歌 4:10—11)"爱情，众水不

能息灭,大水也不能淹没;若有人拿家中所有的财宝要换爱情,就全被藐视。"(歌 8:7)

2)耶稣设比喻,要信徒像聪明的童女预备油(圣灵)在器皿(心)里,儆醒等候新郎(基督)的到来。"新郎到了,那预备好了的,同他进去坐席,门就关了。"(太 25:1—13)约翰在启示录中也写到耶稣再来的时候,教会要预备自己。"羔羊婚娶的时候到了,新妇也自己预备好了,就蒙恩得穿光明洁白的细麻衣。"(启 19:7—8)

3)约翰说:"我又看见圣城新耶路撒冷由神那里从天而降,预备好了,就如新妇妆饰整齐,等候丈夫。"有一位天使对约翰说:"你到这里来,我要将新妇,就是羔羊的妻,指给你看。"约翰说:"我被圣灵感动,天使就带我到一座高大的山,将那由神那里从天而降的圣城耶路撒冷指示我"。(启 21:2,9—10)这圣城耶路撒冷就是亚伯拉罕和他的子孙以及存着信心而死的历代圣徒们所羡慕的那个天上更美的家乡,就是神为他们所预备的那座常存的城,是圣徒永居的地方。(来 11:10,16,13:14,12:22)

新郎　　Bridegroom

1. 注释:

新郎就是要娶新妇的,为新妇的丈夫。新约圣经中多次以耶稣基督为新郎。

2. 圣经记载:

1)施洗约翰向门徒和犹太人见证耶稣是新郎,而他是新郎的朋友。约翰说:"若不是从天上赐的,人就不能得什么。我曾说:'我不是基督,是奉差遣在他前面的。'……娶新妇的就是新郎,新郎的朋友站着,听见新郎的声音就甚喜乐,故此我这喜乐满足了。"(约 3:

27—30)

2)耶稣对门徒说明自己是新郎,“新郎和陪伴之人同在的时候,陪伴之人岂能哀恸呢?但日子将到,新郎要离开他们,那时候他们就要禁食。”(太 9:14—15)

3)保罗对以弗所的信徒讲到基督与教会,如同丈夫与妻子。妻子应当顺服自己的丈夫,如同教会顺服基督。基督是教会的头,也是教会全体的救主,丈夫要爱自己的妻子。“正如基督爱教会,为教会舍己。”基督爱教会如同头爱自己的身子。“从来没有人恨恶自己的身子,总是保养顾惜,正像基督待教会一样。”(弗 5:22—33)

新酒装在旧皮袋里　　New Wine in Old Wine-skins

1.注释:

新酒装在旧皮袋里,是不相称的,正像不能把新衣服撕下一块补在旧衣服上一样。古犹太人都是用皮袋装酒。耶稣用这一生活的常识来说明一个属灵的道理。当时文士和法利赛人引领犹太人只顾遵守人的传统和宗教习惯,把人的吩咐当做真理教导人,只看重旧的宗教传统仪式,却不明白神的律法之精意,他们用嘴唇和外表的敬虔来敬拜神,如同旧皮袋,是装不下基督所赐给世人如同新酒的救恩的,必须用新的心灵去接受新约的恩典才相称。

2.圣经记载:

1)法利赛人和文士自显为义,就向耶稣的门徒发怨言,责怪门徒不守当时犹太人的传统,而与税吏和罪人一同吃饭,也不照他们固有的规定禁食。“耶稣对他们说:‘无病的人用不着医生,有病的人才用得着。我来本不是召义人悔改,乃是召罪人悔改。’”(路 5:27—35)法利赛人还是不明白。

2)耶稣又设一个比喻，对他们说："没有人把新衣服撕下一块来，补在旧衣服上。……也没有人把新酒装在旧皮袋里。若是这样，新酒必将皮袋裂开，酒便漏出来，皮袋也就坏了。但新酒必须装在新皮袋里。"（路 5:36—38；太 9:16—17）

新天新地　　a New Heaven and a New Earth

1. 注释：

圣经上说，现在的天地要废去，神造一个新天新地是永永远远的，有义居在其中。圣经认为在耶稣基督再临后的1000 年完了，白色的大宝座前，旧的天地都逃避再无可见之处了，死人都要复活受审判，若有人名字没记在生命册上，他就被扔在火湖里。（启 20:7—15）只有名字写在羔羊（基督）生命册上的，才得进到新天新地。永远欢喜快乐。（启 21:27）

2. 圣经记载：

1)耶和华如此说："看哪，我造新天新地，从前的事不再被记念，也不再追想。你们当因我所造的永远欢喜快乐。"（赛 65:17—18）

2)彼得对信徒们说，他"切切仰望神的日子来到。在那日，天被火烧就销化了，有形质的都要被烈火熔化；但我们照他的应许，盼望新天新地，有义居在其中"。（彼后 3:12—13）

3)约翰说："我又看见一个新天新地，因为先前的天地已经过去了，海也不再有了。我又看见圣城新耶路撒冷由神那里从天而降，……'看哪！神的帐幕在人间。他要与人同住，他们要作他的子民；神要亲自与他们同在，作他们的神。神要擦去他们一切的眼泪；不再有死亡,也不再有悲哀、哭号、疼痛,因为以前的事都过去了。'坐宝座的说:'看哪!我将一切都更新了。'……天使就带我到一座高大的山,将那由神那里,从天而降的圣城耶路撒冷指示我,城中有神的荣耀;城的光辉如同极贵的宝石,好像碧玉,明如水晶。……那城内又不用日月光照,因有神的荣耀光照,又有羔羊为城的灯。列国要在城的光里行走;……只有名字写在羔羊生命册上的才得进去。……他们要作王,直到永永远远。"(启21:1—27,22:1—5)

新约　　New Testament

1.注释:

1)"约"是互相结盟,彼此联络的意思。圣经中提到的是神与人所立的约,是两方面都当遵守的关系,是不能改变的。

2)"新约"是神与人之间所立的新约,是写在心里的永约,是借耶稣基督所流的宝血做成的,因耶稣的死而生效,叫一切相信耶稣为救主的人得永生。这约比旧约更美,有耶稣为新约的中保,是凭着更美的应许立的。(来8:6)代价是基督付的,他无罪的生命被钉在十字架上,用自己的血作成了永远赎罪的事。(来9:12)这是应许的约,是恩典的约。在人的方面不需再付代价,只要向神悔改认罪,相信耶稣基督的宝血能洗净自己的罪,相信他的复活,就能蒙赦罪而得到新生命,(罗10:9)成为神的子民。(彼前2:10)

2.圣经记载:

1)摩西时代,耶和华宣告他的律法要人遵守,以色列民却违背了神的约,耶和华说:"日子将到,我要与以色列家和犹大家，另立新约。不像我拉着他们祖宗的手，领他们出埃及地的时候，与他们所立的约。”新约不是外面的仪文，而是内心的。耶和华又说：“我要将我的律法放在他们里面，写在他们心上。我要作他们的神，他们要作我的子民。”（耶 31:31—33）

2）耶稣在受害以前和使徒们吃逾越节的筵席时，拿起杯来说：“这杯是用我血所立的新约，是为你们流出来的。”（路 22:19—20）

3）“现在基督已经来到，作了将来美事的大祭司，……不用山羊和牛犊的血，乃用自己的血，只一次进入圣所，成了永远赎罪的事。”“为此，他作了新约的中保，既然受死赎了人在前约之时所犯的罪过，便叫蒙召之人得着所应许永远的产业。”（来 9:11—12，15）

馨香的火祭　　Sweet Savor Offering Made by Fire

1. 注释：

1）“馨香的火祭”另有译文是“火祭的香味”。以色列人把祭物烧在坛上献燔祭时，馨香的火祭（火祭的香味）使献祭人的敬拜与祷告的心像香气上升为耶和华所喜悦。因为神悦纳献祭人的谦卑、顺服感恩的心，而不是祭物本身。

2）初熟收割时献的素祭，五旬节所献的素祭等，也作馨香的火祭献给耶和华。

3）早晚二祭献羊羔，素祭，奠祭的礼，也为献给耶和华馨香的火祭。（出 29:38—41）

2. 圣经记载：

1）烧在坛上的燔祭是献给神的馨香的火祭。“要把全羊烧在坛上，是给耶和华献的燔祭，是献给耶和华为馨香

的火祭。"(出 29:18)

2)初熟收割和五旬节时所献的馨香的火祭。

①"耶和华对摩西说:你晓谕以色列人说:你们到了我赐给你们的地,收庄稼的时候,要将初熟的庄稼一捆,带给祭司,……作为馨香的火祭,献给耶和华。"(利 23:9—13)

②"到第七个安息日的次日,共计五十天,又要将新素祭献给耶和华,……这些与同献的素祭和奠祭,要作为燔祭献给耶和华,就是作馨香的火祭献给耶和华。"(利 23:16—18)

心灵　　Spirit

1.注释:

心灵是指人内在的生命,内心的思想意志、情感、是非之心。人的心灵与身体不能分开,心灵如何,对人的一生影响很大。圣经认为只有神能赐给人一个新心、新灵。(结 11:19,36:26)

2.圣经记载:

1)耶稣受害之前,嘱咐门徒说:"总要儆醒祷告,免得入了迷惑,你们心灵固然愿意,肉体却软弱了。"(太 26:41)

2)"时候将到,如今就是了,那真正拜父的,要用心灵和诚实拜他。"(约 4:23)

3)摩西劝戒以色列人,把神的律例传给子孙,他说:"你只要谨慎,殷勤保守你的心灵,免得忘记你亲眼所看见的事,又免得你一生这事离开你的心。"(申 4:9)"你要保守你心,胜过保守一切,因为一生的果效,是由心发出。"(箴 4:23)

4)主耶和华说:"你们要将所犯的一切罪过尽行抛弃,自作一个新心和新灵。"(结 18:31)耶和华对以色列家说:"我要洁净你们,使你们脱离一切的污秽,弃掉一切的偶像。我也要赐给你们一个新心,将新灵放在你们里面。又从你们的肉体中除掉石心,赐给你们肉心。"(结 36:25—26)

欣　　Hin

是古时以色列人量液体的容量单位。1 欣约合 3.6 公升。圣经记载请参看出 29:40。

胸牌　　Breastplate

1. 注释:

"胸牌"的希伯来文全名乃是"决断的胸牌"。(出 28:15)大约 20 公分见方。大祭司进圣所时,必须佩带这一胸牌,借以宣告神的旨意,为以色列决断重大的问题或事件。

2. 圣经记载:

1)"决断的胸牌,要和以弗得一样的做法,用金线和蓝色紫色朱红色线,并捻的细麻作成。这胸牌要四方的,叠为两层,长一虎口①,宽一虎口。要在上面镶宝石四行:第一行是红宝石、红璧玺、红玉;第二行是绿宝石、蓝宝石、金钢石;第三行是紫玛瑙、白玛瑙、紫晶;第四行是水苍玉、红玛瑙、碧玉。这都要镶在金槽中。这些宝石,都要按着以色列十二个儿子的名字,仿佛刻图书,刻十二个支派的名字。"(出 28:15—21)

2)"亚伦进圣所的时候,要将决断胸牌,就是刻着以色列

---

① "虎口"是古时以色列人使用的长度单位。1 虎口约相当于 22.25 厘米。

儿子名字的，带在胸前。”（出 28:29）

修殿节　　　the Feast of the Dedication

修殿节是以色列人的一个节期，时间在犹太历法的基斯流月（即 9 月），相当于阳历的 11 月至 12 月间，正“是冬天的时候”。（约 10:22）历史记述，自公元前六七百年前以色列国和犹大国相继灭亡之后，耶路撒冷地区一直处在当时的列强争夺与侵占之下。耶稣降生前 167 年，犹太祭司马他提亚（Mattathias）聚集了一些犹太人反抗当时侵占耶路撒冷的叙利亚军队。马他提亚死后，他的儿子马克比（Maccabean）继续率领犹太人奋战，竟以弱胜强，于耶稣降生前 165 年攻克耶路撒冷，建立了马克比家世袭为祭司的政权，形成了约 100 年的独立局面，史称马克比时代。马克比重新洁净、修整圣殿，并于犹太历 9 月 25 日恢复了敬拜神的礼仪，即定该日为修殿节。其后每逢修殿节期间，以色列人家家连续点灯八天，是犹太人的重大节日之一。耶稣降生前 63 年，马克比王朝被罗马帝国灭亡，但修殿节却延续了下来，所以耶稣在世时仍有修殿节。（约 10:22）

休要毁坏　　　Do not Destroy

是以色列人古时唱诗的一种曲调，现已失传。诗篇 57、58、59、75 各篇都是用这一乐曲歌唱的。（请参看诗篇 57、58、59、75 各篇的诗题。）

选民　　　Chosen People

1. 注释：

1）在旧约时代，以色列人被称为神的选民。（赛 65:9）

2）在新约时代，得到基督永远生命的基督徒都是神的选民。（西 3:12）

2. 圣经记载：

1)“他(耶和华)带领百姓欢乐而出，带领选民欢呼前往。”(诗 105:43)

2)“他要差遣使者，用号筒的大声，将他的选民，从四方，从天这边到天那边，都招聚了来。”(太 24:31)

3)“你们既是神的选民，……就要存怜悯、恩慈，谦虚、温柔、忍耐的心。”(西 3:12)

巡抚　　Governor

1.注释：

巡抚一词的希腊原文有两个含义：

1)指罗马皇帝派往其属地的最高地方长官。例如耶稣被钉十字架时，巡抚彼拉多即是罗马皇帝派往当地的军政大员。

2)这一词语也有“族长”、“领袖”的意思。

①在太 10:18 及可 13:9 所译的“诸侯”其原文与“巡抚”乃是同一词语。

②在彼前 2:14 中被译作“臣宰”的原文和“巡抚”也是同一词语。

2.圣经记载：

1)“众祭司长和民间的长老，大家商议要治死耶稣，就把他捆绑解去交给巡抚彼拉多。”(太 27:1—2)

2)耶稣对门徒说：“你们要为我的缘故，被送到巡抚君王面前，对他们和外邦人作见证。”(太 10:18 新译)

3)“过了五天，大祭司亚拿尼亚……向巡抚控告保罗。”(徒 24:1)

4)保罗曾先后多次在巡抚腓力斯、巡抚非斯都和亚基帕王面前受审。而保罗的申诉却是向他们“讲论信基督耶稣的道”。(徒 24:24)劝勉人“应当悔改归向神，行

事与悔改的心相称。"(徒 26:20,参看徒 24:10—26,26:1—29)

Y

亚巴顿　　Abaddon

1. 注释:

亚巴顿是希伯来话,希利尼话叫"亚玻伦"。它的意思是"毁灭"。

2. 圣经记载:

"有无底坑的使者作它们的王,按着希伯来话名,叫亚巴顿;希利尼话名叫亚玻伦。"(启 9:11)

亚笔月　　Abib

1. 注释:

亚笔月是以色列人历法的正月。乃是耶和华吩咐摩西把以色列人领出埃及的当月定为正月的。(出 12:1—2,51)亚笔月约在公历 3 月至 4 月间。以色列人被掳到巴比伦后,随当地习惯把本月叫尼散月。这月的逾越节是耶和华晓谕摩西叫百姓记念耶和华领他们出埃及的节日。这月也是收割早麦登场的月份。

2. 圣经记载:

1)摩西对百姓说:"你们要记念从埃及为奴之家出来的这日,因为耶和华用大能的手将你们从这地方领出来;有酵的饼都不可吃。亚笔月间的这日,是你们出来的日子。"(出 13:3—4)

2)"你们要守除酵节,照我所吩咐你的,在亚笔月内所定

的日期，吃无酵饼七天。谁也不可空手朝见我，因为你是这月出了埃及。”(出 23:15)

3)“你要注意亚笔月，向耶和华你的神守逾越节；因为耶和华你的神在亚笔月夜间，领你出埃及。”(申 16:1)

亚达月　　Adar

1. 注释：

亚达月是以色列历法的十二月，约在公历 2 月至 3 月间。遇闰年时加一亚达月。

2. 圣经记载：

“十二月，乃亚达月……”(斯 9:1)

亚玻伦　　Apollyon

“见本书“亚巴顿”条。

亚底米　　Artemis

1. 注释：

亚底米是希腊人所祭拜的女性假神。新约时代希腊人在以弗所建有它的庙宇，是当代巨大的建筑和景观之一。亚底米曾被 30 余地区的人们所迷信。

2. 圣经记载：

当年保罗在以弗所传道时，许多拜假神的人悔改信奉了耶稣。“平素行邪术的，也有许多人把书拿来，堆积在众人面前焚烧。他们算计书价，便知道共合五万块钱，主的道大大兴旺而且得胜”。但当地有个银匠，是以制造亚底米神的银龛而发财的。他怕因此断了自己的财路，便煽动众银匠攻击保罗，说保罗讲过“人手所作的不是神”。这样银匠们的生意就会被人藐视，亚底米的庙也要被人轻忽，从而它的威荣也要消失。被煽动的人群甚至满城轰动，纷纷乱乱约有两小时之久。从此可以看出亚底米在当地人心目中原有的迷惑性,也可以看出保罗传道的巨大能力。后来城里的书记(当地自治行政官员)出来安抚众人,骚乱才平定下来。(参看徒 19:17—41)

亚扪　　Amon

1. 注释:

亚扪是古埃及的首都挪地所拜的假神名。

2. 圣经记载:

万军之耶和华以色列的神说:"我必刑罚挪的亚扪(埃及尊大之神)和法老,并埃及与埃及的神,以及君王。也必刑罚法老和依靠他的人。"(耶 46:25)

亚拿米勒　　Anammelech

1. 注释:

亚拿米勒是巴比伦西法瓦音人所祀拜的偶像,与阿得米勒并提。

2. 圣经记载:

"西法瓦音人用火焚烧儿女,献给西法瓦音的神亚得米勒和亚拿米勒。"(王下 17:31)

亚舍拉　　Asherah

1. 注释:

1)亚舍拉是亚述地区传说掌管生育的女性假神,亚兰人、迦南人多祀拜它。

2)列王时代以色列人在各山岗青翠树旁立的柱像,木偶,就是这一假神。(参王下 17:10)这是耶和华所憎恶的。事实上耶和华神早在以色列人初出埃及的时候,就吩咐以色列人要打碎迦南地一切假神的柱像。(出 23:23—24)

2. 圣经记载:

1)在列王时代以色列人“离弃耶和华他们列祖神的殿，去事奉亚舍拉和偶像，因他们这罪，就有忿怒临到犹大和耶路撒冷”。(代下 24:18)

2)“他们的儿女，记念他们高岗上青翠树旁的坛和木偶。”(耶 17:2)

3)“你为耶和华你的神筑坛，不可在坛旁栽什么树木作为木偶，也不可为自己设立柱像，这是耶和华你神所恨恶的。”(申 16:21)

亚斯他录　　Ashtaroth

1. 注释：

亚斯他录是迦南的西顿人所祭拜的众多女假神的通称。又称可憎的女神，西顿的女神，是耶和华所憎恶的。

2. 圣经记载：

“撒母耳对以色列全家说：‘你们若一心归顺耶和华，就要把外邦的神和亚斯他录从你们中间除掉，专心归向耶和华，单单地事奉他。他必救你们脱离非利士人的手。’”(撒上 7:3)

雅斤与波阿斯　　Jachin and Boaz

雅斤与波阿斯是所罗门所建圣殿中的两根柱子的名字，极其华丽。建造人户兰满有智慧，善于做铜器。(参看王上 7:13—22)

盐约　　Covenant of Salt

1. 注释：

1)盐是为调味用的。有保存食物不致腐坏的功能。古时双方立约时常吃盐为盟，确立长久友好关系，乃是取盐有耐久的意思。旧约时献素祭、举祭时都要用盐称为“立约的盐”，表明所立的约不可废除。

2)永远的盐约,是神应许给以色列人利未人得产业的约。

3)盐约也是耶和华神应许赐给大卫的永约。

2.圣经记载:

1)"凡献为素祭的供物,都要用盐调和,在素祭上不可缺了你神立约的盐。一切的供物,都要配盐而献。"(利2:13)

2)"凡以色列人所献给耶和华圣物中的举祭,我都赐给你和你的儿女,当作永得的分。这是给你和你的后裔,在耶和华面前作为永远的盐约(盐即不废坏的意思)。"(民 18:19)

3)"耶和华以色列的神曾立盐约,将以色列国永远赐给大卫和他的子孙,你们不知道么?"(代下 13:5)

盐柱　　Pillar of Salt

1.注释:

耶和华毁灭所多玛和蛾摩拉两个罪恶城市时,他怜恤罗得,差遣两个天使救出罗得、罗得的妻子及两个女儿。并且嘱咐他们逃命,不可回头。罗得的妻子不肯听命,回头一看,就变成了一根盐柱。

2.圣经记载:

1)罗得的妻子变为盐柱的经过参看创 19:15—26。

2)耶稣在世时,曾警戒不要贪恋世上的享受,并说:"你们要回想罗得的妻子。"(路 17:26—32)

阳皮　　Foreskin

见本书"割礼"条

摇祭　　Wave Offering

1.注释:

摇祭是古时以色列人献祭时,把某些祭物拿起来向着天空各方敬虔地摇一摇。表示祭物是分别为圣献给无所不在的耶和华的。献摇祭的场合、法则以及祭物的归属等细节，耶和华都曾叫摩西晓谕以色列人。

2. 圣经记载：

1)“献平安祭给耶和华的，要从平安祭中取些来，奉给耶和华。他亲手献给耶和华的火祭，就是脂油和胸要带来，好把胸在耶和华面前作摇祭，摇一摇。祭司要把脂油在坛上焚烧，但胸要归亚伦和他的子孙。”（利 7:28—31）

2)拿细耳人满了离俗的日子，献祭时同时举行摇祭。（参看民 6:13—20。）

3)摩西按耶和华的晓谕膏立亚伦承接圣职，在献祭时同时举行摇祭。（参看利 8:23—29）

4)初熟节时要献摇祭。（参看利 23:9—14）

5)五旬节时要献摇祭。（参看利 23:15—20）

6)长大麻风得洁净的日子要献摇祭。（参看利 14:1—32）

7)怀疑妻子不贞洁而加以试验时要献摇祭。（参看民 5:11—31）

8)洁净利未人时要献摇祭。（参看民 8:5—25）

耶和华 Jehovah

1. 注释：

耶和华是以色列人和基督徒信奉的神的名字。圣经记述耶和华乃是自有永有，创造宇宙万物的独一真神。

2. 圣经记载：

1)“神对摩西说，我是自有永有的，你要对以色列人这样说，那自有的打发我到你们这里来。神又对摩西说，你要对以色列人这样说,耶和华你们祖宗的神,就是亚伯拉罕的神,以撒的神,雅各的神,打发我到你们这里来。耶和华是我的名直到永远,这也是我的记念,直到万代。”(出 3:14—15)。

2)“天地万物都造齐了,到第七日神造物的工已经完毕,……创造天地的来历,在耶和华神造天地的日子乃是这样。”(创 2:1—4)

3)“塞特也生了一个儿子,起名叫以挪士,那时候人才求告耶和华的名。”(创 4:26)

4)“耶和华啊,认识你名的人要倚靠你,因你没有离弃寻求你的人。”(诗 9:10)

5)“神说,因为他专心爱我,我就要搭救他,因为他知道我的名,我要把他安置在高处。他若求告我,我就应允他,他在急难中,我要与他同在,我要搭救他,使他尊贵,我要使他足享长寿,将我的救恩显明给他。”(诗 91:14—16)

耶和华以勒　　　Jehovah-Jireh

1. 注释:

“耶和华以勒”是亚伯拉罕在摩利亚山地献以撒时给那地方起的名字。它的意思是“耶和华必预备”。

2. 圣经记载:

神要试验亚伯拉罕,让他带着独生子以撒,往摩利亚地去,在神指示的山上,把他献为燔祭。亚伯拉罕听命,到了神所指示的地方,在那里筑坛,把柴摆好,捆他的儿子以撒,放在坛的柴上。亚伯拉罕就伸手拿刀,要杀他的儿子。耶和华的使者从天上呼叫亚伯拉罕。天使说:“你不可在童子身上下手,一点不可害他！现在我知道你是敬畏神的了，因为你没有将你的儿子，就是独生的儿子，留下不给我。”“亚伯拉罕举目观看，不料，有一只公羊，两角扣在稠密的小树中，亚伯拉罕就取了那只公羊来，献为燔祭，代替他的儿子。亚伯拉罕给那地方起名叫耶和华以勒（意思就是耶和华必预备），直到今日人还说：“在耶和华的山上必有预备。”（创 22:1—14）

耶和华尼西　　Jehovah-Nissi

1. 注释：

耶和华尼西是摩西所筑的坛的名字，意思是“耶和华是我的旌旗”。

2. 圣经记载：

以色列人出离埃及经过旷野的时候，亚玛力人来到非利订，和以色列人争战。约书亚照着摩西的话行，与亚玛力人争战。摩西、亚伦与户珥上了山顶，手里拿着神的杖。“摩西何时举手，以色列人就得胜；何时垂手，亚玛力人就得胜。但摩西的手发沉。他们就搬石头来，放在他以下，他就坐在上面。亚伦与户珥扶着他的手，一个在这边，一个在那边，他的手就稳住，直到日落的时候。约书亚用刀杀了亚玛力王和他的百姓。耶和华对摩西说：‘我要将亚玛力的名号，从天下全然涂抹了，你要将这话写在书上作记念，又念给约书亚听。’摩西筑了一座坛，起名叫耶和华尼西（就是耶和华是我旌旗的意思）。”（出 17:8—15）

耶和华沙龙　　Jehovah-Shalom

1. 注释：

耶和华沙龙是基甸在俄弗拉筑的一座坛的坛名。意思是“耶和华赐平安”。

2. 圣经记载：

耶和华神在俄弗拉召基甸去从米甸人手里拯救以色列人，基甸说“我有何能拯救以色列人呢？我家在玛拿西支派中是至贫穷的。我在我父家是至微小的。”基甸向神求一个证据，使他知道与他说话的就是主。基甸去预备了一只山羊羔，用一伊法细面作了无酵饼，将肉放在筐内，把汤盛在壶中。带到橡树下，献在使者面前。神的使者吩咐基甸将肉和无酵饼放在磐石上将汤倒出来。“耶和华的使者伸出手内的杖，杖头挨了肉和无酵饼，就有火从磐石中出来，烧尽了肉和无酵饼，耶和华的使者也就不见了。基甸见他是耶和华的使者，他说：‘哀哉！主耶和华啊，我不好了，因为我觌面看见耶和华的使者。’耶和华对他说：‘你放心，不要惧怕，你必不至死。’于是基甸在那里为耶和华筑了一座坛，起名叫耶和华沙龙。（就是耶和华赐平安的意思）。”（士 6:11—24）

野山羊　　Wild Goat，Satyr

1.注释：

旧约圣经把 Wild Goat 与 Satyr 都译成为野山羊。实际上前者为动物，后者是一种假神。

1)动物野山羊(Wild Goat)，它的角细而曲，又多绉纹，产于埃及、亚拉伯、波斯、摩押及犹大死海附近的旷野。它习性常匿于高山及巨石中和不可上的峭壁上。旧约时代是耶和华分别为洁净可吃的牲畜。

2)假神野山羊(Satyr)，它是古时传说中的假神，有山羊的尾巴，性情淫恶。有的学者认为：利 17:7，代下 11:15，启 18:2 等处提到的鬼魔、公山羊与这假神名字的原文都属同一意义。

2.圣经记载：

1)动物野山羊：

①“山岩间的野山羊几时生产你知道吗?”(伯 39:1)

②“高山为野山羊的住所……”(诗 104:18)

③先知以赛亚预言大城巴比伦将要毁灭时说：“巴比伦素来为列国的荣耀，为迦勒底人所矜夸的华美，必像神所倾覆的所多玛、蛾摩拉一样。其内必永无人烟，世世代代无人居住，亚拉伯人也不在那里支帐棚，牧羊人也不使羊群卧在那里。只有旷野的走兽卧在那里，咆哮的兽满了房屋；驼鸟住在那里，野山羊在那里跳舞。”(赛 13:19—21)

④以赛亚还预言说：“以东的宫殿要长荆棘，保障要长蒺藜和刺草，要作野狗的住处，驼鸟的居所。旷野的走兽，要和豺狼相遇；野山羊要与伴偶对叫。”(赛 34:13—14)

2)意为假神的山羊：“不可再献祭给他们行邪淫所随从的鬼魔(公山羊)。”(利 17:7)

伊法　　Ephah

1.注释：

伊法是古以色列人量固体的容积单位。一伊法约相当于现今22公升。

2.圣经记载：

“伊法与罢特大小要一样，罢特可盛贺梅珥十分之一，伊法也可盛贺梅珥十分之一，都以贺梅珥的大小为准。”(结 45:11)(结 45:10—11 另有新译文为：“你们要用标准公正的度量衡器具。量固体的伊法和量液体的罢特大小要一样。罢特是贺梅珥的十分之一。伊法也是贺梅珥的十分之一，都以贺梅珥的大小为准。”)

伊施　　Ishi

1. 注释：

伊施是耶和华的另一称呼。原义是贤妇对她丈夫的称谓。先知何西阿预言犹太人悔改后称耶和华的名为“伊施”，喻意说明耶和华与以色列民的关系。

2. 圣经记载：

耶和华说：“那日你必称呼我伊施，(就是“我夫”的意思)。不再称呼我巴力(就是“我主”的意思)。因为我必从我民的口中除掉诸巴力的名号不再提起。”(何 2:16—17)

以彼古罗　　Epicureans

1. 注释：

以彼古罗派是希腊哲学的一派，由创始人以彼古罗而得名。到保罗时代该派已沦为“享乐主义”。所以保罗在雅典时与以彼古罗和斯多亚两派进行辩论。

2. 圣经记载：

“保罗在雅典等候他们(同工们)的时候，看见满城都是偶像，就心里着急。于是在会堂里，与犹太人和虔敬的人，并每日在市上所遇见的人辩论。还有以彼古罗和斯多亚两门的学士，与他争论。有的说：‘这胡言乱语的要说什么’。有的说：‘他似乎是传说外邦鬼神的’。这话是因保罗传讲耶稣与复活的道。”(徒 17:16—18)

以法大　　Ephphatha

1. 注释：

以法大是亚兰语“开启”的意思，是迦南地的日常用语。

2. 圣经记载：

“有人带着一个耳聋舌结的人来见耶稣，求他按手在他身上。耶稣领他离开众人，到一边去，就用指头探他的耳朵，吐唾沫抹他的舌头，望天叹息，对他说：'以法大！'就是说：'开了吧！'他的耳朵就开了，舌结也解了，说话也清楚了。"（可 7:32—35）

以弗得　　Ephod

1. 注释：

1）以弗得是特制的外衣。是犹大国大祭司或祭司的圣衣。计有以弗得（短外套，好像背心），以弗得外袍（无领的袍子），细麻布的以弗得（与大祭司穿的不同）等样式。这些以弗得编织的材料、颜色、形状、附件及编织的方法都是按耶和华晓谕摩西而制作的。

2）旧约时代以弗得和其上的物品，都和寻求神的旨意有关。

3）圣经记载撒母耳、挪伯的祭司和大卫王都曾穿过细麻布的以弗得。

4）士师时代，以色列人陷入罪恶中，将以弗得当做一件单独的物件使用，（经过多年以后，以弗得的制造可能已有改变）并被错误地当成了偶像来敬拜。

2. 圣经记载：

1）以弗得的制作

①耶和华晓谕摩西说："你要作以弗得的外袍，颜色全是蓝的。袍上要为头留一领口，口的周围织出领边来，仿佛铠甲的领口，免得破裂。袍子周围底边上，要用蓝色、紫色、朱红色线作石榴。在袍上周围的石榴中间，要有金铃铛，一个金铃铛，一个石榴，一个金铃铛，一个石榴，在袍子周围的底边上。亚伦供职的时候，要穿这袍子。他进圣所到耶和华面前，以及出来的时候，袍子的响声必被听见，使他不至于死亡。"

（出 28:31—35）

②耶和华晓谕摩西，吩咐那些被耶和华用智慧的灵所充满的人制作圣衣。“他们要拿金线和蓝色、紫色、朱红色线，并捻的细麻，用巧匠的手工作以弗得。以弗得当有两条肩带，接上两头，使它相连。其上巧工织的带子，要和以弗得一样的作法；用以束上，与以弗得接连一块；要用金线和蓝色、紫色、朱红色线，并捻的细麻作成。要取两块红玛瑙，在上面刻以色列儿子的名字，六个名字在这块宝石上，六个名字在那块宝石上，都照他们生来的次序。要用刻宝石的手工，仿佛刻图书，按着以色列儿子的名字，刻这两块宝石，要镶在金槽上。要将这两块宝石，安在以弗得的两条肩带上，为以色列人作记念石，亚伦要在两肩上担他们的名字，在耶和华面前作为记念。要用金子作二槽。又拿精金，用拧工仿佛拧绳子，作两条链子，把这拧成的链子搭在二槽上。”（出 28:6—14）

2）以弗得与寻找神的旨意有关。

①“大卫知道扫罗设计谋害他，就对祭司亚比亚他说：‘将以弗得拿过来。’大卫祷告说：‘耶和华以色列的神啊，你仆人听真了扫罗要往基伊拉来，为我的缘故灭城。基伊拉人将我交在扫罗手里不交？扫罗照着你仆人所听的话下来不下来？耶和华以色列的神啊，求你指示仆人。’耶和华说：‘扫罗必下来。’”（撒上 23:9—11）

②大卫对亚希米勒的儿子祭司亚比亚他说：“请你将以弗得拿过来。”亚比亚他就将以弗得拿到大卫面前。大卫求问耶和华说：“我追赶敌军追得上追不上呢？”

耶和华说:“你可以追,必追得上,都救得回来。”(撒上30:7—8)

3)关于穿细麻布的以弗得的记载:

①当年撒母耳曾在祭司以利的教导下学习事奉耶和华。“那时撒母耳还是孩子,穿着细麻布的以弗得,侍立在耶和华面前。”(撒上2:18)

②“王吩咐多益说:你去杀祭司吧!以东人多益就去杀祭司,那日杀了穿细麻布以弗得的八十五人。”(撒上22:18)

③“大卫穿着细麻布的以弗得,在耶和华面前极力跳舞。”(撒下6:14)

4)将以弗得祭拜为偶像:

①“基甸以此制造了一个以弗得,设立在本城俄弗拉。后来以色列人拜那以弗得行了邪淫。这就作了基甸和他全家的网罗。”(士8:27)

②“这米迦有了神堂,又制造以弗得和家中的神像。分派他一个儿子作祭司。”(士17:5)

以禄月　　Elul

1.注释:

以禄月是希伯来历法的六月。相当于公历的8月至9月间。

2.圣经记载:

“以禄月二十五日,城墙修完了,共修了五十二天。”(尼6:15)

以罗伊　　Eloi

1.注释:

以罗伊是亚兰语,翻出来是“我的神”,其希伯来语是“以利”。这乃是耶稣钉在十字架上断气以前所呼喊的话。

2.圣经记载：

1)“申初的时候，耶稣大声喊着说：‘以罗伊，以罗伊，拉马撒巴各大尼。’翻出来，就是‘我的神，我的神，为什么离弃我？’”(可 15:34)

2)“约在申初，耶稣大声喊着说：‘以利，以利，拉马撒巴各大尼。’就是说，‘我的神，我的神，为什么离弃我？’”(太 27:46)

以马内利　　Immanuel

1.注释：

以马内利的意思是“神与我们同在”。在耶稣降生前 700 多年，先知以赛亚曾预言以色列人盼望的救主基督要道成肉身借着童女降生。耶稣的降生应验了这一预言。

2.圣经记载：

1)以赛亚说：“主自己要给你们一个兆头。必有童女怀孕生子，给他起名叫以马内利(就是神与我们同在的意思)。”(赛 7:14)

2)当约瑟听到他的未婚妻、马利亚已怀孕时，曾想要把他暗暗的休了。约瑟“正思念这事的时候，有主的使者向他梦中显现，说：‘大卫的子孙约瑟，不要怕，只管娶过你的妻子马利亚来。因他所怀的孕，是从圣灵来的；她将要生一个儿子，你要给他起名叫耶稣，因他要将自己的百姓从罪恶里救出来。’这一切的事成就，是要应验主借先知所说的话。说：必有童女怀孕生子，人要称他的名为以马内利。(以马内利翻出来，就是‘神与我们同在’。)约瑟醒了，起来，就遵着主使者的吩咐，把妻子娶过来。只是没有和她同房，等她生了儿子，就给他起名叫耶稣。”(太 1:20—25)

以色列人　　　Israelite

1. 注释：

1)以色列人是亚伯拉罕、以撒、雅各(后来神给他改名为以色列)的后裔，即以色列国人。以色列国后来分裂为南北两国，北国叫以色列国，南国叫犹大国。仍统称以色列人。

2)以色列人是耶和华神的选民，也即是蒙福的民，也是神看顾的人。

2. 圣经记载：

1)“雅各从巴旦亚兰回来，神又向他显现赐福与他。且对他说，你的名原是雅各，从今以后不要再叫雅各，要叫以色列。这样他就改名叫以色列。神又对他说，我是全能的神，你要生养众多，将来有一族和多国的民从你而生，又有君王从你而出，我所赐给亚伯拉罕和以撒的地，我要赐给你与你的后裔。”(创 35:10—12)

2)巴勒差遣使者去请巴兰来咒诅以色列人，神对巴兰说：“你不可同他们去，也不可咒诅那民，因为那民是蒙福的。”(民 22:12)

3)以色列人在埃及受苦，向神哀求。“神听见他们的哀声，就记念他与亚伯拉罕、以撒、雅各所立的约。神看顾以色列人，也知道他们的苦情。”(出 2:24—25)

4)“耶稣看见拿坦业来，就指着他说：‘看哪，这是个真以色列人，他心里是没有诡诈的。’”(约 1:47)

以色列的圣者　　　Holy One of Israel

1. 注释：

先知以赛亚称耶和华神是“以色列的圣者”。圣经旧约中也有这一称谓。

2.圣经记载：

1)"到那日，以色列所剩下的，和雅各家所逃脱的，不再倚靠那击打他们的，却要诚实倚靠耶和华以色列的圣者。"(赛 10:20)

2)"你这虫雅各和你们以色列人，不要害怕。耶和华说，我必帮助你。你的救赎主，就是以色列的圣者。"(赛 41:14)

3)"因为我是耶和华你的神，是以色列的圣者你的救主。"(赛 43:3)

4)"我们救赎主的名是万军之耶和华以色列的圣者。"(赛 47:4)

5)"耶和华你的救赎主，以色列的圣者如此说，我是耶和华你的神，教训你使你得益处，引导你所当行的路。"(赛 48:17)

6)"救赎主以色列的圣者耶和华，对那被人所藐视，本国所憎恶、官长所虐待的，如此说，君王要看见就站起，首领也要下拜，都因信实的耶和华，就是拣选你以色列的圣者。"(赛 49:7)

以他念月　　Ethanim

1.注释：

以他念月是犹太历法的七月。相当于公历 9 月至 10 月间。这个月中有三大节日，即吹角节，赎罪节，住棚节。

2.圣经记载：

"以念他月，就是七月，在节前，以色列人都聚集到所罗门王那里。"(王上 8:2)

议士　　Counsellor，Councillor

1.注释：

议士是犹太公会的成员，圣经中提到的一位议士是在社会上有财富有地位的议士亚利马太的约瑟，他曾向巡抚彼拉多要耶稣的尸体，放入他自己的新墓中。（太 27:57—60）

2. 圣经记载：

"有亚利马太的约瑟前来，他是尊贵的议士，也是等候神国的，他放胆进去见彼拉多，求耶稣的身体。彼拉多诧异耶稣已经死了，便叫百夫长来，问他耶稣死了久不久。既从百夫长得知实情，就把耶稣的尸首赐给约瑟。约瑟买了细麻布，把耶稣取下来，用细麻布裹好，安放在磐石中凿出来的坟墓里，又滚过一块石头来挡住墓门。"（可 15:43—46，参路 23:50—53；太 27:57）

异端　　Heresy

1. 注释：

1）彼得在指责假先知、假师傅时，说他们私自引进了"陷害人的异端"。"陷害人的异端"希腊原文的意思是"灭亡的派别"或"灭亡的说教"。

2）使徒们认为如果离开了基督的救恩而曲解圣经，便是灭亡的邪说。（犹:3—7；彼后 2:3）故此可以认为：凡是背离圣经基本要道，背逆基督完备救恩而谬讲圣经的邪说体系都是异端。

3）"异端"的希腊文原意是'派别、"教门"、"说教"。在希腊原文圣经中，下列章节都是使用的这一词根，但汉语译文中略有不同：

①在徒 5:17、徒 15:5、徒 26:5 和徒 28:22 中，都被译作"教门"。

②在徒 24:5 中被译作"教党"。

③在林前 11:19 与多 3:10 中被译作“分门结党”。

④在徒 24:14、加 5:20、彼后 2:1 中被译作“异端”。

2. 圣经记载：

1)“从前在百姓中有假先知起来，将来在你们中间，也必有假师傅，私自引进陷害人的异端，连买他们的主他们也不承认，自取速速的灭亡。”(彼后 2:1)

2)“但无论是我们，是天上来的使者，若传福音给你们，与我们所传给你们的不同，他就应当被咒诅”。(加 1:8)

3)“你们和不信的原不相配，不要同负一轭。义和不义有什么相交呢？光明和黑暗有什么相通呢？基督和彼列有什么相和呢？信主的和不信主的有什么相干呢？神的殿和偶像有什么相同呢？因为我们是永生神的殿……。你们务要从他们中间出来，与他们分别，不要沾不洁净的物。”(林后 6:14—17)

异梦　　Dreams　(“作异梦”　Dream Dreams)

1. 注释：

在梦中见到灵界的一些景象，神在特殊情况下借异梦向人启示他的心意。异梦是必应验且是清楚的，绝非一般的梦。

2. 圣经记载：

“神说，在末后的日子，我要将我的灵浇灌凡有血气的，你们的儿女要说预言，你们的少年人要见异象，老年人要作异梦。”(徒 2:17)

异能　　Miracle

1. 注释：

原文意思，也可译作“权柄”、“能力”，圣经中此字只在新约圣经中可见，有时和神迹同时出现。异能是灵界的一种超然的能力，是从神来的，有权柄的，对人有益的。撒但只能行虚假的奇事，被人误认为异能，使人惊讶而跟从魔鬼。

2. 圣经记载：

1)约翰对耶稣说：有一个人奉耶稣的名赶鬼。"耶稣说：'不要禁止他。因为没有人奉我名行异能，反倒轻易毁谤我。不敌挡我们的，就是帮助我们的。'"(可 9:38—40)

2)耶稣骑着驴驹进耶路撒冷，"正下橄榄山的时候，众门徒因所见过的一切异能，都欢乐起来，大声赞美神，说：'奉主名来的王是应当称颂的！'"(路 19:37—38)

3)彼得为耶稣作见证说："以色列人哪，请听我的话：神借着拿撒勒人耶稣在你们中间施行异能、奇事、神迹，将他证明出来，这是你们自己知道的。"(徒 2:22)

4)保罗说主耶稣基督再临之前，有那大罪人显露出来。"这不法的人来，是照撒但的运动，行各样的异能、神迹和一切虚假的奇事。"(帖后 2:1—9)

异象　　Vision

1. 注释：

圣经认为异象乃是神将一些特殊的现象，启示给他所要指示的人看，使他明白神的心意和计划。但也有假神显假异象的事。

2. 圣经记载：

1)"耶和华的使者从荆棘里火焰中向摩西显现。摩西观看，不料，荆棘被火烧着，却没有烧毁。摩西说：'我要过去看这大异象，这荆棘为何没有烧坏呢？'"(出 3:2—3)

2)先知耶利米劝民不要听从假预言、假异象。“我在撒玛利亚的先知中曾见愚妄,他们借巴力说预言,使我的百姓以色列走错了路。”“万军之耶和华如此说:‘这些先知向你们说预言,你们不要听他们的话。他们以虚空教训你们,所说的异象是出于自己的心,不是出于耶和华的口。’”(耶 23:13,16)

3)“在夜间有异象现与保罗:有一个马其顿人站着求他说:‘请你过到马其顿来帮助我们。’”(徒 16:9)

4)约翰说:“我又看见在天上有异象,大而且奇,就是七位天使掌管末了的七灾。”(启 15:1)

因信称义　　Be Justified by(through)Faith

1.注释:

圣经认为,从始祖亚当、夏娃犯罪后,世人都成为罪人了,罪的工价就是死,死后且有审判。神爱世人,他愿意万人得救,但神是公义的,断不能以有罪的为无罪。神设立了救法,就是差独生子耶稣降世,替罪人死在十字架上流出宝血,叫一切信他的,罪得赦免,被神称为义人,不再受审判,不被定罪。信的人称义,是本乎神的恩,不在乎行为,不靠遵行律法,是因信称义,这是基督徒的信仰要道。

2.圣经记载:

1)“既知道人称义不是因行律法,乃是因信耶稣基督,连我们也信了基督耶稣,使我们因信基督称义,不因行律法称义,因为凡有血气的,没有一人因行律法称义。”(加 2:16)

2)“神的义,因信耶稣基督加给一切相信的人,并没有分别。因为世人都犯了罪,亏缺了神的荣耀,如今却蒙神的恩典,因基督耶稣的救赎,就白白地称义。神设立耶稣作挽回祭，是凭着耶稣的血，借着人的信，要显明神的义。因为他用忍耐的心，宽容人先时所犯的罪，好在今时显明他的义，使人知道他自己为义，也称信耶稣的人为义。”（罗 3:22—26）

3)“神应许亚伯拉罕和他后裔必得承受世界，不是因律法，乃是因信而得的义。”（罗 4:13）

4)先知以赛亚预言说：有许多人因认识神的义仆（基督）得称为义，并且他要担当他们的罪孽。（赛 53:11）

5)“我们既因信称义，就借着我们的主耶稣基督得与神相和。”“现在我们既靠着他的血称义，就更要借着他免去神的忿怒。”（罗 5:1、9）

阴间　　Hades（或 Sheol，音译为“示阿勒”）

1. 注释：

据圣经所记，死了的人灵魂暂时到阴间。自耶稣钉十字架受死并复活以后，信耶稣的人死后，灵魂可到乐园与耶稣同在。请参看“乐园”注释。

2. 圣经记载：

1)大卫的诗：“因为你必不将我的灵魂撇在阴间，也不叫你的圣者见朽坏。”（诗 16:10）

2)所罗门王说：“凡你手所当作的事，要尽力去作，因为在你所必去的阴间，没有工作，没有谋算，没有知识，也没有智慧。”（传 9:10）

3)末日的审判：“于是海交出其中的死人，死亡和阴间也交出其中的死人，他们都照各人所行的受审判。”（启 20:13—15）

茵陈　　Wormwood

1. 注释：

1)茵陈是一种汁浆极苦的恶臭的艾科植物。

2)圣经中用茵陈比喻为:

①偏离神去拜偶像,心里邪恶,行为不正招来灾祸。

②勾引人的淫妇,落其圈套,后果痛苦无比。

⑧灾难处境中的苦楚。

④不公平的事。

⑤末世的大灾难。

2.圣经记载:

1)“惟恐你们中间,或男或女,或族长或支派长,今日心里偏离耶和华我们的神,去事奉那些国的神。又怕他们中间有恶根生出苦菜和茵陈来。”(申 29:18)

2)“所以万军之耶和华以色列的神如此说:看哪,我必将茵陈给这百姓吃,又将苦胆水给他们喝。”(耶 9:15)

3)所以万军之耶和华论到假先知如此说:“我必将茵陈给他们吃,又将苦胆水给他们喝,因为亵渎的事出于耶路撒冷的先知,流行遍地。”(耶 23:15)

4)“因为淫妇的嘴滴下蜂蜜,她的口比油更滑。至终却苦似茵陈,快如两刃的刀。”(箴 5:3—4)

5)“我成了众民的笑话,他们终日以我为歌曲,他用苦楚充满我,使我饱用茵陈。”(哀 3:14—15)

6)“耶和华啊,求你记念我如茵陈和苦胆的困苦窘迫。”(哀 3:19)

7)“你们这使公平变为茵陈,将公义丢弃于地的。”(摩 5:7)

8)“马岂能在崖石上奔跑,人岂能在那里用牛耕种呢?你们却使公平变为苦胆,使公义的果子变为茵陈。”(摩 6:12)

9)“这星名叫茵陈;众水的三分之一变为茵陈;因水变苦,就死了许多人。”(启 8:11)

印记　Branding(或 Brand Marks)

1.注释:

是盖了印为记号的。古时牛马的主人在属自己的牲畜身上,盖有烙印作记号,为所有权的标记。圣经认为旧约时期,犹太人以割礼为标记。新约时代信徒,因信耶稣,神赐圣灵进住信徒心中,信徒从圣灵而生,因而生命改变,这是圣灵的印记,是归神所有的印证,是得天上基业的凭据。

2.圣经记载:

“你们既听见真理的道,就是那叫你们得救的福音,也信了基督,既然信他,就受了所应许的圣灵为印记,这圣灵是我们得基业的凭据。”(弗 1:13—14)

永生　Everlasting Life(或 Eternal Life)

1.注释:

是永远(永存)的生命。圣经认为人因信得重生,就有了永生。是今生因信神的应许,就已经得到了的。

2.圣经记载:

1)“神爱世人,甚至将他的独生子赐给他们,叫一切信他的,不至灭亡,反得永生。”(约 3:16)

2)耶稣说:“我父的意思是叫一切见子而信的人得永生,并且在末日我要叫他复活。……我是从天上降下来的粮,……我实实在在地告诉你们,信的人有永生。我就是生命的粮。”(约 6:40—48)

3)“耶稣对她说:‘复活在我,生命也在我;信我的人,虽然死了,也必复活。凡活着信我的人必永远不死。’”信耶

稣的人已有永生，灵魂永远不死。(约 11:25—26)

永刑　　Eternal Punishment

1. 注释：

指人死后到火湖里要受的永远的刑罚。请参看“火湖”注释。

2. 圣经记载：

耶稣设绵羊山羊的比喻说：“山羊在左边。……王又要向那左边的说：‘你们这被咒诅的人，离开我，进入那为魔鬼和他的使者所预备的永火里去。……这些人要往永刑里去，那些义人要往永生里去。’”(太 25:31—46)

用石头打死　　Be Stoned to Death

1. 注释：

以色列的律法，对有些罪犯要用石头打死，以执行死刑。民间人人都可参加，见证人先下手，将恶从他们中间除去。古时，以色列百姓在气愤时，也惯用石头去打死他们所反对或认为该死的人。

2. 圣经记载：

1)“耶和华对摩西说：‘你还要晓谕以色列人说：凡以色列人，或是在以色列中寄居的外人，把自己的儿女献给摩洛的，总要治死他。本地人要用石头把他打死。’”(利 20:1—2)

2)“文士和法利赛人带着一个行淫时被拿的妇人来，叫她站在当中。就对耶稣说：‘夫子，这妇人是正行淫之时被拿的。摩西在律法上吩咐我们，把这样的妇人用石头打死。你说该把她怎么样呢？’”(约 8:3—5)

3)司提反因给耶稣作见证，犹太人“把他推到城外，用石头打他，……他们正用石头打的时候，司提反呼吁主说：'求主耶稣接收我的灵魂！'又跪下大声喊着说：'主阿，不要将这罪归于他们！'说了这话，就睡了（死了）。"（徒 7:54—60）

犹太人　　Jew

1. 注释：

1）犹太人是犹太族，也叫以色列人、希伯来人。犹太人原是耶和华神的选民，由于行耶和华神眼中看为恶的事惹他发怒，耶和华神使他们分散于万国中。（参看本书"希伯来人"和"以色列人"条）

2）原来救恩是从犹太人出来，基督的福音本是先传给犹太人的，然而犹太人不接受，竟将耶稣基督杀害（钉死在十字架上），所以患难、困苦加给一切作恶的人，也先是犹太人。

2. 圣经记载：

1）"你们在那地住久了，生子生孙，就雕刻偶像，仿佛甚么形象，败坏自己；行耶和华你神眼中看为恶的事，惹他发怒。……耶和华必使你们分散在万民中，在他所领你们到的万国里，你们剩下的人数稀少。"（申 4:25—27）

2）"因为救恩是从犹太人出来的。"（约 4:22）

3）"他（神）必照各人的行为报应各人。……将患难，困苦，加给一切作恶的人，先是犹太人，后是希利尼人；却将荣耀、尊贵、平安，加给一切行善的人，先是犹太人，后是希利尼人。"（罗 2:6—10）

犹太教　　Judaism

1. 注释：

犹太教是犹太人的宗教，他们信仰耶和华神，是创造天地的惟一又真又活的神，遵守耶和华神的律例诫命，墨守祖宗的遗传,但不信耶稣基督是神的儿子。长期逼迫残害基督教会,逼迫耶稣和相信耶稣的人。

2. 圣经记载:

保罗说:“你们听见我从前在犹太教中所行的事,怎样极力逼迫残害神的教会。我又在犹太教中,比我本国许多同岁的人更有长进,为我祖宗的遗传更加热心。”(加 1:13—14)

酉初　　Five O'clock in the Afternoon

1. 注释:

是古时的时辰,相当于现在下午 5 时。

2. 圣经记载:

耶稣设天国的比喻,说明天国的工人得工价与世上不同。家主与清早进葡萄园去工作的工人讲定,一天得一钱银子,后来在巳初(上午 9 时)、午正(中午 12 时)、申初(下午 3 时)及酉初(下午 5 时)也召人进葡萄园工作。及至发工钱时,都各得一钱银子。因家主有权把自己的东西随己意分给工人。这说明一个道理:就是“那在后的将要在前;在前的将要在后了”。(太 20:1—16)

友拉革罗　　Euraquilo

1. 注释:

“友拉革罗”有“东风巨浪”之意,是地中海中一股从东北方吹来势如飓风的大风。用大帆靠风力行驶的船遇到这种风,不是翻倒,便是搁浅。保罗乘船去罗马途中,在革哩底岛遇到此风。船便任风刮去。

2. 圣经记载:

“这时微微起了南风。他们以为得意,就起了锚,贴近革哩底行去。不多几时,狂风从岛上扑下来,那风名叫友拉

革罗。船被风抓住,敌不住风,我们就任风刮去。"(徒27:13—15)

逾越节　　　Passover Feast

1.注释:

1)逾越节是犹太人每年三大节期之一。是记念以色列人在埃及时,耶和华神击杀埃及人的长子及头生的牲畜时,越过以色列人的房屋(越过门上涂有羔羊血的人家),救了以色列人全家。耶和华神要以色列人守这节,作为世世代代永远的定例。

2)后来耶稣在逾越节时被钉死在十字架上,作为流血被杀的羔羊,成为世人的救主。

2.圣经记载:

1)"正月十四日黄昏的时候,是耶和华的逾越节。"(利23:5)

2)"你们吃羊羔当腰间束带,脚上穿鞋,手中拿杖,赶紧地吃,这是耶和华的逾越节。因为那夜我要巡行埃及地,把埃及地一切头生的,无论是人是牲畜,都击杀了;又要败坏埃及一切的神,我是耶和华。这血(羔羊的血)要在你们所住的房屋上作记号,我一见这血,就越过你们去;我击杀埃及地头生的时候,灾殃必不临到你们身上灭你们。你们要记念这日,守为耶和华的节,作为你们世世代代永远的定例。"(出 12:11—14)

3)"逾越节以前,耶稣知道自己离世归父的时候到了,他既然爱世间属自己的人,就爱他们到底。"(约 13:1)

4)耶稣受难时"那日是预备逾越节的日子"。(约 19:14)

5)这样基督耶稣便成了逾越节的羔羊,"被杀献祭了"。(林前 5:7)

预表　　　Type, Dracle

1. 注释：

预表是未来之事的预示，与预言的形式各异，但实质相同。预表虽不是事物的真象，但却是将来事物的影子或启示。

2. 圣经记载：

"你(以西结)要对他们(以色列家)说：'主耶和华如此说：这是关乎耶路撒冷的君王，和他周围以色列全家的预表。'你要说：'我作你们的预兆。'我怎样行，他们所遭遇的，也必怎样，他们必被掳去。"(结 12:10—11)

预言　　　Prophecy

1. 注释：

预言乃是事先说出了将要发生的事情，它不同于世人的推测，而是灵界的事。预言有两种情况：

1)圣经就是一本预言书。圣经认为神把将要发生的事启示给他的仆人，使他受圣灵感动预先知道将来必成的事，并确切地说出来。基督徒确信圣经中大部分预言都已应验。其他的预言也必成就。

2)假先知能说假预言来迷惑人，但只是含含糊糊、似是而非，似乎灵验，却多虚幻。

2. 圣经记载：

1)先知以西结先后说了许多预言，他多次预言以色列要亡国很多年，如同人死了仅剩有骸骨，但将来必要复国，仍归回以色列地。耶和华的灵降在以西结身上，他说："主对我说：'人子啊，这些骸骨就是以色列全家。他们说：我们的骨头枯干了，我们的指望失去了，我们灭绝净尽了。所以你要发预言对他们说，主耶和华如此说：我的民哪，我必开你们的坟墓，使你们从坟墓中出来，领你们进入以色列地。我的民哪，我开你们的坟墓，使你们从坟墓中出来，你们就知道我是耶和华。……我将你们安置在本地，你们就知道我耶和华如此说，也如此成就了。'这是耶和华说的。"（结 37:11—14）

2）先知耶利米说："耶和华对我说：'那些先知托我的名说假预言，我并没有打发他们，没有吩咐他们，也没有对他们说话。他们向你们预言的，乃是虚假的异象和占卜，并虚无的事，以及本心的诡诈。'"（耶 14:14）

3）"第一要紧的，该知道经上所有的预言没有可随私意解说的，因为预言从来没有出于人意的，乃是人被圣灵感动，说出神的话来。"（彼后 1:20—21）

4）"看哪，我必快来。凡遵守这书上预言的有福了！""我向一切听见这书上预言的作见证，若有人在这预言上加添什么，神必将写在这书上的灾祸加在他身上；这书上的预言，若有人删去什么，神必从这书上所写的生命树和圣城，删去他的份。"（启 22:7，18—19）

5）"念这书上预言的，和那些听见又遵守其中所记载的，都是有福的。因为日期近了。"（启 1:3）"看哪，我必快来。凡遵守这书上预言的有福了。"（启 22:7）

6）关于应验在耶稣身上的预言如下：

①预言耶稣为童贞女所生。（赛 7:14）

②预言耶稣生在伯利恒。（弥 5:2）

③预言他去埃及后又从埃及出来。（何 11:1）

④预言他居住、传道在加利利。（赛 9:1—2；参看太 4:12—16）

⑤预言他面容衰老。(赛 53:2;参看约 8:57)

⑧预言他多受痛苦,常经忧患,被当代人厌弃。(赛 53:3)

⑦预言耶稣受苦的时候都不开口。(赛 53:7;参看太 27:14)

⑧预言耶稣被鞭打。(赛 53:5)

⑨预言耶稣被门徒所卖。(诗 41:9)

⑩预言耶稣像逾越节的羔羊而受难。(赛 53:7)

⑪预言耶稣被钉十字架,从地上被举起来悬挂在十架上。(约 3:14)

⑫预言耶稣在十字架上时,被人撇嘴摇头讥笑。(诗 22:7—8;参看太 27:39—40)

⑬预言兵丁拈阄分取他的衣服。(诗 22:18;参看约 19:23—24)

⑭预言耶稣在十字架上以醋解渴。(诗 69:21;参看约 19:28—29)

⑮预言耶稣离世时骨头不被打断。(诗 34:20;参看约 19:33—36)

⑯预言耶稣死后又被枪扎。(亚 12:10;参看约 19:34,37)

⑰耶稣受难前很久即预言自己将被钉十字架,第三天复活。(太 20:18—19;参看太 27:62—28:7)

园囿　　Garden

1.注释:

园囿指果园、菜园、花园,圣经中曾经提到伊甸园、埃及菜园、拿伯葡萄园,百合花园、各种果树之园、客西马尼园以及御园。

2.圣经记载:

1)“我(所罗门王)为自己动大工程,建造房屋,栽种葡萄园,修造园囿,在其中栽种各样果木树;挖造水池,用以浇灌嫩小的树木。”(传 2:4—6)

2)圣经中各园囿参见创 2:8,申 11:10,王上 21:2,歌 6:2,耶 29:5,摩 4:9,约 18:1,斯 1:5。

远方无声鸽　　The Silent Dove in the Distance

1.注释:

远方无声鸽是圣经诗篇所用的曲调名。曲谱现已失传。

2.圣经记载:

“调用远方无声鸽”。(诗篇五十六篇标题)

约　　Covenant

1.注释:

“约”的希伯来文原意是“互相结盟、彼此联合”的意思。圣经中的“约”,是指耶和华神与亚伯拉罕及以色列民所立的“约”。

2.圣经记载:

1) 耶和华神对亚伯拉罕说:“我与你立约,……国度从你而立,君王从你而出,我要与你并你世世代代的后裔坚立我的约,作永远的约,是要作你和你后裔的神。”(创 17:3—7)

2)神与以色列民所立的约请参见创 17:7—8,17:11—13;出 19:5;民 25:13;出 34:28;民 18:19;结 37:26 等章节。

3)“我必不背弃我的约,也不改变我口中所出的。”(诗 89:34)

4)“他(耶和华)记念他的约,直到永远,他所吩咐的话,直

到千代。”(诗 105:8)

5)“耶和华的慈爱,归于敬畏他的人,从亘古到永远;他的公义,也归于子子孙孙,就是那些遵守他的约,记念他的训词而遵行的人。”(诗 103:17—18)

6)“耶和华以色列的神如此说:‘不听从这约之话的人,必受咒诅。’”(耶 11:3)

7)“但神对恶人说:‘你怎敢传说我的律例,口中提到我的约呢?’”(诗 50:16)

约柜　　　Ark of the Covenant

1.注释:

1)约柜原是至圣所内的圣器,是摩西按耶和华神的晓谕而制造的(参出 25:10—22)。约柜内装有三样物件:①盛有吗哪的金罐;②亚伦发过芽的手杖;③两块约版。

2)所罗门王建造圣殿后,约柜放在内殿中。

2.圣经记载:

1)“第二幔子后,有一层帐幕,叫作至圣所。有金香炉(炉或作坛),有包金的约柜,柜内有盛吗哪的金罐,和亚伦发过芽的杖,并两块约版。”(来 9:3—4)

2)“祭司将耶和华的约柜抬进内殿,就是至圣所,放在两个基路伯的翅膀底下。基路伯张着翅膀在约柜之上,遮掩约柜和抬柜的杠。”(代下 5:7—8)

3)“那时耶和华将利未支派分别出来,抬耶和华的约柜,又侍立在耶和华面前事奉他,奉他的名祝福,直到今日。”(申 10:8)

4)“到了基顿的禾场,因牛失前蹄,乌撒就伸手扶住约柜。耶和华向他发怒,因他伸手扶住约柜击杀他,他就死在

神面前。"(代上 13:9—10;参看民 4:15)

5)"过了三天,官长走遍营中,吩咐百姓说,你们看见耶和华你们神的约柜,又见祭司利未人抬着,就要离开所住的地方,跟着约柜去。"(书 3:2—4)

6)"第七位天使吹号,天上就有大声音说,世上的国,成了我主和主基督的国,他要作王,直到永永远远。……当时神天上的殿开了,在他殿中现出他的约柜。"(启 11:15,19)

月朔　　New Moon

1.注释:

犹太人把新月出现的那一天称为月朔。月朔既是犹太历的每月第一天,也是耶和华神给以色列人所定的节令。这一天以色列民要向耶和华献馨香的火祭。圣殿内院朝东的门必须敞开,使以色列人在门口向耶和华敬拜。

2.圣经记载:

1)"每逢月朔、安息日,凡有血气的必来在我面前下拜。这是耶和华说的。"(赛 66:23)

2)"这些是在月朔的燔祭,和同献的素祭,并常献的燔祭与同献的素祭,以及照例同献的奠祭以外,都作为馨香的火祭献给耶和华。"(民 29:6)

3)"主耶和华如此说:'内院朝东的门,在办理事务的六日内必须关闭,惟有安息日和月朔,必须敞开。王要从这门的廊进入,站在门框旁边。祭司要为他预备燔祭,和平安祭,他就要在门槛那里敬拜,然后出去。这门直到晚上,不可关闭。在安息日和月朔,国内的居民,要在这门口耶和华面前敬拜。'"(结 46:1—3)

云柱　　Pillar of Cloud

1. 注释：

以色列民在旷野时，耶和华神日间以云柱，夜间以火柱（云柱发光如火柱）引领他们前进或扎营，使他们日夜都可以行走。

2. 圣经记载：

1)"日间耶和华在云柱中领他们的路，夜间在火柱中光照他们，使他们日夜都可以行走。日间云柱，夜间火柱，总不离开百姓的面前。"(出 13:21—22)

2)"在埃及营和以色列营中间有云柱，一边黑暗，一边发光，终夜两下不得相近。"(出 14:20)

3)"到了晨更的时候，耶和华从云火柱中向埃及的军兵观看，使埃及的军兵混乱了。"(出 14:24)

4)"摩西进会幕的时候，云柱降下来，立在会幕的门前，耶和华便与摩西说话。众百姓看见云柱立在会幕面前，就都起来，各人在自己帐棚的门口下拜。"(出 33:9—10)

Z

在基督里　　In Christ

1. 注释：

是信靠了基督，凡事顺服圣灵，生命得与基督联合，彰显出基督的新生命而有的生活境界。

2. 圣经记载：

1)"若有人在基督里，他就是新造的人，旧事已过，都变成新的了。"(林后 5:17)

2)保罗说过他自己的经历:“我要说到主的显现和启示。我认得一个在基督里的人,他前十四年被提到第三层天上去,……听见隐密的言语,是人不可说的。”(林后12:1—10)

长老　　Elder

1. 注释:

1)旧约中的长老是以色列人的领袖,富有智慧和经验,有时代表百姓出面负责排难解纷,判断事务,甚至率众出战。

2)新约时代教会中的长老,乃是管理教会的人,负责教导和传道的工作,也就是新约中的监督。保罗等人曾在各地教会中设立长老。

2. 圣经记载:

1)“耶和华对摩西说,你从以色列的长老中招聚七十个人,就是你所知道作百姓的长老,和官长的,到我这里来,领他们到会幕前,使他们和你一同站立。我要在那里降临与你说话,也要把降于你身上的灵分赐他们,他们就和你同当这管百姓的重任,免得你独自担当。”(民11:16—17)

2)“那时,使徒和长老并全教会定意从他们中间拣选人,差他们和保罗、巴拿巴,同往安提阿去。……他们既奉了差遣,就下安提阿去,聚集众人,交付书信。众人念了,因为信上安慰的话,就欢喜了。”(徒15:22—31)

帐幕　　Tabernacle

1. 注释:

1)帐幕是指耶和华神的圣所,以色列人敬拜聚会的地方,也就是耶和华神指示摩西在旷野建立的会幕。帐幕的设计制作，全是按耶和华神指示摩西的样式，并抹油立起棚幕。这帐幕是适合旷野生活而设计的，可以拆卸，可以迁移。以色列人定居迦南后才为神建造殿宇。

2)耶和华神分派利未人管理帐幕的一切事项。

3)路加福音十六章九节提到永存的帐幕。希伯来书八章一至二节提到真帐幕，都是指天堂，永远的天家而言，不是人手所造的帐幕。

2.圣经记载：

1)"又当为我(耶和华)造圣所，使我可以住在他们中间。制造帐幕和其中的一切器具，都要照我所指示你的样式。"(出 25:8—9)

2)"只要派利未人管法柜的帐幕，和其中的器具，并属乎帐幕的，他们要抬帐幕和其中的器具，并要办理帐幕的事，在帐幕的四围安营。"(民 1:50)

3)"我听见有大声音从宝座出来说：'看哪，神的帐幕在人间，他要与人同住，他们要作他的子民，神要亲自与他们同在，作他们的神。'"(启 21:3)

3.其他情况请参看本书"会幕"条。

帐棚　　Tent

1.注释：

1)中文圣经里提到的帐棚，多指古时以色列人用布幔一类的东西去搭的临时的或较长时期的居所。

2)摩西把特制的一座帐棚称为求问耶和华的会幕，乃是耶和华与摩西会面的地方。

3)保罗和彼得都曾把帐棚比作人的"灵魂"所居存的身体。

2.圣经记载：

1)“摩西素常将帐棚支搭在营外,离营却远,他称这帐棚为会幕,凡求问耶和华的,就到营外的会幕那里去。……摩西进会幕的时候,云柱降下来,立在会幕的门前,耶和华便与摩西说话。”(出 33:7—9)

2)亚居拉和百基拉夫妇二人,“他们本是制造帐棚为业,保罗因与他们同业,就和他们同住作工。”(徒 18:3)

3)“我们原知道,我们这地上的帐棚① 若拆毁了,必得神所造,不是人手所造,在天上永存的房屋。”(林后 5:1)

4)“我以为应当趁我还在这帐棚②的时候提醒你们,激发你们。因为知道我脱离这帐棚的时候快到了。”(彼后 1:13—14)

杖　　Rod

1. 注释:

杖也可译作棍,多是树杆木制的。圣经中提到杖有百余次之多,古时以色列的牧羊者,以杖指挥管理或保护拯救羊群。行远路者手拿杖,使走路得力,老年人以拐杖为支持和帮助。王手中的杖为金杖。杖在圣经中,是权柄、能力的象征。

2. 圣经记载:

1)摩西在何烈山放羊,耶和华神选召摩西去埃及见法老王,要把以色列民领出来。“耶和华对摩西说:‘你手里是什么?’他说:‘是杖。’耶和华说:‘丢在地上。’他一丢下去,就变作蛇,摩西便跑开。耶和华对摩西说:‘伸出手来拿住它的尾巴,它必在你手中仍变为杖。如此好叫他们信耶和华他们祖宗的神。……你手里要拿这

---

① ②地上的帐棚:意指“人短暂的肉身”。

杖，好行神迹。'"摩西带着妻子和两个孩子去埃及，"摩西手里拿着神的杖。"（出 4:1—5,17—20）摩西到埃及后照神的吩咐与他哥哥亚伦进去见法老，法老王的心刚硬，不准以色列民离开，神就降十样灾难在法老王宫和埃及地上，其中六样都是神吩咐摩西伸杖施行的神迹。最后法老终于准以色列民出离埃及了，他们手里都拿着杖。当摩西领以色列民走到红海边时，见埃及军兵追来，摩西照耶和华的吩咐向海伸杖，红海的水即分开，以色列民下海走干地，以色列民登上对岸，法老的军兵也追随下了红海，神又叫摩西向海伸杖，海水仍旧复原，耶和华把埃及人淹没在海中。（出 7—14 章）

2）大卫的诗歌说："耶和华必使你从锡安伸出能力的杖来，你要在你仇敌中掌权。"（诗 110:2）

3）大卫出战歌利亚时，并没有带刀枪，"他手中拿杖，又在溪中挑选了五块光滑石子，放在袋里，就是牧人带的囊里；手中拿着甩石的机弦，就去迎那非利士人。"（撒上 17:40）

4）撒迦利亚说："我拿着两根杖，一根我称为荣美，一根我称为联索。这样，我牧养了群羊。"（亚 11:7）

朝鹿　　Hind（或 doe）of the Morning

1. 注释：

朝鹿是圣经诗篇中用的曲调名称。现已失传。

2. 圣经记载：

"大卫的诗，交与伶长。调用朝鹿。"（诗 22 篇标题）

真理　　Truth

1. 注释

圣经中提到的真理意为真实不变的真道。新约圣经中提到真理一词达六十多次。圣经从许多方面记述了真理与信徒的关系。

2.圣经记载:

1)大卫的诗中说:"耶和华啊,求你将你的道指示我,将你的路教训我。求你以你的真理引导我,教训我,因为你是救我的神,我终日等候你。"(诗 25:4—5)"因为你的慈爱常在我眼前,我也按你的真理而行。"(诗 26:3)

2)耶稣回答巡抚彼拉多说:"你说我是王,我为此而生,也为此来到世间,特为给真理作见证;凡属真理的人就听我的话。"(约 18:37—38)

3)耶稣说:"我就是道路、真理、生命,若不借着我,没有人能到父那里去。"(约 14:6)

4)耶稣为门徒祷告父说:"求你用真理使他们成圣,你的道就是真理。……叫他们也因真理成圣。"(约 17:17—19)

5)"凡信耶稣是基督的,都是从神而生。""并且有圣灵作见证,因为圣灵就是真理。"(约壹 5:1,7)耶稣对门徒说:"真理的圣灵,乃世人不能接受的。因为不见他,也不认识他;你们却认识他,因他常与你们同在,也要在你们里面。"(约 14:16—17)

6)"我们凡事不能敌挡真理,只能扶助真理。"(林后 13:8)

执事　　Minister, Deacon

1.注释:

1)"执事"一词,在希腊原文圣经中,原是几个不同的名词和动词,其词义是"仆人"、"服侍的人"、"帮手"、"服事"、"服务"等。因其词义相近,在中文圣经里常被译成"执事"或"作执事"。

2)圣经中的执事一词,有两种含义:

①意指祈祷传道作福音工作的人。例如保罗曾说:"我作了这福音的执事。"(弗 3:7)又说:"作神执事的提摩太。"(帖前 3:2)还曾说过:"我们为基督的执事。"(林前 4:1)在这些经文中,执事一词的英语译文乃是"Minister(传道人)"。

②意指协助教会长老作教会事工的人。例如:"作执事的也是如此。"(提前 3:8)"保罗和提摩太写信给……诸位执事。"(腓 1:1)在这些章节中,执事一词的英语译文乃是"Deacon(执事)"。

2. 圣经记载:

1)"人应当以我们为基督的执事,为神奥秘事的管家。"(林前 4:1)

2)保罗曾打发"在基督福音上作神执事的"提摩太前去,坚固信徒,并在他们所信的道上劝慰他们。(帖前 3:2)

3)协助教会的监督(即长老)作教会事工的执事,"必须端庄,不一口两舌,不好喝酒,不贪不义之财。要存清洁的良心,固守真道的奥秘。这等人也要先受试验。若没有可责之处,然后叫他们作执事。"(提前 3:8—10)

至圣所　　Holy of Holies

1. 注释:

至圣所是会幕内的里边那一部分,是存放约柜的地方。至圣所代表天上耶和华神的所在。只有大祭司一年一次进入至圣所为百姓赎罪。所罗门王所建圣殿的内殿就是至圣所。

2. 圣经记载:

1)"因为有预备的帐幕,头一层叫作圣所。……第二幔子后又有一层帐幕,叫作至圣所。……至于第二层帐幕,惟有大祭司一年一次独自进去,要带着血,为自己和百姓的过错向神献祭。”(来 9:2—7,部分新译文。)

2)“内殿就是至圣所。……好安放耶和华的约柜。”(王上 6:16—19)

中保　　Mediator

1. 注释:

中保是指神与人中间的保人。在旧约时代,由于神的选民以色列人犯罪,便破坏了与神所立的约。但耶稣为罪人流血赎罪,免去神的忿怒,使信徒得与神和好,(罗 5:9—10)耶稣便成为神与人之间的更完美的新约的中保。(来 7:22)

2. 圣经记载:

1)“因为只有一位神,在神和人中间只有一位中保,乃是降世为人的基督耶稣。”(提前 2:5)

2)“为此他作了新约的中保,既然受死赎了人在前约之时所犯的罪过,便叫蒙召之人得着所应许永远的产业。”(来 9:15)

肘　　Cubit

1. 注释:

肘是希伯来人古时的长度单位,从胳臂肘的顶端到中指的尖端为一肘。约为现今的 44.5 公分。

2. 圣经记载:

“要以肘为度量地。”(结 45:3)

住棚节　　Festival of Shelters

1. 注释:

住棚节是犹太人三大节期之一(三大节期乃是逾越节,七七节，住棚节）。住棚节又叫收藏节。（利 23:39）该时正是秋收欢乐的日子，所以献祭牲较多。（参见民 29:12—38）以色列人守收藏节时要住在棚内，故又名“住棚节”。此节是在七月十五日开始，为期七天。是记念以色列民蒙救赎出埃及在旷野过帐棚的生活。

2.圣经记载：

1)“你们一切的男丁，要在除酵节、七七节、住棚节一年三次，在耶和华你神所选择的地方朝见他，却不可空手朝见。”（申 16:16）

2)“你把禾场的谷，酒榨的酒，收藏以后，就要守住棚节七日。”（申 16:13）

3)“你们要住在棚里七日，凡以色列家的人，都要住在棚里。”（利 23:42）

4)“你晓谕以色列人说，这七月十五日是住棚节，要在耶和华面前，守这节七日。”（利 23:34）

5)“好叫你们世世代代知道我领以色列人出埃及地的时候，曾使他们住在棚里，我是耶和华你们的神。”（利 23:43）

柱像和木偶　　Stone Pillars and Symbols of Asherah

1.注释：

柱像原是迦南人用石柱作的偶像，他们的柱像乃是当地的主神巴力。木偶则是迦南人认为掌管他们生育的女神亚舍拉的木像。有些犹太人也曾在高岗青翠树下立像，触动了神的愤怒。

2.圣经记载：

1)摩西对以色列人说：“你们要将所赶出的国民事奉神的各地方，无论是在高山，在小山，在各青翠树下，都毁坏了。也要拆毁他们的祭坛,打碎他们的柱像,用火焚烧他们的木偶,砍下他们雕刻的神像,并将其名从那地方除灭。"(申 12:2—3)

2)"犹大人行耶和华眼中看为恶的事。犯罪触动他的愤恨,比他们列祖更甚。因为他们在各高岗上,各青翠树下筑坛,立柱像和木偶。"(王上 14:22—23)。

自洁　　Sanctify Oneself(或 Purge Oneself)

1.注释:

就身体说是自己沐浴、更衣,作到外表礼仪上的圣洁。就灵意说是指信徒在神面前省察自己,向神认罪,靠神的救恩,罪得赦免成为圣洁。神着重的是人心里的自洁。

2.圣经记载:

1)"耶和华又对摩西说:'你往百姓那里去,叫他们今天明天自洁,又叫他们洗衣服。到第三天要预备好了,因为第三天耶和华要在众百姓眼前降临在西乃山上。'"(出 19:10—11)

2)"人若自洁,脱离卑贱的事,就必作贵重的器皿,成为圣洁,合乎主用,预备行各样的善事。"(提后 2:21)

总督　　Satrap

1.注释:

1)总督是波斯国的官职。当时波斯的行政区划是把全国分成若干省,每省又有若干州。各州的巡抚管理州内的军政事务。州上面又由该省的总督代表国王统管全省的军政大事。

2)巴比伦王大利乌也曾把一些大臣叫总督。(但 6:6)

2.圣经记载:

1)当年亚哈随鲁王曾下谕旨给一百二十七省的犹大人,

和总督省长首领，准许犹大人保护自己的性命，灭绝那要攻击犹大人的一切仇敌。（斯 8:9—12）

2）“大利乌随心所愿，立一百二十个总督，治理通国。又在他们以上立总长三人（但以理在其中）。”（但 6:1—2）

罪　Sin

1. 注释：

1）圣经里所说的信仰方面的“罪”，不同于世上各种法律条文中所说的罪。“犯罪”的希伯来文原意是“失败”，“失迷方向”，“失误目标”，圣经认为：只要违背神的话，就会“失败”，就会“失迷方向”，就会“失误目标”，也就是“犯罪”。

2）有些罪是表现在生活行为上的，例如偷窃，奸淫等等。但有些罪是隐藏在心思意念中的，例如贪心，淫念等等。但任何罪恶，无论或隐或现，神都要鉴察审判。而罪的工价就是死。

3）创世记曾记述，始祖亚当、夏娃背离了神的命令犯了罪，罪就从一人入了世界。耶稣降世，为世人流血赎罪，乃是神惟一的对世人的救赎方法。

2. 圣经记载：

1）罪的定义：

①“凡犯罪的，就是违背律法。违背律法就是罪。”（约壹 3:4）

②“信他的人，不被定罪，不信的人，罪已经定了，因为他不信神独生子（耶稣）的名。”（约 3:18）

2）罪的来源：

①“但各人被试探，乃是被自己的私欲牵引诱惑的。私欲既怀了胎，就生出罪来，罪既长成，就生出死来。”（雅

1:14—15)

②“这就如罪是从一人入了世界，死又是从罪来的。于是死就临到众人，因为众人都犯了罪。”(罗 5:12)

3)圣经中列举的罪：

①在出 20:3—17 的十条诫命中，显示出违背诫命的各种罪恶：不敬奉独一的神，拜偶像，妄称神的名，不守圣日，不孝敬父母，杀人，奸淫，偷窃，作假见证，贪心。

②林前 6:9—10 提到的各种罪恶：淫乱，作娈童，醉酒，辱骂，勒索。

③罗 1:29—30 提到的各种罪恶：不义，奸淫，邪恶，恶毒，嫉妒，争竞，诡诈，毒恨，谗谤，背后说人，怨恨神，侮慢人，狂傲，自夸，捏造恶事，背约，无亲情，贪婪，不怜悯人。

④提前 1:9 提到的各种罪恶：不法的，不服的，不圣洁的，不敬的，行淫的，拐骗的。

⑤西 3:5—8 提到的几种罪：邪情，恶欲，恼恨，忿怒，恶毒，毁谤，污秽的言语。

⑥加 5:19—21 提到的各种罪恶：邪荡，邪术，仇恨，争竞，忌恨，恼恨，结党，异端，荒宴。

⑦可 7:20—23 提到的几种罪恶：恶念，嫉妒，狂妄。

罪人　　Sinner

1.注释：

圣经中所指的罪人有下列三种：

1)泛指世人都犯了罪，都是罪人。(罗 3:23)

2)犹太人把外邦人和犯律法的人称为罪人。

3)特指犯有某些具体罪行的人，也叫罪人。

2.圣经记载：

1)“因一人的悖逆，众人成为罪人。”(罗 5:19)

2)“惟有基督在我们还作罪人的时候为我们死,神的爱就在此向我们显明了。”(罗 5:8)

3)耶稣说:“我来本不是召义人,乃是召罪人。”(可 2:17)

4)“我们这生来的犹太人,不是外邦的罪人。”(加 2:15)

5)文士和法利赛人,曾带着一个行淫时被拿的妇人作为罪人来向耶稣问难。耶稣用智慧的话语使他们知道,世人都是罪人。(参看约 8:3—9)

[**最后的晚餐**]　**Last Supper**

圣经上并没有这一词语。“最后的晚餐”乃是指耶稣被卖的那一天晚上,在耶路撒冷城内的一座楼上,耶稣和他的门徒最后一次一同吃逾越节的筵席。席间耶稣“拿起饼来祝谢了,就掰开递给他们说:‘这是我的身体,为你们舍的。你们也应当如此行,为的是记念我。’饭后也照样拿起杯来说:‘这杯是用我血所立的新约,是为你们流出来的。’”(路 22:14—19)在那一天晚上,耶稣为门徒们洗了脚。并且嘱咐门徒“也当彼此洗脚”(约 13:3—14),“彼此相爱”(约 13:34)。耶稣并且指出:“同我吃饭的人,用脚踢我。”明确表示他已预知犹大将要出卖自己(约 13:18—26)。约翰福音从 13 章到 17 章,详细记述了耶稣在最后的晚餐时所讲的道理。这一晚餐的意义,请参看本书:“掰饼”及“晚餐”条。

附录：本书语汇条目表

（以首字笔画为序）

六画

七画

十画

十一画

十二画

十三画

十四画

十五画

十六画以上

图书在版编目(CIP)数据

圣经语汇词典／白云晓编著.—北京:中央编译出版社,2001.12
ISBN 7-80109-522-7

Ⅰ.圣…　Ⅱ.白…　Ⅲ.圣经-词典
Ⅳ.B971-61

中国版本图书馆 CIP 数据核字(2001)第 087412 号

圣经语汇词典

出版发行 中央编译出版社
地　　址 北京西单西斜街 36 号(100032)
电　　话 66521152(编辑部)　66171396(发行部)
网　　址 http://www.cctp.com.cn
E-mail cctp_edit@sina.com
经　　销 全国新华书店
印　　刷 北京星月印刷厂
开　　本 850×1168 毫米　1/32
字　　数 230 千字
印　　张 10.5
版　　次 2002 年 1 月第 1 版第 1 次印刷
定　　价 16.50 元
